写作是从事一种娱乐行业

[美国]库尔特·冯内古特

[美国]苏珊娜·麦康奈尔 ——— 著

郭浩辰 ——— 译

译林出版社

图书在版编目（CIP）数据

写作是从事一种娱乐行业 /（美）库尔特·冯内古特
（Kurt Vonnegut），（美）苏珊娜·麦康奈尔
（Suzanne McConnell）著；郭浩辰译 .—南京：译林
出版社，2023.8
（文学课）
书名原文：Pity the Reader: On Writing with Style
ISBN 978-7-5447-9609-5

Ⅰ.①写…　Ⅱ.①库…②苏…③郭…　Ⅲ.①写作－
方法　Ⅳ.①H052

中国国家版本馆 CIP 数据核字（2023）第 101351 号

著作权合同登记号　图字：10-2019-723 号

写作是从事一种娱乐行业　［美国］库尔特·冯内古特　［美国］苏珊娜·麦康奈尔／著
郭浩辰／译

责任编辑　竺文治
装帧设计　胡　苨
校　　对　王　敏
责任印制　闻媛媛

原文出版　Seven Stories Press, 2019
出版发行　译林出版社
地　　址　南京市湖南路 1 号 A 楼
邮　　箱　yilin@yilin.com
网　　址　www.yilin.com
市场热线　025-86633278
排　　版　南京展望文化发展有限公司
印　　刷　苏州工业园区美柯乐制版印务有限责任公司
开　　本　850 毫米 ×1168 毫米　1/32
印　　张　14.5
插　　页　4
版　　次　2023 年 8 月第 1 版
印　　次　2023 年 8 月第 1 次印刷
书　　号　ISBN 978-7-5447-9609-5
定　　价　78.00 元

目 录

引言

“形如离奇巨兽般的真实生活与观点又来了——跟伟大的童书作家、插图画家苏斯博士发明的生物不无相似，比如奥布莱克、格林奇、罗雷斯，兴许还可以说像史尼奇。”

——库尔特·冯内古特《比死亡更糟的命运》

20世纪60年代末，我师从爱荷华大学作家工作坊[1]的库尔特·冯内古特，我们的友谊从那些年开始一直持续到他离世。

1 成立于1936年，是美国最早的授予学位的创意写作课程。——译注我从他的为师、创作和为人中汲取了许多智慧。而这本书的要旨，就是冯内古特给所有作家、老师、读者乃至每一个人的建议。

冯内古特刚开始在爱荷华作家工作坊任教时还没出名。当时，他已经出版了四部长篇小说，正在写《五号屠场》，时年42岁。

初次见面（我那时还不认识他），他就戳中了我的笑点。他和其他要给我们上课的作家一起站在演讲厅的前端。他个子高高的，圆肩（他曾说自己形似香蕉），叼着一个长长的黑色烟嘴，歪着头吐烟，心里对此种做法的荒谬和做作一清二楚：换言之，他“装模作样”——正如奥斯卡·王尔德所说，这是人生的第一要义。

我后来了解到，他是在认真地试图靠使用烟嘴来减少吸烟的影响。

爱荷华MFA项目[1]学制两年，这段时间足以使得学生潜移默化，最终被吸引到自己喜爱的老师身边。第二年，我便去听了冯内古特的培训课。

与此同时，我读了他最近出版的两本书——《猫的摇篮》与《茫茫黑夜》。通过这些小说，我熟悉了他身为作家的一面，

1 即“Master of Fine Arts”项目，针对研究生授课。——译注

同时也即将认识他为师和为人的一面。

读书的第一年，我住在冯内古特家隔壁，那是一个专门给研究生住的地方，叫作布莱克煤气灯村。后来，我们一直住得不远。我在巴恩斯坦布尔拜访了库尔特，在密歇根开启我的执教生涯时也见过他，他也在那儿开讲，然后，我们差不多在同一时间搬到了纽约市。过去的35年里，我每年都去科德角度过夏日，我待的地方离他住了20年的地方只有一个小时的路程。库尔特和我时常共进午餐，也保持通信，打打电话，抑或在活动上偶遇。他送了我一个可爱的玻璃花瓶作为结婚礼物。我们一直保持联系。

你可能也是通过阅读冯内古特的书认识他的，要么是在高中或大学，为了完成阅读作业，要么是自主阅读——这取决于你的年龄。倘若你读过最著名的《五号屠场》，你也会知道促使他写出此书的那段经历，因为他在开篇第一章就介绍道：作为一个20岁的拥有德国血统的美国人，他在二战期间被德国人俘虏并带到德累斯顿，后来这个城市被英国人和美国人投放燃烧弹轰炸了。他和其他战俘们被带到了一个地下屠宰场，因而得以幸存。其他的人类、动物或植物就没这么好运了。

这些事都为他的写作提供了灵感，并且塑造了他的观点。（然而，这件事并非像人们通常认为的那样是他写作的开端。早在入伍时，他就已经朝着作家的方向迈进了。）我打算像一个引导者或木偶师那般带着你，穿过由他的建议组成的迷宫，并且呈现他那些相关的人生经历，因为这些经历可以帮助我们去洞悉他是如何获得他所传授的智慧。我会尽可能详细地说明这些建议是在他人生的哪个节点形成的——在他刚开始写作时，职业中期，还是成熟期；我还会讲述关于他的趣闻，以及我自己生活中相关的逸事。

我是在冯内古特基金会的邀请下写这本书的。本来该由丹·韦克菲尔德来写，但是他由于编写了关于冯内古特作品的另外两本好书——《书信集》（一本加注的书信集）和《如果这都不算好，那还有什么算好？》（演讲选集）——而筋疲力尽，并且，他渴望回归自己的小说创作。他打电话给我，“你是写这本书的最佳人选，”他令人信服地说，“你当过写作老师，你自己也写小说，你还是他的学生，你了解他。再合适不过了。”

只可惜，这本书大约六成的内容都必须是库尔特·冯内古特的原话，不然这本书怎么写就可以完全由我说了算。

丹说，我只需写一份介绍性的提案，并把它连同我在《布鲁克林铁路》和《作家文摘》上发表的对冯内古特的简介一道作为我的能力和写作风格的证据，发给冯内古特基金会的负责人、冯内古特的朋友兼律师唐·法伯，以及电子书出版商、罗塞塔图书公司的负责人亚瑟·克莱巴诺夫。丹·韦克菲尔德已经跟他们介绍过我了。

一个月后，当我在布鲁克林书展上的库尔特·冯内古特纪念图书馆展台做志愿者时，图书馆的主任朱莉娅·怀特黑德把我介绍给了丹·西蒙，他是七故事出版社的创始人，出版了冯内古特的最后两本书，也跟他很熟。我向他说明了这个项目。西蒙喃喃道："我愿意出版这本书。"结果就是，冯内古特基金会、罗塞塔图书公司、七故事出版社和我签订了一份新合同。瞧，不管你读的是哪一版本，我们都考虑周全了。

威尔弗雷德·施德如是评价冯内古特："他不会被任何一套学说所束缚，即使是一套不错的学说也不行。"他更喜欢"按自己的一套来，有时甚至温和持中，随机应变"。冯内古特倾向于看到硬币的另一面，看到模糊和矛盾。

毕竟，他遭敌方俘虏、监禁，被迫劳作，搬运尸体，而这个政权已被偶像崇拜所腐蚀，因一个民族渴望简单、独裁的解决方案而堕落。

他会欣赏瑞士艺术家安德烈·汤姆金斯的回文：DOGMA I AM GOD（教条啊，我即上帝）。

就我而言，我想尽可能避免我自己和广大读者都有的那种将库尔特·冯内古特的建议变为教条的冲动。我希望达成这一目标的办法之一，就是运用"暗化"的概念。

这个概念取自威廉·舒茨1979年出版的《深邃的简约》一书，书的封面上写道："这是一本给人类潜能运动赋予意义的书。"领导这个运动的精神病学家舒茨列举了他早前的资历：他探索过这个运动产生的每一种拓展心灵、身体和灵魂的途径。他也在伊莎兰学院主持了不计其数的研讨会。这是一本简明、务实、真正有帮助的书（目前已绝版）。但在此书出版30年后，我想起的是它的最后一章——"暗化"。章节开篇写道："有时候，我为成长付出的努力成了注视着我的那部分自我的笑柄。"他偶尔会厌倦这种努力，然后反叛。

因此他设计了一个名为"暗化"的工作坊，鼓励参与者变得离经叛道、肤浅，沉溺于作茧自缚的悲惨中。他们酒不离手，烟不离口，狂吃垃圾食品，把自己的问题怪罪到他人头上——先是怪罪其他参加工作坊的人，然后一路怪罪到全能的上帝头上。在教学环节，每个人都暴露出自己最糟糕的特质，然后解释其他人可以如何获得这种特质。一个人说他从来没有把事情做完过，承诺下周三会教组员如何做到这一点。等到了下周三，他早就退出了工作坊。

"暗化"工作坊的成果是惊人的。"暗化"就像常规的工作坊一样有效地提高了人们对人类喜剧的认识，让人们认识到是他们自己选择了他们的所作所为，而他们也可以做出别的选择。

我借用了"暗化"这个词，并重新加以定义，作为一种指导原则使用。当前文所言之物的替代选项、反讽、警告或与之相反的建议或想法乍现时，便是“暗化”的概念派上用场的时候。我希望，这个术语及方法论可以引发这样的观念：真理（真理并不等同于事实）可以是多面的，而冯内古特是一介凡人，并非教条之神。

就在我接到这个项目的邀约后，冯内古特纪念图书馆的创始人朱莉娅·怀特黑德便把我引荐给了刚刚在冯内古特纪念图书馆进行了一场表演的艺术家蒂姆·尤德。他的艺术是怎样的？他用作者使用的打字机型号，在作者工作过或小说里故事发生过的地方重新把小说打一遍。他一遍又一遍地用同一页纸打印整部小说，下面放着一张缓冲纸，然后“喃喃自语般”朗读，这样他就不会搞混字打到哪儿了，同时保持注意力的集中。那页纸裂开了，他就贴上胶带继续。纸上偶然的穿孔和撕裂创造出有形的艺术作品：最后，他将顶层和底层的两页纸分开，然后一一裱装。

在库尔特·冯内古特纪念图书馆，蒂姆·尤德用一台史密斯科罗娜牌2200型电动日式打字机敲了一周的《冠军早餐》，又敲了一周《闹剧，或者不再寂寞》。

“沉浸了整整两周，我得以欣赏冯内古特的天分，尤其欣赏他的苍凉。”尤德说。

尤德的目的之一，就是让人们把注意力集中在作家的作

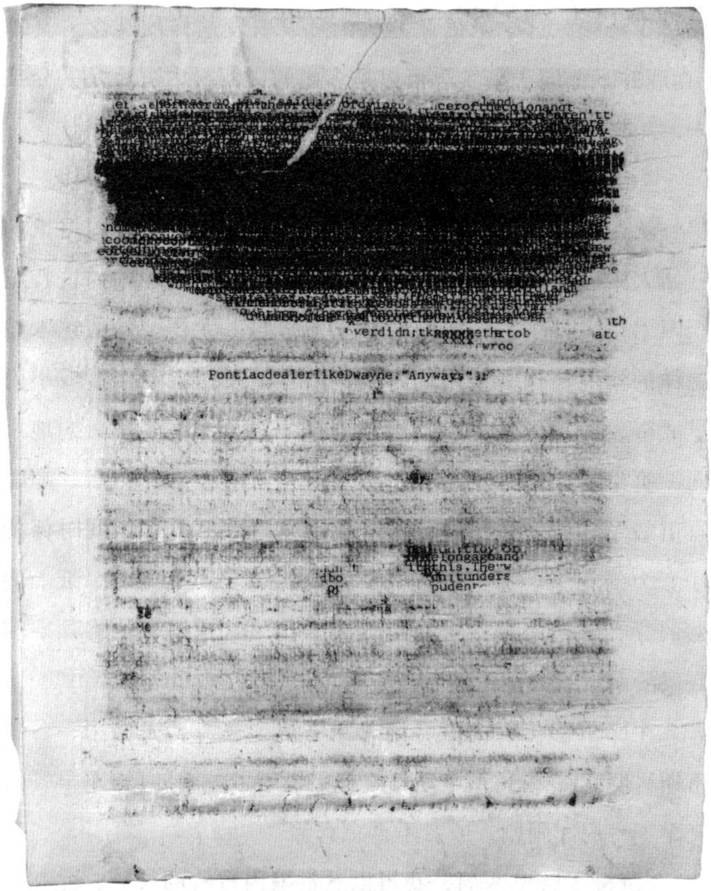

蒂姆·尤德 (Tim Youd) 用打字机打出的《冠军早餐》(1)

蒂姆·尤德 (Tim Youd) 用打字机打出的《冠军早餐》(2)

品上。“现在的情况是，比起阅读凯鲁亚克作品，我们似乎对其装帧更感兴趣。就连在海明威的家乡基韦斯特也是如此。”他表示，对于著名作家的恋物风气之所以会出现，是因为“读书其实是件费力气的事”。

冯内古特的周边产品已经泛滥成灾：马克杯、贺卡、书签、便笺卡、鼠标垫、T恤等。印第安纳波利斯市中心的墙上醒目地挂着一幅他的壁画。咖啡店、酒吧、乐队都以他的词句命名。人们把他的名言文在自己身上。

这些人工产物究竟是荣耀还是玷污，是护身符还是劣俗之作，只有上帝和当事人才知道。

蒂姆·尤德承认他的表演可能会助长恋物风气。我也担心自己会产生这种影响。因为我将冯内古特的绝妙词句从语境中切割出来。为了完成这本书，我将这些词句变形、缩短、翻转，压到模具里。

就像网上经常出现的冯内古特的名言。它们是断章取义的，引用任何人的话都是如此，有时会误导人。例如，他在短篇小说集《巴贡博鼻烟壶》中列出的短篇创作法则并无用于长篇创作的意图，但却到处被人当作各类小说的创作法则加以引用。

一个人可以在没看过冯内古特小说的情况下阅读这本书，但这里出现的他的文字首先归属于它们自己专有的家里，归属于它们的诞生之地。

20世纪50年代，丹·韦克菲尔德出版他的第一部畅销书时，他跟冯内古特找的同一家出版社，出版社问冯内古特是否愿意担任韦克菲尔德的编辑。韦克菲尔德说，冯内古特的编辑意见“是一封2页的信，信上有7条修改建议。7条里面我采纳了4条，我的小说也因而变得更好了。最重要的是，他建议我不要‘仅仅因为是我说的’就听从他的任何建议。他强调说，我只应该采纳那些‘让你有同感’的建议。他说，我不应该仅仅因为他（或任何其他编辑或作家）给出了某种建议就写什么、改什么，除非这些建议符合我自己对这本书的意图和愿景”。韦克菲尔德说，这是“我学到的最宝贵的编辑经验之一”。

现在回头看冯内古特在作家工作坊任教时布置的作业，我发现，比锻炼写作技巧更重要的是，这些作业意在教会我们独立思考，发现真实的自我，我们的好恶，是什么给我们使了绊子，是什么绊住了我们的心。

但愿这本书里出现的冯内古特的话也能在读者身上产生类似的效果。

“当我坐下提起笔来，我觉得自己变成了一个没胳膊又没腿的人，嘴里叼着支蜡笔。”库尔特·冯内古特如是说。

这是建议吗？对我而言是的。它的意思是：你能行。每个作家都自觉无能。就连库尔特·冯内古特也不例外。只要在椅子上坐住了，不断打字就好。

然而，更重要的是——这也是冯内古特独有的风格——这话既让人忍俊不禁，又需要思考才能领悟。因为我很幸运。我又不是缺胳膊少腿儿，我还不只有一支蜡笔。你们大多数人不也是如此吗？

因此，对于那些对教学感到绝望的老师，那些读不懂艰深文本的读者，还有那些手头有事得处理又觉得自己无法胜任的人，这都是个很好的建议。这几乎涵盖了我们所有人。坚持！振作起来！笑个痛快！我们都无法胜任我们的任务！

作为一名作家，冯内古特的动力来自他对引起人们关注一些人道主义问题的热情。我们作为他的学生是幸运的。但他的读者是他最大、最重要的学生群体。

作为作家工作坊的老师，冯内古特充满激情，愤愤不平。他会笑得气喘吁吁。他体贴、敏锐、机智、有趣而聪慧。换句话说，他本人跟他的书里呈现的作者形象一致。无论他何时发言，无论他写了什么——虽然不无自我保护之态，他都忠于他自己——他一直是那个有趣、真诚、寻求真理、心直口快的印第安纳人。

库尔特·冯内古特一直在教书。他总是在学习，并传授他的所学。

我已经把冯内古特的短篇小说、长篇小说和散文布置给我的各种学生阅读。他的作品跨越了年龄、种族和时间的界限。我布置的最好的两篇阅读材料，以及最生动有效的两堂课就是受到了《猫的摇篮》的启发：一次是20世纪60年代末在三角洲社区学院的文学导论课上，另一次是2001年9月11日后不久，在亨特学院讲的60年代文学课上，相隔30年。

我引用冯内古特谈阅读故事的乐趣的话，是希望我们在这本书里要做的是“偷听一段（他曾和读者进行的）引人入胜的谈话”。

我想起了一种给一位不知名但有责任感并有望做出回应的人写信的方式：“To Whom It May Concern”。对一些人来说，这话可能听起来有些正式，有点儿距离感，因为它通常就是用在正式语体中的。但是请照字面意思理解，因为在此处，我将它用作一句热烈的欢迎辞：致所有的相关人士。

第一章
给每个写作者的建议

1980年，美国国际纸业公司赞助《纽约时报》办了一个建议专栏系列。每篇两页长的文章都是由著名专家撰写，要点都以粗体标题突出。刊文包括乔治·普林普顿的《如何演讲》、哈佛商学院杰罗德·西蒙的《撰写简历》、詹姆斯·迪基的《享受诗歌》等等。

“鉴于我的化学、机械工程和数学差点儿不及格，而且我从未上过文学或写作课，他们选我来谈谈文学风格。”库尔特·冯内古特谈及他的供稿时如是说。

我在《纽约时报》上看到了冯内古特首次付梓的《如何写出风格》，之后每个学期我都会复印多份，发给我在亨特学院的写作课学生。此处我就开始沿用冯内古特的格式——向每个人提供关于进行任何写作的一般性建议，包括带有编号的五大“法则”。

先是一个五段话的引言，然后冯内古特提出了第一条，也是最重要的建议：“找一个你关心的话题。”

注意他是怎么写的。他认为，既然你身而为人，你就应该有关心的事物。你只需在你自己的仓库里四下搜寻，把这个东西找出来。以下是他更详尽的解释。

“找到一个你关心的，并且你内心觉得别人也应该关心的话题。

“你的文风中最让人爱不释手、最引人入胜的元素是发自内心的关心，而不是你的文字游戏。

“顺便说一句，我并不是在催你写一部小说——但你要是已经写完了一部，我也不会感到遗憾，前提是这是你真正关心的事情。给市长写一封关于你家门前坑洼路面的请愿书，抑或给隔壁女孩写一封情书都可以。”

下面这件逸事将说明，他说的关于这些相对朴实的文体的话绝对真诚。他在《圣枝主日》中写到他的六个孩子，谈论了他觉得由自己传给孩子们的兴趣爱好和艺术癖性，包括木工、绘画、音乐和下棋。那时，他的儿子马克出版了自己的第一本书，他的女儿伊迪为一本书创作了插图。他对这些成就称赞有加，也会夸奖别的孩子的艺术创造力和普通生产力，但他把最高褒奖给了女儿纳内特写给一个陌生人的信。

“在我的孩子们迄今为止创作的所有艺术作品中，我最喜欢的是哪件？也许是我的小女儿纳内特写的一封信吧。太浑然天成了！她写给‘X先生’——一家科德角餐馆里的暴躁顾客，她1978年夏天在那儿当服务员。一天晚上，这位顾客对他得到的服务暴跳如雷——你懂吧——气得他写信给管理层投诉。管理层把投诉信贴在厨房的公告板上。而纳内特如是答复：

‘亲爱的X先生：

作为一名刚培训完不久的服务员，我觉得必须要回复您最近写给ABC饭店的投诉信。今年夏天，您的来信给一位无辜的年轻女性带来的痛苦，远胜过汤未按时送上及面包被过早撤走等事宜给您带来的不便。

我相信，这位新来的服务员给您的服务确实很差劲。我记得那晚她非常慌张、沮丧，但她希望，尽管她的失误很笨拙，您也可以考虑到她经验不足而给予谅解。我自己也在服务中犯过错。幸运的是，顾客们既幽默又富有同情心。短短一周内，我从这些错误中、从其他服务员和顾客给我的支持和理解中学到了很多，我现在对自己手头的事情信心满满，极少出错。

在我看来，凯瑟琳无疑正在成长为一名合格的服务员。你必须明白，学做侍应跟学杂耍如出一辙。要找到正确的平衡和时机很难。然而，一旦你找到了，做侍应将变成一项坚实而不可撼动的技能。

即使是在ABC饭店这样周密的机构中，也必须有可以失误的余地，必须允许服务员符合人之常情。也许你没有意识到，你对这位年轻女士的指名道姓让管理层有了炒她鱿鱼的必要。现在凯瑟琳在科德角找不到暑期工，而且马上就要开学了。

你能想象目前在这儿找工作有多难吗？你知道现在很多年轻学子维持收支平衡有多难吗？我觉得作为一个人，我有责任请你三思：生活中什么才是重要的。我希望，你可以平心而论，考虑一下我所说的话，并且以后，你的行为里也会多一分周到和人性。

纳内特·冯内古特敬上'"

我本人对于纳内特的信件内容异常感同身受。我发表的第一则短篇《处置》就是从一名向暴虐老板复仇的餐厅洗碗工的视角写的。我读大学那些年一直在做服务生。后来，我发现当服务生的报酬和兼职教学一样高。诚如诗人简·赫什菲尔德妙语，许多作家都从事“食品行业”。

不管怎么说，纳内特的信都符合她父亲的首要标准。她足够关心她的主题，从而写下这封信，她认为其他人也应该关心这件事。具体而言，这些人包括：她的老板，那个投诉的人，那名被投诉的女服务员，大概还有餐厅的其他员工。

纳内特的信挺严肃的。但你也可以用戏谑的方式写严肃的话题。天晓得，库尔特·冯内古特就这么干过。

31年前，25岁的库尔特为自己和妻子简起草了一份他们要履行的合约。他们新婚燕尔，就快要迎来他们的第一个孩子。

“小库尔特·冯内古特和简·冯内古特就此订立合约，于1947年1月26日星期六生效。

本人小库尔特·冯内古特在此宣誓，我将忠实履行以下承诺：

一、在我妻子同意不会就此事宜唠叨、诘问或以其他方式打扰我的前提下，我保证每周擦洗一次浴室和厨房的地板，时间和日期由我自己选择。不仅如此，我还会打扫得很干净很彻底——她这话指的是：我会擦洗浴缸下面、马桶后面、水槽下面、冰箱下面的犄角旮旯；如果上文所述的地板区域恰巧放有任何可移动的物体，我会将其挪到其他地方去，这样我就能擦到它们盖住的地方，而不仅仅是擦洗它们周围的区域。此外，当我承担此任务时，我会克制自己不要随意使用诸如‘狗屎’‘该死的混蛋’之类的粗话，因为这不过是处理必要事宜，并非发生了更为激烈的状况，所以这种语言在家中出现会令人心烦气躁。如果我不遵守此协议，我的妻子可以随意唠叨、诘问或以其他方式打扰我，直到我不得不擦洗地板——不管我有多忙。

二、此外，我发誓我将完成以下举手之劳：

（一）我会把不穿的衣服挂起来，把不穿的鞋子放进鞋柜；

（二）我不会不必要地将灰尘带入屋内，比如通过不在屋外的垫子上擦脚、穿卧室拖鞋出门倒垃圾等方式；

（三）我会将空火柴夹、空烟盒、衬衫领子下的纸板等扔进废纸篓，而不是放在椅子和地板上；

（四）刮完胡子后，我会把剃须用具放回药箱；

（五）如果浴缸周围出现的一圈水渍是由于我洗澡直接造成的，我会借助斯威夫特清洁剂和一把刷子（比如我的毛巾）来清理上述水渍；

（六）在我妻子同意收集待洗衣物，将其置于洗衣袋中，并把洗衣袋放在大厅内显眼处的前提下，我将在上述衣物出现在大厅后的三天内将其带至洗衣房；此外，我会在将脏衣服带到洗衣房后两周内取回洗净的衣物；

（七）吸烟时，我会尽一切努力将我所用的烟灰缸放在一个不会倾斜、下陷、歪斜、下沉、起皱或因轻微的刺激而变形的表面上；会出现以上情况的表面可以理解为：椅子边缘欲坠的书堆、带扶手的椅子的扶手，以及我自己的膝盖；

（八）我不会在红色皮革废纸篓或我亲爱的妻子于1945年圣诞节亲手为我做的邮票废纸篓的桶身上摁灭香烟，也不会把烟灰弹到里面，因为这种做法明显损害了所述废纸篓的美观和终极实用性；

（九）如果我妻子向我提出请求，而这一请求不能被视为不合理或是不完全属于一个男人的工作范围（即当他的妻子怀孕时），我将在我妻子提出请求后的三天内遵从该请求：我的妻子在这三天内将不会提起这一事宜，当然道谢除外；然而，如果我在更长一段时间过去后还没有遵从上述请求，我的妻子将完全有理由唠叨、诘问，或以其他形式干扰我，直到我在她的驱使下完成我本该完成之事宜；

（十）上述三天时限的一个例外是倒垃圾，因为再傻的人都知道，倒垃圾最好不要等那么久；在妻子向我指出垃圾需要处理后的三个小时内，我就会去倒掉。然而，最好是我亲眼观察到垃圾需要处理，然后主动执行这一任务，这样就没有必要让我的妻子提起一个让她较为厌恶的话题；

（十一）双方同意，倘若我发现这些约定在任何方面不甚合理，抑或过度约束了我的自由，我将合法地提出对案，然后礼貌讨论，逐步进行修改，而不是通过破口大骂之类的行为以及随后对所述义务的持续忽视来非法终止我的义务；

双方同意，这份合同的条款具有约束力，直至我们的孩子出生后（由医生确定日期），届时我的妻子将再次完全拥有她的全部机能，从而能够承担比当前建议之事宜更为艰巨的任务。”

亲爱的妻子们，想象一下你是这样一封信的收信人（尤其如果你在20世纪50年代结婚，家务毫无疑问是你的责任）。至少，你会知道你的丈夫已经听到了你的抱怨。你会知道他认为你的抱怨值得他关注。你可以放心，他对那些抱怨、对你、对你们的婚姻、对你们每天的相处都足够在意，所以才会把这一切都写在纸上。你会喜欢他的，不是吗？甚至当你下次倒空他满溢的烟灰缸时，你可能都会原谅他。

试想，这些书信中的每一封——给ABC饭店客户的信和那份承诺合约——都起到了某种作用。不论这个效率低下的女服务员是否找回了工作，她肯定会觉得有人替自己说话了。顾客和老板都被鼓励要更有同理心，他们可能也已经变得如此。（我自己16岁干第一份服务员的工作就被炒了，心情很糟糕，仿佛我什么事情也做不好。有人曾经在我侄女工作的餐馆给她留了一张餐巾纸，而不是小费，纸上写道：“请勿繁殖。”要是有人代表我俩其中一个写一封信，我们必定不胜感激。）

库尔特和简一定和平解决了促使他起草那份合同的争端。

关键在于，要想写得好——即使是写一封普通的信或一封深思熟虑的电邮——也需要你不吝付出时间、努力和思考。你会权衡写或不写的代价，而你必须足够在意才能确定这值得你花费精力。

有时候是话题找上了你。这就不是要去寻找你所在意之事的那种情况了。有些事情就发生在你面前，终究会引起你强烈的关心，乃至融入你的生命。

当小库尔特·冯内古特告别战俘生涯，最终再次踏上盟军领土时，他感觉必须给家里写一封信。因为，他在印第安纳波利斯的所有亲人都以为他已经死了。他音讯全无。他必须告诉他们发生了什么。

“寄信人：美国陆军一等兵小库尔特·冯内古特，12102964
收信人：库尔特·冯内古特，印第安纳州印第安纳波利斯威廉姆斯溪

亲爱的家人：

我得知，除了“在执行任务时失踪”以外，你们可能从来没有得到关于我的任何其他消息。很可能你们也没有收到过我从德国寄的那些信里的任何一封。因此，我有很多事情

要解释——概要如下：

1944年12月19日，我沦为战俘。那时，希特勒孤注一掷地猛攻卢森堡和比利时，把我们师打得溃不成军。7个狂热装甲师袭击了我们，切断了我们与霍奇斯第一集团军其他战友的联系。在我们侧翼的别的几个美国师都设法撤退了，而我们只得留下来战斗。可毕竟刺刀难敌坦克：我军的弹药、粮食和医疗用品都耗尽了，伤亡人数远超战斗力尚存的人——所以我们放弃了。有人告诉我，106师获得了总统表彰，以及蒙哥马利授予的英国勋章，但跟付出的代价相比，这些荣誉真的值得吗？我是少数几个没有受伤的人之一。感谢上帝。

就这样，那些“超人”将我们赶往林贝格，大概有60英里的路程。我们一路上不眠不休、不吃不喝，被装在车厢内锁起来，每个狭小、密闭、阴冷的车厢里挤着60个人。也没有卫生设施——地板上都是新鲜的牛粪。也没有足够的空间让我们所有人都躺下来休息，所以一半的人睡觉时，另一半的人就得站着。我们在路上耗了几天，就连圣诞节也在那条林贝格侧线上度过。圣诞前夜，英国皇家空军轰炸并扫射了我们那列没有标记的火车。他们杀死了我们中的150人左右。圣诞节那天，我们得到了一点儿水，慢慢地穿过德国，来到柏林以南的穆赫堡的一个大型战俘营。新年那天，他们才将我们从车厢里放出来。德国人赶着我们成群结队地冲淋滚烫的热水来除虱。许多人在经过10天的饥饿、口渴和暴晒后，在淋热水时死于休克。而我侥幸活命。

根据《日内瓦公约》，军官和军士在被俘时没有劳作的义务。而我正是一名列兵，你们也了解。1月10日，150名这样的次要人员被运送到德累斯顿的一个劳动营。而我是他们的组长，因为我会说一点德语。但很不幸，我们有一群嗜虐、狂热的看守。我们得不到医疗看护和衣物，只有长时间极其艰苦的劳作。我们每天的食物配给是250克黑面包和1品脱未经调味的土豆汤。我花了两个月的时间，拼命请求他们改善我们的状况，每每都只得到漠然的微笑作为回应，于是我便告诉看守，等俄罗斯人来了我要对他们做些什么。他们揍了我一顿，不让我再当组长。殴打只是小事——一个男孩饿死了，党卫军士兵还枪杀了两个偷食物的人。

大约在2月14日，美国人来了，随后英国皇家空军也到了。在他们的共同努力下，24小时内25万人被杀，整个德累斯顿——也许是世界上最美的城市——被摧毁了。但我还活着。

之后，我们被派去从防空洞搬运尸体：女人、孩子、老人，有的死于脑震荡，有的被烧死或窒息而死。当我们把尸体搬到城里堆成巨大的火葬堆时，平民咒骂我们，朝我们扔石头。

当巴顿将军拿下莱比锡时，我们被徒步疏散到“萨克森–捷克斯洛伐克边境”？我们一直待在那里，直到战争结束。我们的看守抛下我们而去。在那个快乐的日子里，俄罗斯人一心要清除我们这块地区里孤立的非法抵抗势力。他们的飞机（P–39）对我们进行了扫射和轰炸，14人遇难，但我还活着。

我们8个人偷了一辆马车。此后的8天，我们在苏台德地区和萨克森穿行，一路掠夺，活得自由自在。俄罗斯人对美国人非常着迷。俄罗斯人在德累斯顿接我们。我们从那里乘坐福特出租卡车到达哈雷市乘坐美国的航班，飞到勒阿弗尔。

我正在勒阿弗尔战俘遣返营的红十字会写这封信。我吃得特别好，玩得也非常开心。回国的船只自然是挤满了人，所以我只得耐心等待。希望一个月后能回家吧。一到家，我就将在阿特伯里进行21天的疗养，得到大约600美元的补发工资，还有60天的休假呢。

我想说的太他妈多了，剩下的只能改天再说了，我这里收不到信件，所以别给我写信。

1945年5月29日

爱你们的

小库尔特”

冯内古特过世后，这封信于2008年在《回首大决战》中首次发表。回过头来看，这封信的惊人之处在于，正如所有冯内古特的读者将会看到的那样，它埋下了库尔特·冯内古特风格的种子（在《五号屠场》中尤甚），也奠定了形成他这种文风并在余生影响他本人和他一切作品的经历。他的风格和这封信的内容密不可分。

在这封信中，库尔特提出了一个极好的独创观点：风格源于关心。他并没有坐下来去考虑“现在我应该如何写出自己的风格?”，或“现在，这篇文章该怎么写才能打动未来的读者?”。

他当时22岁。他写作是由于他迫切地想要向家人讲述他的遭遇。他写作是由于他对自己的幸存感到诧异。他写作还有可能是由于他意识到自己是一场灾难性事件为数不多的目击者之一，那是一场具有巨大的政治文化影响的事件，或者，用他后来的话来说，是一次“奇特”的经历。

“你的文风中最让人爱不释手、最引人入胜的元素是发自内心的关心，而不是你的文字游戏。”

建筑师路易斯·沙利文[1]有句名言:“功能决定形式。”

---

1 路易斯·沙利文（1856—1924）：美国建筑师，强调功能对建筑的重要性。

库尔特·冯内古特在2005年9月的《每日秀》中告诉乔恩·斯图尔特，“我确实觉得，是某种神圣的工程师在控制着进化。我情不自禁地这么想。而这位工程师确切地知道他正在做什么，以及进化的原因和方向。”他略微停顿，斯图尔特等他继续，“这就是世界上有长颈鹿、河马和淋病的原因。”

但正如库尔特戏称的那样，尽管这位神圣工程师的进化计划尚未可知，但他列举了这些异常多样的生命形式，从而激起了我们对于工程师的个体设计意识的好奇：为了自身的运转和生存，每种生物都以极尽完善的形式构成。符合沙利文论建筑的箴言。

照做吧——根据你的目的来写作。

冯内古特曾为他高中和大学的校报出力。这两份校报都办得很棒。他那封家书的风格一定跟这段训练有关系。他做过新闻报道，曾立志当一名记者。他还带了一台打字机去接受基础训练。我相信，我们内心都有某种东西想要朝着某个特定的方向成长，那是命中注定的。我自己就这样成了一名作家。年轻的小库尔特·冯内古特一定知道，这将是他一生中举足轻重的事件——这个问题会不断萦绕在他心间：为什么只有他没有受伤并幸存下来，而其他人却没有——那封家书也记录了这一切。

冯内古特在《如何写出风格》中提出的第二条建议是“不要长篇大论……”。“我不会就本条建议长篇大论。”他说，他确实也做到了。

第三条建议是“保持简洁”。他指出，一切文学作品中，最深刻的句子往往是最简单的：“‘生存还是毁灭。’莎士比亚笔下的哈姆雷特问道。”

《纽约时报》上的一幅漫画里，莎士比亚用手指抵着额头，头顶上一团翻腾的云揭示他的内心活动：“我应该按照内心的强烈冲动去行事，还是保持被动，从而停止存在呢？”

冯内古特接着说道：

“语言的简练不仅广受赞誉，甚至还可能是神圣的。《圣经》开篇首句的写作技法，仿佛出自一个活泼的14岁小孩之手：‘起初，上帝创造了天地。’”

不少人认为，行文艰涩——比如文风陈古、繁复费解，抑或通篇使用深奥的词语——就是要比平实的语言更高级、更聪明。要是看不懂，那必定是真的高人一等。冯内古特不止一部小说讽刺了这种假设的荒谬。

一些评论家嫌库尔特·冯内古特的作品过于简单。约翰·欧文[1]则批评了那些批评冯内古特的人。欧文写道，他们认为"如果作品是经过煎熬的，读来佶屈聱牙的，那一定是严肃之作……"而"……如果作品明晰尖锐，叙事流畅如水，我们就该怀疑这部作品是否过于简单化，轻如鸿毛，缺少严肃性"。当然，这种批评是简单化的；这种批评也很好写。

"为什么如今'可读'成了一件如此糟糕的事情?"有些人"……对于他们为了看懂读物而付出的艰辛感到满意……真正让我感到满意的是，一个甘愿为了文笔晓畅而付出巨大努力的作家"。

冯内古特也批评了文学评论家。他曾说，他们写的是"洛可可式的泼妇骂街"。

如何才能避免长篇大论？如何"保持简洁"？听从冯内古特的第四条建议吧："要有胆量删减。"

"这么说吧，也许你也有能力为克里奥佩特拉制作项链。但是你的口才应当是为你脑中的想法服务的仆人。你可以定下这条规则：一个句子，无论它有多精彩，如果不能以某种

1　约翰·欧文（1942—　）：美国作家，代表作有《独居的一年》《盖普眼中的世界》等。——译注

新颖或有益的方式阐明你的主题，那就把它删掉。”

如果你倾向于在细节上漫侃细谈，说个天花乱坠，处理这种冲动的方法就是继续前进——闲聊、文饰、浓墨重彩未尝不可。与其扼杀你的倾向，抑制文思的流淌并消解最终掘出钻石的可能性，不如在洋洋洒洒、信马由缰地写完初稿后再删掉多余的文字。

关于写作，我个人有一条建议：写作和修改的过程要分开。先一气呵成，不要检查你写了什么。再放一段时间。然后再用新鲜的眼光去阅读、修订和校改。重复这个过程，如有需要可无限重复，直至你心满意足：终于大功告成了。

这种方法已经是写作老师的老生常谈了。一般叫作“自由写作”。小学生都知道。它恰恰暗示了一种相反的、并不自由的写法，暗示了修订的束缚。

几年前，没有人听说过自由写作。我们对句子进行图解。这是个乏味但快乐的游戏。但我们从中学习语言的结构，感受几何的美感。

我还记得有人教我文章的结构。我们开玩笑说，整个过程是这样的：说你接下来要说什么，然后说出来，再说你已经说过了。同样，在我看来，一篇文章就像一个几何图形：

句子由主语、谓语动词、宾语构成。段落由句子组成：陈述主题，再加上解释或详述这一观点的句子，最后用结束句落来归纳或者强调之前所讲的内容。而文章则是由连续的段落组成的。把段落堆在一起，你的文章就写好了——搞定！

库尔特在爱荷华作家工作坊教学时从未谈到要将写作与修订的过程分开。因为那不是他写作的方式。这可能并不是他在肖特里奇高中为校报或老师写作的方式。

1974年，有人提问："能稍微谈谈你的写作方法吗？你是如何一次性地接连写出数页，然后完成改写的？"冯内古特回答道：

"有速战速决的人，也有持久作战的人。而我恰恰是后者。也就是说，你用头去撞墙，直到你撞破墙，来到第二页，然后到第三页，以此类推。很多人随便用哪种方式写作都可以。而我吧，举个例子，我绝对用不着电动打字机，我仍然无法想象这个鬼东西为什么会被发明出来。但是速战速决者的方式，你懂的——我也羡慕他们，因为这种写法一定很令人兴奋——就是说，不管怎样，在一个月内写完一本书，尽快搞定，然后一遍又一遍地修改。我向来做不到这样。我差点就在写《海妖》的时候做到了。《海妖》几乎可以算得上是一部自动写成的作品。那不是一本持久作战的

《泰坦星的海妖》草稿

书，因为我提起笔来就一气呵成。”

他速战速决地推出了长篇大作《泰坦星的海妖》，凯鲁亚克风格的。他用胶带和订书钉把手稿弄成一捆。在印第安纳大学的冯内古特作品档案中，这些稿纸一直是卷起来的，宛如卷轴。

《如何写出风格》本身当然是经过编辑的。下面列出几例。请注意：括号里加着重号的文字是编辑删掉的。

第一个例子来自由五段话组成的引言部分：

“（在你开始把单词写到纸上时，要记住）关于自己，你能够展露出来的最可怕的一点在于，你不知道什么有趣，什么无趣。难道你自己对作家的好恶不直接取决于他们选择展现给你看或让你思考的东西吗？一个作家倘若脑袋空空，就算他精通语言，你会因此钦佩他吗？不会。”

编辑删掉库尔特的开头那句话是对的。你不觉得吗？陈述句更有力。陈述句通常都是有力的。知道什么有趣跟“在你开始……”没有关系，“记住……”就暗示了“应该”，而没有人愿意被教训。主要是，“在你开始把单词写到纸上时，要记住……”这句话并不能“阐明你的主题”。

库尔特·冯内古特在介绍他的作品时说，记者和技术写作者受过的训练让他们不能展露自己，但所有其他的作家都“……向读者展露了很多”。

“作者展露出来的东西（对我们读者来说很有意思。这些东西）告诉作为读者的我们，是什么样的人在跟我们相处。作者给你怎样的感觉，无知还是博学，（疯狂还是理智），愚蠢还是聪明，狡诈还是诚实，幽默还是顽皮？等等。”

编辑删除了关于“有意思”的那部分（包括“读者”一词的第三次重复），并且开门见山：“作者展露出来的东西告诉作为读者的我们，是什么样的人在跟我们相处……”“疯狂还是理智”也被划掉了。举例太多了，对吧？意思我们已经明白了。

以下是编辑从“要有胆量删减！”的部分删掉的两句话。

（“如果只有教师坚决要求现代作家要贴近过去的文学风格，那么我们完全有理由忽略他们。但是读者也坚决要求同样的事情。他们）希望我们写的东西看起来很像他们以前看过的东西。”

终版如下：

“读者希望我们写的东西看起来很像他们以前看过的东西。”

为什么要有删减的胆量？为了有力。无关痛痒的话会分散焦点，所以在准确的前提下，字越少，越齐整，出拳就越有力。

冯内古特的第五条建议是：“用你自己的语言。”他说：

“对你来说最自然的写作风格必然与你儿时听过的言语相呼应。而在爱尔兰长大的作家真的很幸运，那里的英语是如此欢快，富有音乐性。我自己是在印第安纳波利斯长大的，在那里，日常言语听起来如同带锯在切割镀锌铁皮，所用的词汇就像活动扳手一样毫无修饰。

“言语的各种变体都是美的，正如各种各样的蝴蝶都是美的。不管你的第一语言是什么，你都应该一辈子珍惜它。如果碰巧你的母语不是标准英语，而它在你用标准英语写作时显露出来，那么往往会出现令人欣喜的结果，就像一个非常漂亮的女孩，一只眼睛是绿色的，一只眼睛是蓝色的。”

听一下这些声音[1]，它们可以佐证库尔特的观点。每个声音都是一个故事。而无一跟冯内古特的声音相似。每个声音都独一无二，就像拇指指纹或雪花，没有哪两个是一模一样的。只需朗读出来，倾听：

“你见到我一定很高兴吧。我是那个欣赏青春的女人。是的，在那段快乐的时光里，我与众不同，青春没有像易逝的梦般离我而去。那些周二和周三如同周六的夜晚一样欢乐。”

“亨利的馆子开门了，两个男人走了进来。坐在吧台旁。”

---

1 以下四段引用分别出自格蕾斯·佩雷的《最后一刻的巨变》，欧内斯特·海明威的《杀手》，托尼·凯德·班巴拉的《我的男人博瓦纳》和狄兰·托马斯的《果园》。

“你注意过吗，盲人喜欢哼唧。这完全可以理解，一旦你遇到一个盲人，然后注意到没有目光会强迫你去跟人对视，这是你第一次有这样的经历，这似乎莫名其妙地发生了，就像你又来到了教堂，和胸部肥胖的女士们还有老先生们在一起用喉咙里的低沉声音咕哝，以此回应传教士说的任何话。”

“他梦见通往海边村庄的路上，有一百个果园燃起熊熊大火；无风午后的所有火舌射穿花朵。”

这些声音不可爱吗？但它们不也是一种变体吗？

与冯内古特所批评的他自己的中西部言语相反，下面这些绚丽准确、富有音乐性的语句也是出自他手。在这些语句中，声音与意义呼应，并服从于功能：

“……她散发出的性欲，和她祖母的牌桌散发的一样多。”（《囚鸟》）

“地球表面翻涌着、沸腾着旺盛的躁动。”（《泰坦星的海妖》）

“‘精神分裂（schizophrenia）’这个词……我听起来、看起来都像一个人在下肥皂薄片的暴风雪中打喷嚏。”（《冠

军早餐》)

“我个人发现，”冯内古特继续说，“当我的作品最让我自己和他人信服的时候，往往是我的语言最像一个印第安纳波利斯人的时候，也就是做我自己。我还有什么别的选择呢？老师们最强烈推荐的选项无疑是强加给你的：要像一个世纪甚至更久远以前的有文化的英国人那样写作。”

我不认为老师们现在仍然做出那样的要求，但是冯内古特上学的时候他们肯定是那样的。

看看冯内古特在《冠军早餐》中讽刺这种事情的时候玩得多开心：

“‘我觉得那个词用得不对。’她说。她已经习惯了为自己使用的语言道歉。在学校里，她在人们的鼓励下做了很多这样的事。米德兰市的大多数白人说话时都缺乏安全感，所以他们会把句子写得简短，用词简单，以便将尴尬的错误减到最少。德韦恩肯定是这么做的。帕蒂肯定也是这么做的。

“这是因为，只要他们没有像第一次世界大战前的英国贵族那样说话，他们的英语老师就会皱起眉头，捂住耳朵，给他们不及格的分数，诸如此类。此外，他们被告知，如果他们无法喜爱或读懂关于古人的那些费解的小说、诗歌和戏剧——比如《伊凡赫》，他们就不配用自己的语言说话、写作。”

“黑人是不会容忍这种事的。他们一直随心所欲地说着英语。他们拒绝阅读他们看不懂的书——理由是他们看不懂。他们会问一些无礼的问题，比如，‘我他妈为啥要看《双城记》？’”

“帕蒂·基恩在被迫阅读赏析《伊凡赫》的那一学期英语不及格，这本书讲的是穿铁袍的男人和爱他们的女人的故事。”

冯内古特并不总是信任自己的印第安纳之声。

“我记得，有一次我和戏剧制作人希里·埃尔金斯在一起。他刚刚买下了《猫的摇篮》的电影版权，而我试图显得文雅一些。我说了些文雅的话，希里摇摇头，说，‘不，不，不，不，不。你要当威尔·罗杰斯[1]，而不是加里·格

1 威尔·罗杰斯（1879—1935）：美国幽默作家、电影演员，擅长使用俚语，自创新词，经常使用有牛仔风格的词汇。

兰特[1]。’”

那次交流发生在60年代中期，那时他正在爱荷华教书。事情发生后，库尔特立马在课堂上向我们坦诚相告。我还记得他苦笑的样子。

我现在还记忆犹新，因为就在那周，我姐姐来看我，我带她一起去上课，这样她就能感受下我们的工作坊，特别是感受下冯内古特。但是库尔特没来。库尔特在纽约。理查德·耶茨[2]来代课了（好牛的代课老师！）。

冯内古特终于获得了成功。一切都对他敞开大门，比如卖出《猫的摇篮》的电影版权。他正在找到平衡。

“我不断地失去和恢复平衡，这是一切通俗小说的基本情节。而我自己就是一部虚构作品。”他在用文字发表这件逸事时写下这样的序言。

“我现在明白了，所有那些我用来与自己的作品相比较的古老文章和故事，它们的出色并不是由于久远性或异质性，而是因为它们准确地表达了作者想要传达的意思。”库尔特在他

1 加里·格兰特（1904—1986）：英国演员。
2 理查德·耶茨（1926—1992）：美国小说家，代表作有《革命之路》《十一种孤独》等。——译注

的第六条建议“说你想说的话”下面做了如是解释:“我的老师们希望我写得精准，总是选择最有效的单词，并把这些单词没有歧义地、严谨地排列在一起，就像机器的各种部件一样。老师们其实并不想把我变成一个英国人。他们希望的是，我写的东西是容易读懂的——这样我才能被人理解……

“假如我打破所有标点符号的规则，让单词表达我想让它们表达的意思，然后乱七八糟地串在一起，我根本就无法被人理解。”

因此，冯内古特说，你最好也避免这些做法，“……倘若你有值得表达出来的东西并希望被理解的话”。

《冠军早餐》里有个角色叫拉波·卡拉贝克安，是个抽象表现主义画家，他将自己的一幅画卖给了米德兰市艺术中心。这幅画“宽20英尺，高16英尺”，是用五金店的“绿色墙面漆”画的。

“竖条纹是荧光橙的反光带。”“这幅画卖这么贵简直是一桩丑闻。”5万美金！“整个米德兰市都震怒了。”

在许多“艺术节的贵宾”住宿的那家旅店的酒吧，拉波·卡拉贝克安请米德兰的一个叫邦妮·麦克马洪的服务员告诉他一些关于艺术节上那位十几岁的女王的事情。女王的照片——她身着白色泳衣，脖子上挂着奥林匹克金牌——印在艺术节目手册的封面上。

“她是米德兰市唯一一位国际名人，名叫玛丽·艾利丝·米勒，世界女子200米蛙泳冠军。那时她只有15岁。”邦妮说。

“……玛丽·艾利丝的父亲是谢泼兹敦假释裁决委员会的成员，在玛丽·艾利丝8个月大的时候就教她游泳，而且……从她3岁起就让她每天至少游4个小时。

“拉波·卡拉贝克安想了想，然后用很多人都能听到的声音大声说：‘什么样的人才会把自己的女儿变成一台舷外发动机？’

“邦妮·麦克马洪发怒了……‘哦，是吗？’她说，‘哦，是吗？’……

“‘你觉得玛丽·艾利丝·米勒不怎么样吗？’她说，‘我们觉得你的画不怎么样。我见过5岁的小孩都比你画的好。’”

你们要是还没体会过阅读《冠军早餐》的乐趣，我便不会透露叙述者口中“此书的精神高潮”——也就是冯内古特笔下的角色卡拉贝克安在那间酒吧向人们解释他的画作所说的那段话。但他的确解释得很有说服力。

下一章的开头：

“卡拉贝克安的演讲反响热烈。现在每个人都同意，米德兰市有了世界上最伟大的画作之一。

“‘你只需要解释就行，’邦妮·麦克马洪说，‘我现在明白了。’

“‘我本来不认为有什么好解释的，’建筑师卡洛·马利蒂诺疑惑地说，‘但天呐，其实是有的。’

“珠宝商亚伯·科恩对卡拉贝克安说：‘要是艺术家们能作更多的解释，人们就会更喜欢艺术的。你意识到了吗？’”

一次访谈中，海明威被问到重写了多少次。海明威说要看情况。“我重写了《永别了，武器》的结尾，也就是最后一页，写了39遍才满意。”

“是什么把你给难住了？”采访者问道。

“找到对的词。”

冯内古特在写作中领悟了海明威那句话的含义：

“打字机上输出的信息是非常粗糙或者愚昧的——有误导性。但我知道，如果我在打字机上花足够的时间，我最聪明的念头终究会浮现，而我到时候就能够解码出它试图谈论的东西。”

冯内古特最受欢迎的短篇小说之一《哈里森·伯格朗》

的早期草稿，也可能是初稿（因为字迹潦草，随意涂改，且并未写完）是这样粗略地开头的：

“公元2081年。

“4月当然还是最残酷的那个月。潮湿、黑暗，以及对于春天永远不会到来的恐惧在这所小房子里弥漫，唯独被电视荧屏的亮光牵制着。在电视机黑屏的那一瞬间，这三个绝望骑士似乎要让乔治和黑兹尔·伯格朗窒息了。

“‘那段舞真的不错。’黑兹尔说。”

别管那个笨拙的“骑士”隐喻了。黑兹尔在说什么舞蹈？冯内古特用铅笔潦草地添加了答案（下文用着重号表示），修改后的句子如下：

“在电视机黑屏的那一瞬间，这三个绝望骑士似乎准备让乔治和黑兹尔·伯格朗窒息。屏幕上是一群芭蕾舞演员。

“‘他们刚才跳的那段舞真的不错。’黑兹尔说。”

现在我们可以肯定地知道，乔治和黑兹尔在电视上看了这段舞蹈，知道事情发生的准确时间，以及他们看的是哪种舞蹈。

在发表的版本中，莫名其妙的“骑士”指涉已经消失。尽管进行了微调，但这些解释仍然保留了下来。开篇段落做了大幅修改。现在的版本非常好。

“2081年到了，终于人人平等了。不仅是在上帝和法律面前平等，在任何方面都是平等的。没有谁比谁更聪明，没有谁比谁更好看，也没有谁比谁更强壮或更敏捷。这一切的平等都归功于第211、212和213条宪法修正案，归功于美国素质判定指挥处的干事们的不懈警觉。”

冯内古特不停地在修改，因为他强烈意识到读者想要的技巧是什么。

“（读者）必须识别出纸上成千上万的小标记，并立即加以理解。他们必须阅读，而阅读是一门非常难的艺术，大多数人甚至在花了整整12年，从小学读到高中之后都没能真正掌握它。”

由此，冯内古特引出了“体恤读者”这一法则。

“我们的观众要求我们，”冯内古特继续道，“要做有同情心和耐心的老师，永远愿意简单化、清晰化……”

那些“纸上的标记”只是符号，而不是经验本身。它们代表声音以及声音的组合。它们需要破译。它们是阅读这种无声音乐的乐谱系统。

事实上，人类阅读的时间并不长。历史上第一个字母表出现于公元前2000年左右。近3000年后，大约在公元1050年，中国的毕昇首次发明了活字印刷术，但印刷术的广泛传播和应用还要到几个世纪以后。大约400年后，在公元1450年，古腾堡发明了印刷机。因此，从字母表的产生到使用字母表的机制被设计出来一共用了3050多年，然后又过了大约400年，古腾堡的印刷机才得到广泛使用，让普通人也能够阅读，印刷物也自然传播开来。

有些人的大脑不能很好地破译排列在纸上的字母。阅读障碍是一种特殊的阅读学习障碍，它是神经性的，往往来自遗传基因，与智力或教学无关。它会让人难以流利、大声地阅读和理解；它会阻碍词汇增长，让有些人只能进行创意拼写；它会导致自我怀疑和不安。据估计，有15%的美国人是阅读障碍人士。

冯内古特指出，即使一个人有一个能够准确地译解字母的大脑，他也需要用全部的校园生涯去学习如何阅读。即便如此，很多人还是觉得读书难。美国有3200万成年人没有阅读能力，占到美国人口的14%，大约七分之一。此外，21%的学生的阅读能力低于五年级水平。这些统计数据可能涵盖了有阅读障碍的人。

库尔特把阅读称为“艺术”。你并不是天生就有这种能力。你必须学会如何阅读，就像一门艺术一样，你可以在一生中不断习得技能，并从中获得乐趣。

看看冯内古特为了让他的读者能够理解和想象《猫的摇篮》中的一个关键概念——九号冰——所付出的努力。他让一个角色——据说是这方面专家的布里德博士——把这个概念教给叙述者，而我们读者就和叙述者一同学习。

“‘某些液体，’布里德博士对我说，‘可以有几种结晶或者冻结的形式，它们的原子可以用几种形式来进行有序、严谨的堆积和固定。’

“那个手上有斑点的老人让我想到了在法院草坪上堆放炮弹的几种形式，想到了把橙子装进板条箱的几种形式。

“‘晶体中的原子也是如此，同一物质的两种晶体可能具有截然不同的物理性质。’

“‘现在再想想法院草坪上的炮弹或者板条箱里的橙子。’他建议道。然后他让我明白了，炮弹或橘子底层的摆放模式决定了每一层的堆叠和固定方式。‘底层是种子，决定了后面每个炮弹或者每个橙子的行为，甚至决定了无数炮弹、橙子的行为。’

“‘现在假设，’布里德博士大笑着说，自得其乐，‘水的结晶或者说冻结有多种可能的形式。假设用来滑冰或者放入高脚杯的那种冰——我们可以称之为一号冰——只是几类冰中的一类。假设在地球上，水总是像一号冰一样冻结，因为它从来没有遇到一颗种子教它如何形成二号冰、三号冰、四号冰……再假设，'他又用之前那只手敲了敲桌面，'有一种形式，我们称之为"九号冰"——那是一种和这张桌子一样坚硬的晶体——其熔点可以达到，比如说，华氏100度，甚至更好，熔点达到130度。'

"'好吧，我还跟得上。'我说。"

这恰恰是你希望你的读者达到的状态：跟上你。

因此，冯内古特在《如何写出风格》中将他的建议总结为一条满怀同情的劝告："体恤读者。"

读冯内古特的小说时，我有时候会跟不上情节发展。跟着情节走不是我作为读者的强项。通常我对发生的事情不太感兴趣，我更感兴趣的是情感共鸣，所以我有时不太注意线索或事件的先后顺序。

但这不全是我的错。库尔特也有部分责任。他并不总是把发生的事情说得足够清楚。有时候发生的事情太多了。

我曾经看过一篇书评，但我不记得是谁写的了，也不记得是关于哪部小说的。书评人表达了和我一样在事件中迷失的感觉，但她说，她应对冯内古特小说的办法是：加快速度，读快点。而我的建议则正好相反。慢下来。很慢很慢。

我为了准备这本书而重读冯内古特的作品时做了笔记，这大大放缓了阅读过程。就在那时，我发现，虽然写作是为了促使读者不断阅读，但信步闲庭的节奏会让一切都产生得更多——比如快乐、理解和欣赏。

第二章
关于小说

不少关于写作技巧的智慧都可应用于各种文体。但是你写的东西越精专，就越需要精专的建议。

比如，除非你是个诗人，不然罗伯特·弗罗斯特的格言“写诗无韵就像打网球没网”就用不上。这句话也无法引起大多数当代诗人的共鸣。现在不流行押韵了。

非虚构作家包括记者、专栏作家、回忆录作家、传记作家、散文家、评论家等等。虚构作家则包括微小说、短篇小说和长篇小说作家，门类有文学小说、科幻小说、爱情小说、推理小说等等。除此之外，还有诗人、剧作家、编剧。更别说还有博主了。多数作家都会探索不止一种体裁。但是大多数作家都偏爱并擅长某一种文体。

库尔特·冯内古特写了一辈子。一生中，他的目标、表达形式和写作环境都发生了变化。读者的喜好、写作的收入也在不断变化。但是，他的小说——尤其是长篇小说——让他赢得并葆有美国标志性作家的名声，并且他也认为自己主要是一名小说家。

冯内古特当老师的时候教的是小说艺术。他非常习惯于从一名小说作家和教师的角度去思考，所以在为一般读者创作《如何写出风格》时，他在“有胆量删减”那一节里加了一句只针对小说作者的话，后来被他的编辑删掉了。

因此，他在写作方面所能提供的最上乘的智慧珍宝，便是关于小说艺术以及如何当一名小说家的。

下文是他在20世纪70年代对虚构和非虚构的区别的看法，当时杜鲁门·卡波特[1]的《冷血》和汤姆·沃尔夫[2]的《泵房帮》催生了所谓的“新新闻主义”。之所以被评论家贴上这样的标签，是因为记者没有按照惯例假装匿名或客观，而是参

1 杜鲁门·卡波特（1924—1984）：美国作家，代表作有长篇纪实文学《冷血》和中篇小说《蒂凡尼的早餐》。——译注

2 汤姆·沃尔夫（1930—2018）：美国作家、记者，代表作有《虚荣的篝火》等。——译注

与到叙事当中。

“……我现在再次相信，得到普遍认可的小说比新新闻主义更真实地讲述了真相。或者，换句话说，最好的新新闻是小说。无论在哪种艺术形式中，我们都有一个特殊的报道人。新记者不能像小说作家那样自由地讲述和展示那么多东西，有很多新记者无法把读者带去的地方，而小说作者却可以带读者去任何地方，包括木星——倘若木星上有什么东西值得一看的话。

“现在，我思考新闻和小说时，想起了很久以前我在康奈尔大学的一堂新生物理课上看到、听到的关于噪声和旋律的区别的演示……教授朝墙上扔了一块大约有刺刀那么长的狭长块状物，那其实是煤渣砖。‘这是噪声。’他说。

“然后他又捡起七块砖，把它们飞快地接连扔向墙壁，就像扔飞刀一样。这些砖块依次唱响了《玛丽有只小羊羔》开头的一串音符。我被迷住了。

“‘这是旋律。’他说。

“小说是旋律，而新闻，无论新旧，都是噪声。”

多年后，他说了下面这段话：

“随着年龄的增长，我愈加爱说教。我说的都是我真实的想法。我不会把观点像复活节彩蛋一样藏起来让人去发现。现在，如果我看清了某件事物，形成了一个观点，我不会把这个观点嵌入小说中，我只会尽可能清晰地把它写进一篇文章里。”

我的评价是：噪声就是噪声，音乐就是音乐，不论是什么形式的。冯内古特的许多文章都是纯粹的旋律（例如《圣枝主日》）。他的大部分小说都是。它们凭想象力飞扬，用才智和真理歌唱。

我说的是他打磨过的付梓作品。此外也有一些被弃掉的哑弹。

第三章
原动力

对于一个作家而言，关心一个“他人应该关心”的话题是必要的。这是主要工具，优先级高于铅笔、钢笔、纸或电脑。你务必“在内心”有股非此不可的冲动，不然你有什么理由去做这么难的事情呢？

写作是艰苦的。要写好就更难了。需要勇气和坚持。

“你必须在那儿坐着，”库尔特说，“这会让人身体不舒服，久坐不动对身体不好，独处那么长时间也无益于社交。工作条件真的很差。没有人找到过解决这个问题的办法。”

让我们花一分钟来定义“作家”这个词。冯内古特的第一部长篇小说《自动钢琴》中写到，“布拉普赫的沙阿、科尔霍里教派600万教徒的精神领袖……”正和美国国务院的哈尔亚德博士坐在一辆车上。沙阿在街上看到一个漂亮女子，便把她邀请进了他的豪华轿车，心中假定这名女子是一个性奴，因为在他国家的文化里，只有奴隶和精英两种人，所以这样的女人必定是前者。女子上车了，但哈尔亚德认为她看起来不高兴，最后她解释说，她知道沙阿想要什么，她也愿意，因为问题在于，她的丈夫是一名作家，但没有“分类号”——就业所必需的号码。下面是哈尔亚德和女子的对话：

“‘那你怎么能说他是作家呢？’

“‘因为他在写作。’她说。

“‘我亲爱的女孩啊，’哈尔亚德用家长式的口吻说，‘这么说的话，我们都是作家。’”

哈尔亚德回嘴的这句话可能早就在你的脑子里蹦出来过了吧，亲爱的读者。冯内古特在20世纪40年代末写下了这一幕。如果虚构的哈尔亚德当时都能说出这样的话来，想想看，我们现在都是以前所未有的方式在写作！我们写博客，发邮件，登录写评论。我们在网络“聊天室”动动手指就能“聊天”，在“实时网聊”中与专家“聊天”。我们发着推特和短信。我们都“坐在”电脑前。

这是否意味着我们都是作家？

下文继续写道：

“‘两天前他拿到了一个号码——W-441，’她解释道，‘是给小说新手的。’

“‘……他会一直持有这个号码，直到写完他的小说。在那之后，他应该会得到W-440——“小说熟练工”……或者W-255——“公关”。两个月前，他向国家文艺委员会提交了他写完的手稿，请求批评指正，然后手稿被分配给了一个读书俱乐部。’……

“‘但是最后，’女孩说，‘我丈夫的书遭到了委员会的拒绝。’

“‘写得不好吧，’他拘谨地说，‘标准很高的。’

“‘写得很漂亮，’她耐心地说，‘但它比长度上限多了27页……’

“‘而且，’女孩继续说，‘这本书有一个反机器的主题。’

“哈尔亚德的眉毛高高挑起。‘这样啊！我只好希望他们不会把这本书印出来！他到底在搞什么？上帝啊，他向委员会煽动那样的蓄意破坏行为，没坐牢都算运气好的。他不会真的认为会有人把这本书印出来吧？’

"'他不在乎。他必须要写出来，所以他就写了。'

"'他为什么不写写快帆船之类的东西？那本写伊利运河上的旧时光的书，写的人大捞了一笔。对那种袒胸露乳的东西，需求大着呢。'

"她无奈地耸耸肩。'因为他从来没有对快帆船和伊利运河有什么狂热爱好吧，我猜。'

"'听上去他不太能适应环境。'哈尔亚德嫌弃地说……

"'我丈夫说，就得有不适应环境的人，就得有人去较劲，去叩问人们身在何处，去向何方，又为何要去。这就是他的书的问题所在。他的书提出了这些问题，然后遭到拒绝。因此，他被派去当公关。'"

所以作家是一个这样的人：他愿意去较劲——或者骨子里就较劲——去叩问人们身在何处，去向何方，又为何要去。作家愿意为这种叩问去冒险。作家就是如此在乎他的主题。

过了35年，冯内古特已经出版了10部小说，他笔下的人物——资深小说家斯莱辛格和初出茅庐的传记作家伯曼夫人——讨论了相同的话题：

"'人人觉得自己可以当一名作家。'他说道，带着一种漫不经心的讥讽。

“‘不要告诉我尝试也是犯罪。’她说。

“‘认为写作很容易就是犯罪，’他说，‘如果你是认真的，你很快就会发现这是最难的事情。’

“‘要是你完全无话可说，那便尤其困难，’她说，‘你不认为这是人们觉得写作如此困难的主要原因吗？在能写出完整的句子并且会用字典的前提下，这不就是他们觉得写作很难的唯一原因吗：他们什么都不懂，什么都不在意？’

“此处斯莱辛格盗用了作家杜鲁门·卡波特的一句话……他说：‘我认为你说的是打字而不是写作。’”（《蓝胡子》）

冯内古特也在其他小说中用反讽表达了这一观点：

“‘你会很擅长公关的。’克拉夫特说。

“‘我完全没有任何去妨碍客户传达消息的强大信念。’我说。”（《茫茫黑夜》）

“他活着的时候，从这个方面来看就像个死人：他觉得一切都很好，完全没问题。”（《咒语》）

冯内古特本人关心人类心灵和观点如何共同影响社会，他也同样关心个体。

“噢，上帝——人们努力追求的生活啊。

“噢，上帝——他们试图把人们带入一个怎样的世界啊！”（《茫茫黑夜》）

这短短两句话便可概括冯内古特的全部作品，重点在第二句。

在他还是一名年轻作家时，科幻小说这一形式向他发出召唤。他借自己的角色艾略特·罗斯瓦特在一次科幻大会上面对科幻作家的发言中解释了原因：

“‘我爱你们这些狗娘养的，’艾略特在米尔福德说，‘我只看你们写的东西。只有你们才会谈论那些正在发生的真正可怕的变化。只有你们才足够疯狂，能够意识到生命是一次太空旅行，它也并不短暂，而是会持续数十亿年。只有你们才有足够的勇气去真正地关心未来，去真正注意到机器对我们的影响，战争对我们的影响，城市对我们的影响，宏大而简单的想法对我们的影响，巨大的误解、错误、事故和灾难对我们的影响。只有你们才会傻里傻气地，为无垠的时间和距离而痛心，为永不消逝的神秘之物而痛心，为我们正决定着未来十亿年左右的太空旅行将是天堂还是地狱而痛心。’”

冯内古特强烈地感觉到，对人类和各种问题的热情应该是一个作家的原动力，所以他宁愿你出于热切的关心而犯错，而不是只追求写得雄辩动人：

“艾略特后来承认，科幻作家写作能力欠缺，但他宣称这没关系。他说他们也是诗人，因为他们对重大变化的敏感度超过任何写得好的人。”（《上帝保佑你，罗斯瓦特先生》）

是什么让冯内古特独一无二，为什么人们喜欢他、需要他？原因除开他本人异常有趣以外，还有他的视角。他的视角很宏阔。

“自从学习人类学以来，我就把历史、文化和社会看成生动的人物，就跟小说里的人物一样。”

冯内古特没有获得人类学学位。但是他在这次攻读的尝试中收获了无价之宝。多年后，他在信中描述道：

“……我从人类学中收获的一个极其重要的观点（我现在才明白）是：文化是一个可以像福特T型车一样被修改的玩意儿。

“……一种文化里可能含有致命剧毒……例如，对枪炮的尊重，或者认为男性只有在进行了某种肉搏之后才成为真正的男人，或者认为女人不可能理解正在发生的真正重要的事情，等等……我学到的‘那种带有令人着迷的、暗示性的东西’化为‘我持有的态度’。”

在尼格尔·芬奇导演的纪录片《就这样吧》中，冯内古特说：

“……我学会了站到自己的社会之外，人们都说我像一个到访地球的火星人……对我来说，站到自己的文化之外很容易。我发现很多人完全做不到这一点……他们认为，他们的文化就像他们的皮肤一样不可更改。他们认为，我要他们站到他们的文化之外就如同要他们站在他们的皮肤之外。”

以下是那段训练的实证，出自冯内古特的硕士论文《北美印第安本土主义教派的神话》：

“我感兴趣的正是在文化快速变迁时期出现的新神话，因此我提议研究与在北美印第安部落中的呈现形式各异的先知舞、斯莫哈拉教、普吉特湾的沙克尔教、1870年和1890年的幽灵舞和佩奥特教相关的神话。”

他引用了一位在内华达州执行“印第安任务”的步兵

上尉的一封信，信中描述了印第安人之间兴起的对白人的预言。塔维博——那位最有影响力的医者——“独自上山，在山中参见大神灵”数次，回来后一阵恍惚，然后带来了大神灵的消息。其中每条消息都预言“几个月内”会有一场大灾降临。

其中一条说：“白人带来的所有进步……都会保留下来，而白人会被吞噬殆尽，印第安人则会得救。”

另一条说：“所有人，包括印第安人和白人，都将被吞噬殆尽……但在三天后，印第安人的肉体会复活……而他们的敌人——白人——将被永远消灭。”

还有一条说：“……相信预言的印第安人将会复活……但是那些不相信预言的印第安人将会……和白人一起永远毁灭……”

与此截然不同的神话也产生了。有人预测地球上的生命将成为“天堂”。“生命会变成永恒的，种族差异将不复存在……”夏安族得到了基督的消息，有一人声称：“我和我的人民一直生活在无知中，直到我前去发现了真相。我在那儿听说，所有白人和印第安人都是兄弟。我以前从来都不知道。”他们用自己的方式诠释基督的故事，然后融入自己的文化。

共同的线索是什么？每件人工产物是如何服务和塑造文化的？人类学家受到的训练，就是让他们去追问这样的问题。而这类问题都是冯内古特关心的。

在《自动钢琴》中，冯内古特对于变幻不定的文化的兴趣落脚在了我们自己的社会上。什么是他在乎并且认为别人也应该在乎的东西？随着机器越来越多地取代我们的工作，他对这种艰难的取舍感到愤慨："在人们自尊的基础——也就是感觉被需要，感觉自己有用——这方面"，代价是不可估量的。

这是基于他在大萧条时期成长的阅历和观察，以及他在通用电气公关部上班的三年经历。

他出生于1922年，1932年他10岁时，他的建筑师父亲失业了。他身边的成年人都遭受着失业无收入的屈辱。

在芬奇的纪录片中，冯内古特说：

"大萧条时期，人们都在寻求激进的解决经济问题的方案……他们相信，科学家、工程师和数学家应该统治世界，相信他们是唯一有常识的人。

"……我的父亲和哥哥都坚信技术的力量，认为技术会让世界彻底改头换面，我对此也有着狂热的信仰……我非常相信真理，相信科学的真理，然后，正如我曾经写下的句子——'真理被扔在广岛上'……因此，我经历了丑陋的幻灭……

在《巴贡博鼻烟壶》的引言中，冯内古特写道：

"……我的第一部长篇小说《自动钢琴》是在挖苦通用

电气公司。我咬了曾经喂养我的手。”

其中几口是这么咬的：

鲁迪·赫兹是一名出色的机械师，他的动作被录了下来，以便机器加以复制，从而取代他和其他机械师的岗位。在他遇到故事的主角、高管保罗时，便举起了双手：

“完美至上，天下无双。”

每次主角保罗的妻子打电话来，他们的对话都以一模一样的方式结束：

“‘我爱你，保罗。’”

“‘我爱你，安妮塔。’”

“安妮塔对婚姻的机制了如指掌，即使是最微妙的惯例她都清楚。”

其中一个角色——一个关系很硬的“迟钝男孩”得到了一份顶级的工作。

“糟糕的是，他的态度赢得了他的工程师同事们不情不愿的钦佩，因为他们的工作是通过艰苦努力才换来的。”

除此之外，还有一台自动下棋的机器，当然还有一台自动钢琴。一个秘密革命团体冒了出来：幽灵衬衫会。

然而，那座工厂本身就如同一个“……巨大的体育馆，无数的方阵在此练习精准的健美操——速移、旋转、跳跃、推进、挥舞……保罗就喜欢新时代的这些东西：机器本身既好玩又讨喜”。

冯内古特关心这些问题，并把他关心的事物转换成小说的形式。

但是尽管他自己关心技术、科学和自动化，但在给初出茅庐的作家教学或提建议时，冯内古特认为他自己关心的东西也没那么重要。

听听他在一次采访中对他的之前在爱荷华工作坊的学生约翰·凯西说的话：

“……机械很重要，我们必须要写。

“但如果你不关心这个问题，我也无所谓；我没有逼你吧，对吗？去他妈的机械。”

第四章
迂回前进

写你极其在意的话题是一件冒险的事，非常危险。库尔特发现过其中的一些危险。我肯定也有过。我敢打赌，所有的小说作家都会经受下列痛苦中的其中一些：

——你可能跟原始经验距离太近，因而无法找一个角度或保持一定距离来加以书写。

——可能你非常想讲述某件事，但最后却张口结舌，无法下笔，因为文字只是文字，并不充分。文字不是经验本身。

——作为一个作家，你可能还不够熟练。

——你也许会忠于某一次实际经历，从而干扰了你将其加工重塑、以虚构的手法讲述真相的能力。

——你可能过于想表达自己的担忧或观点，从而让你的写作有了说教和布道的意味。

——你可能因为再次体验创伤而痛苦，深入探究创伤对你的影响可能会带给你更多的情绪压力，甚至超出你的承受极限。从你的健康考虑，这样做并不值得。

——读者的反馈意见、编辑的修改建议或拒稿可能会让你不知所措，因为你无法接受或消化这些批评。换句话说，你可能无法区别哪些反馈针对的是你的写作技巧，哪些针对的是你的写作所基于的个人经验。

冯内古特说过：

“……爱荷华作家工作坊的创始人保罗·安格尔……跟我说，假如工作坊有一栋自己的楼，那么楼的入口处应该刻着一句话：‘不要把一切都看得太重。’”

但我们确实看得很重，确实如此。

库尔特也一样。

当时他正在写《五号屠场》。

23年来，他一直在努力地写这本书。

如果上文列出的任何一项风险发生在你身上，你应该怎么做?

看一看库尔特·冯内古特的旅程，你就能找到答案。下面给你一些路标。

库尔特·冯内古特可能花了23年的时间才找到在《五号屠场》中直接书写德累斯顿轰炸事件和他本人的战争经历的方法。然而，如果你按顺序读他的小说，一直读到这一本，你会发现他对于这段经历进行了戏弄、利用、偏离，然后一步步找到直接书写的方法。

《基础训练》是冯内古特早期的一部现实主义小说（创作于1950年左右），但这本书并没有得以出版。小说里有一个人物，被他十几岁的女儿们称为“将军”，因为他对其位于印第安纳州的农场进行军事化管理，把他为数不多的工人编成几个“小分队”，还搞了一块公告栏，让所有人都能看到他的“命令”，有时他的命令还很可笑。其中一个女儿说，这个农场的名字是“……为了纪念战争，就跟这里的其他一切一样”。“将军”是一个吹牛大王，一个搞笑的人，但同时也是一个有责任感的人和一名兽医，他收养了哈利——他的孤儿侄子，也就是小说的主角。在“将军”讲述战争故事的时候，少年们权当噪声来听。

“‘现在拿240毫米榴弹炮来说，’‘将军’讲道，‘它比空袭更能有效地对付混凝土掩体。我记得就在阿登战役前……’

“哈利点点头，把脸转向太阳房的窗户，不让‘将军’看见他打哈欠。”

240毫米榴弹炮是冯内古特本人受过相关训练的武器。他也和“将军”一样，记得阿登战役发生前的时候。因为在此期间，冯内古特遭到俘获。

冯内古特自己的故事就像这样隐匿在书中的情节、背景和话题中，露出蛛丝马迹。

在《五号屠场》之前出版的小说中，冯内古特没有一本写到他的参战经历。

但思考一下以下的小说片段（按出版顺序排列），注意冯内古特如何运用亲身经历，这些经历又是如何以富有想象力的方式溢出纸面的。

出自《自动钢琴》（一部关于工业化的科幻小说）：

“豪华轿车停在它被困的地方……闷雷般的爆炸声像喝醉的巨人在城市里游荡的脚步，烟幕升起，下午就变成了黄昏。每当出现逃跑的机会，哈尔亚德便抬起头来探查这片沉静，而那几队新来的打砸抢烧者就会把他再次打倒在地。

“‘好了，’他终于说，‘我想也许现在好了。我们试着去

警局吧。在那里我们可以得到保护，等这件事过了再出来。'

"司机靠在方向盘上，无礼地伸了个懒腰。'你以为你在看足球比赛还是怎么的？你认为一切还会像以前一样吗？'"

出自《泰坦星的海妖》（一部关于人类和宇宙的意义与本质的科幻小说）：

"昂克总有一天会承认，一个士兵不随时履行自己的职责，那他一定是疯了。

"在医院里，他们说最重要的规则是这条：永远要毫不犹豫地服从直接命令。"

……

"布拉克曼走到昂克面前，命令他以军人的方式走向绑在木桩上的那个人，然后掐住他的脖子，直到他死去。

"布拉克曼告诉昂克，这是直接命令。

"于是昂克照做了。"

出自《茫茫黑夜》（一个双重间谍的故事）：

"门格尔说的是鲁道夫·弗朗茨·霍斯——奥斯威辛灭绝集中营的指挥官。在他的悉心照料下，真的有数百万犹太人被毒气毒死。门格尔对霍斯的事迹略知一二。他在1947

年移民到以色列之前，为把霍斯放上绞刑架出了一份力。

“他也没有提供证词。他只是用他那双大手亲自执行。‘霍斯被绞死的时候，’他告诉我，‘他脚踝上的带子——是我套上去的，并且系得很紧。’

“‘这么做让你很有满足感吗？’我说。

“‘不，’他说，‘我和几乎所有经历过那场战争的人一样。’

“‘什么意思？’我说。

“‘经历了这些以后，我什么也感觉不到了，’门格尔说，‘一项工作仅仅是要做的工作罢了，没有好坏之分。’

“‘我们把霍斯绞死之后，’门格尔对我说，‘我收拾好衣服回家了。我行李箱的提手坏了，我就用一根大皮带把它给扣上。一个小时之内，同样的工作我做了两遍——一次是给霍斯做，一次是给我的手提箱做。这两项工作的感觉差不多。’”

出自《猫的摇篮》(一部关于宗教和科学家职责的科幻小说)：

“我在山脊的顶端遇到了她。她正全神贯注地俯视着一个天然的大坑。她没有哭。

“她很可能已经哭过了。

“那个坑里躺着成千上万的死人。”

出自《上帝保佑你，罗斯瓦特先生》(一个救济穷人者的故事)：

“直到公交车抵达印第安纳波利斯的郊区，艾略特才再次抬起头。他惊讶地发现，整个城市正在被一场火风暴吞噬。他从未见过火风暴，但他确实在书上读到过不少，也曾多次梦到过。

“他的办公室里藏着一本书，即便艾略特本人也搞不清楚，他为什么要藏起来，为什么每次拿出这本书他都会感到内疚，为什么他怕别人逮到他在看这本书。他看这本书的感觉就像一个意志薄弱的清教徒看色情书的感觉一样，然而没有哪本书比他藏起来的这本更不带情欲色彩。这本书叫作《德国轰炸》，是汉斯·朗普夫写的。

“艾略特会面无表情、手心冒汗地反复阅读书中的一段文字，一遍又一遍，那段话描写的是德累斯顿的火风暴：……

“艾略特从公车的座位上站起来，看着印第安纳波利斯的火风暴。那火柱的雄伟震慑了他……

“在艾略特眼里，一切都黑了下来……然后他醒来，发现自己坐在一个干涸喷泉池的边缘……

“艾略特抬头看着那只鸟和所有的绿叶，他明白了，这个在印第安纳波利斯市中心的花园不可能在他目睹的大火中幸存下来。所以根本没有发生过火灾。他平静地接受了这件事。”

因此，在《五号屠场》的比利·皮尔格林之前，艾略特·罗斯瓦特“挣脱了时间的束缚”。但冯内古特没有用这个说法。而且这种事只发生过一次。但这后来变成了他下一本书的主题——那本突破性的《五号屠场》。

冯内古特从迂回中获得了什么？成熟的时机。纯熟的技艺。自信。不断上升的名望。五部小说出版，一部短篇小说集面世，无数发表在杂志上的短篇，还有戏剧和散文。

跟他的诸多考验保持距离。凭借某种游击式的预备性前进来与这些考验角力。

关于这种间接性，冯内古特对学生如是说：

“其实无论如何，你总会写到自己的人生。但也许你并不知情，比如，你写了一部平庸的西部片——或者不说平庸的西部片吧，比如你写了一部像《正午》一样优秀的西部片。其中某处是对作者精神问题的加密呈现。比如你为某个太空电视剧写了一集，你写的东西将以某种方式呼应你脑海中的事情——也就是尚未解决的冲突。但那就是你该写的地方，也是处理冲突的办法，如果你想写得快，不想卡住的话。”

请注意：这份智慧往往是后知后觉的。冯内古特说，如果你写了一部平庸的西部片或其他什么“你都搞不清楚怎么会写出来”的东西，那么，你写的就是你自己的人生。他当时写书的时候也不懂这个道理。你也一样不会意识到的。但你也不必担心你是不是在写自己。

在亨特学院的一个针对新手的小说工作坊里，我有一个学生写了两篇处女作，是关于堕胎和成瘾的故事。我每节课至少收到一篇关于堕胎的故事，每隔一节课收到一篇关于药物成瘾的故事。但是，她第一次参加工作坊就交来了关于这两个主题的故事，这不常见。这位可爱、认真的年轻女子关心这些问题，并认为其他人也应该关心，她迫切地想要讲述她关于这两个主题的故事。但是她力不从心。像许多初学者写的故事一样，在他们能力范围内写出的小说就是这样的。人物木讷，文辞说教。我建议她不要有那么大的野心。最后，她交来一篇让人眼前一亮、爱不释手的故事，讲的是一个胖女孩——属于普通超重，还不算肥胖——去了减肥中心。人物立体，语言诙谐。

我凭借一个短篇参加了爱荷华作家工作坊。后来我又写了四个短篇，然后开始写长篇。我花了6个月的时间写第一章，反复修改。它对我意义太重大了。但是当它被拿到工作坊里研讨时，它根本没有对我的同学读者产生我想要的影响。

写的是什么？

一个男孩被判入狱一年。这是他身陷高墙的第一天。

来源于什么经历？

是我初恋的入狱。我每两周去探视他一次，我需要和他父亲一起开很长时间的车，进去之前会被搜身，探视期间有人看守，我还要忍受他的羞耻感和需求，以及我们的分离。简单来讲就是这样。

我知道这些经历可以成为一个好故事。人物内部和社会层面的巨大冲突。一个对大多数人，甚至对我来说都陌生的世界。悲剧。

但是我还没做好去写它的准备。就在那一年，我们经历了最后一次分手。他身陷囹圄这件事以及我俩之间的关系让我受创，内疚，愤怒。我甚至还没来得及去理解这种种影响。

太执迷于我的个人经历了。距离不够。

对素材进行加工的火候也还差得远。

野心远超我的能力。那时候，我才刚开始写“你的头20个不咋样的故事”——这句话是我在阿肯色大学的第一位创意写作老师威廉·哈里森说的，他建议那是在掌握短篇小说技巧之前的必经之路。而长篇小说则是另一种情况。

工作坊刚刚结束，我就看到我的同学盖尔·戈德温在学生食堂买晚餐。盖尔比我年长，是一位更有经验也更自信的作家，我告诉她这个故事对我非常重要。她问我在工作坊的情况如何。她看得出来我还处于震惊中，便让我去拿托盘，并邀请我坐到她的桌旁。她听我说了大家的反馈，基本上是说这个故事太密了，尽管戏剧性的部分还不错。她专注地听我说着。

然后她问："你为什么写作？"我吓了一跳，然后给了她一个答案。她又问了一遍，身体前倾的幅度微微变大，"苏珊娜，你为什么写作？"我给出了另一个答案。她靠得更近了，一遍又一遍地问，她的蓝眼睛目光锐利，直到最后我放声大哭。

"因为这是我唯一能做的事！"

她靠回椅背上，似乎很满意。她建议我去写一些疯狂的东西，一些完全不同的东西，只管动笔，写什么都行，她说。我恍惚地走到拥挤嘈杂的学生会咖啡厅，产生了一种奇异感：仿佛我与自己、与所有人、与所有事都隔开了。学生们滔滔不绝地谈论着越南，把咖啡杯碰的叮当响，而我坐下来写了一行，然后又写了一行。这是我第一次凭借自己的想象力写了一个彻头彻尾的异世界。它无关现实，或者说看似无关，也无关我对述说创伤的迫切需求，或者说看似如此。

两周后，我在工作坊上展示了由此创作而成的奇幻故事，大家都说喜欢。

多年后，在另一本小说中，主角回顾了她坠入爱河并去监狱探视一个男孩（男孩后来会变成她虚构的前夫）的青葱岁月。现在，我是从女孩和女人的视角书写，并注入了想象力，从而让这些章节传达出我曾经如此渴望传达的一切。

要善待自己。给自己空间。日子还长着呢。不要用期望来打击自己。放轻松。你的素材终将找到言说的方式。

第五章
正前方

这么多年来，冯内古特一直在尝试直接去写德累斯顿。

以下是《大西洋月刊》前编辑爱德华·威克斯于1949年8月29日给冯内古特写的信：

“亲爱的冯内古特先生：

……关于德累斯顿轰炸的记述和你的文章《金蛋卖多少钱合适？》都获得了称赞，尽管两者都不足够引人入胜，无法最终录稿……

爱德华·威克斯”

冯内古特在《圣枝主日》中写道：

“……总体来看，小说家们不仅异常抑郁，而且平均智商与布鲁明戴尔百货公司的化妆品导购差不多。我们的力量在于耐心。我们发现，写作甚至可以让一个蠢人看起来有些许智慧，只要他会一遍又一遍地写同样的观点，每次改进一点点就好。这很像用自行车的打气筒给软式飞艇充气。任何人都能做到。只需要时间。”

《自动钢琴》中的女孩说：

“我丈夫说，总得有人没法适应环境；总得有人要较劲去叩问人们身在何处，要去向何方，又为何要去。”

为了把他家信上的事件写成小说，库尔特·冯内古特付出了怎样的代价？想知道答案的话，请再读读他的信，慢慢读。信很紧凑。也许你可以把自己想象成库尔特的家人。现在是1945年。你最后一次收到关于K的消息——家里人都叫他K——是他父亲老库尔特几个月前写给K的回信。

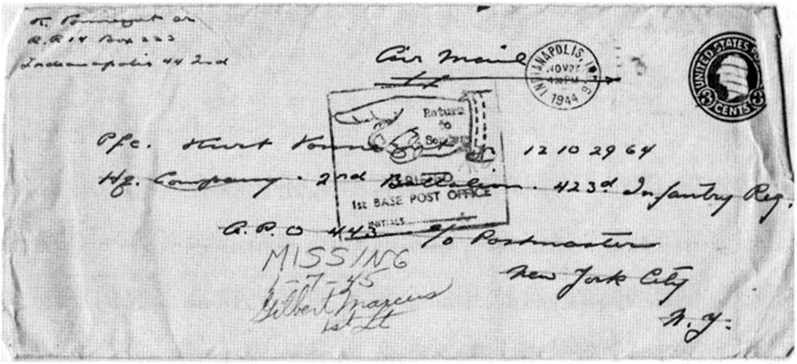

库尔特·冯内古特的父亲写给他的信，1944年11月

现在你看到信箱里有一封K寄来的信，你欣喜若狂！他还活着！你赶忙把信封撕开。你跑进屋，对屋里的人大喊："有一封K的信！"你把信念了出来。然后你又自己仔细地读一遍，消化信中所说的他发生的一切。

1969年，被问及"在经历了几年挫败后，《五号屠场》大获成功，你做何感想？"时，冯内古特如是回答：

"嗯……关于这个商业成功的故事我很感兴趣，但我的书一直都在印刷。这是第一本有精装版的。"

然后他更进一步说明真相。

“我一定用完了好几吨纸。我无法告诉你写了多少个版本……我甚至写了两个英雄版本。”

他停了停，然后问道，是否有人还记得在《第二十二条军规》中的轰炸袭击那一幕里，约塞连精心包扎好一名受伤飞行员的手臂，然后拉开那个男人的夹克拉链，他的肠子立马掉了出来。

这就是他的答案。创作这本书需要他掏心掏肺——“肠子都掉了出来”。

“我不想告诉你这本鬼书花了我多少的钱、焦虑和时间。23年前，当我从第二次世界大战的战场回到家时，我以为写德累斯顿的毁灭对我来说不难，因为我只需要把我亲眼所见的东西汇报出来。我也以为，这会是一部杰作，或者，至少能让我赚不少钱，因为这个主题是如此宏大。”

“呃……写德累斯顿，写德累斯顿被燃烧弹轰炸看似是绝对必要的，”他在一次早期采访中回应道，“因为这是欧洲历史上最大的屠杀，而我是一个有欧洲血统的人，并且作为作家，我也在场。我必须要说点什么。我花了很长时间，也很痛苦。”

后来他说:“我努力去写，但就是写不好。我一直在生产垃圾。”

他发现，长篇小说是“一场追寻”。他不认为他必须掏心掏肺地写。至少他是这么说的。

在他创作出《猫的摇篮》中的博克依教的时候，他一定怀疑吉格舞已经消失了。因为他让博克依教倡导这一极品舞种:

“独特的旅行建议是上帝给我们的舞蹈课。”

这本书以约拿开篇。

“叫我约拿。我父母是这么叫的，或者说差不多这么叫了。他们曾叫我约翰。

“约拿——约翰——如果我叫山姆，我仍然是约拿——不是因为我在别人眼里是不祥的，而是因为有什么人或什么事迫使我在特定的时间出现在特定的地点，务必达成。”

……

“我比现在小很多的时候就开始为一本名为《世界末日》的书收集素材。

“这本书得是写实的。

“这本书将记述在美国人把第一颗原子弹投向日本广岛的那一天，那些举足轻重的美国人做了什么。

“这会是一本基督性质的书。那时我是基督徒。”

叙述人约翰从来没去写那本书。相反，在他身上发生了许多其他的事情。比如博克侬教。在库尔特·冯内古特创作《五号屠场》的旅途中，也有许多事情发生在他身上，发生在每一个随着自己素材的音乐起舞的作家身上。

在存放冯内古特论文的印第安纳大学的莉莉图书馆中，我找到了一些被他称作“垃圾”的东西。我手里拿着的这么多页纸足以证明冯内古特是多么努力去打造一则一气呵成的故事，这多么令人感动，甚至心碎啊。

他尝试了各种标题:《被俘》《我们被俘了》《翻滚的尿壶与燃烧的婴儿车》《卡尔瓦多斯》《五号屠场——一出风俗喜剧》。

他尝试了各种主角：科德角的建筑师米洛斯·弗农，中西部的庞蒂亚克车经销商比利·皮尔格林，一位独神论派牧师的儿子大卫·麦克斯旺，以及由一个身份不明的角色进行的第一人称叙事。

他试图用不同的方式处理相同的事件、情境和人物。这些都体现在成书里。但各版草稿中的处理方式并不相同。

Books ends with image of Mike Palaia shitting and eating at the same time, the thing O'Hare remembers.

The kid who won't share tobacco, who will trade.

Stopping off at Stalag Luft, sponging tobacco -- the thief who gets thrown into shithouse for stealing. Russians selling urine-soaked cigarettes.

Tom Jones and his revolver.

The homo-sexual marriages.

Lehr and his one strange eye.

Joe Crone spilling the soup. Joe goes to a hospital, stares and stares. They bury him in a white paper suit with full military honors.

Sometimes, when I am very pessimistic, I think about modern man's cruelty to himself, and think of all of us as hungry people in ruins, eating cold, stolen beans from a can while we squat and shit. I think of our being arrested for stealing those beans, of being given a fair trial in a foreign language, of being shot by four enemies, of being buried by four shocked but philosophical friends.

Most days I don't feel like that. Praise be to God, the bad days are few.

Tell me again about Jesus Christ. I
want to be a Christian
Tell me again

《五号屠场》草稿（1）

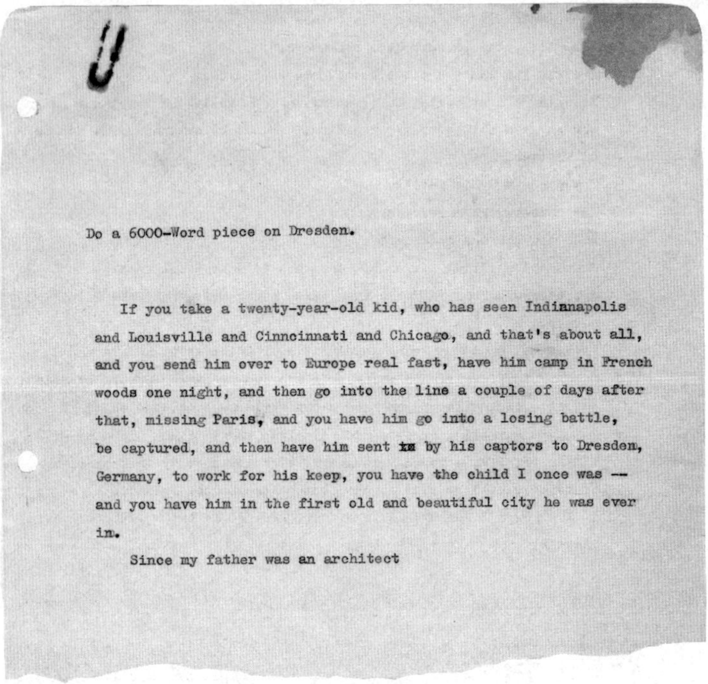

U

Do a 6000-Word piece on Dresden.

If you take a twenty-year-old kid, who has seen Indianapolis and Louisville and Cinncinnati and Chicago, and that's about all, and you send him over to Europe real fast, have him camp in French woods one night, and then go into the line a couple of days after that, missing Paris, and you have him go into a losing battle, be captured, and then have him sent ~~tx~~ by his captors to Dresden, Germany, to work for his keep, you have the child I once was — and you have him in the first old and beautiful city he was ever in.

Since my father was an architect

《五号屠场》草稿（2）

他做了笔记。他在课堂上告诉我们，有一次他用彩色铅笔在几张大纸上画出精密的剧情大纲，然后钉在墙上。他在《五号屠场》的第一章里描绘了这一切。

他还尝试过视觉表现法。在一份草稿中，情节按时间顺序展开，随着故事越来越接近德累斯顿燃烧弹轰炸的日期，他把行距和字母间距越打越小。等到了那个日期——1945年2月13日，就成了一片漆黑。

第六章
突破

库尔特·冯内古特最终是如何完成突破，创作出《五号屠场》的？那是因为，不言自明，身为作家的他已经足够年长，离实际事件足够远，也足够有经验了。然后，命运和付出偶然地交会了。

他在爱荷华大学作家工作坊谋到一份教职（1965—1967）。用行话讲，他获得的是一个作家社群，一种氛围。他挣到了稳定的薪水。他全心投入到他那本战争小说的创作中。

在那段时间，民权运动、越南战争和反主流文化思潮接踵而至，除此之外还涌现出不少关于写作形式和内容的事物。

在作家工作坊，人们对此也有深刻的认知。杜鲁门·卡波特和汤姆·沃尔夫颠覆了新闻客观性的概念，约翰·巴斯（他曾在爱荷华作家工作坊表演了他的作品，效果喜人）、豪尔赫·路易斯·博尔赫斯（他作为特邀演讲嘉宾来访）、罗伯特·库弗（他在库尔特离开的那一年受聘来教书），还有胡利奥·科塔萨尔，就暂举这几例吧。他们颠覆形式，打破常规，玩得很开心。评论家们把他们归类，贴上标签：新新闻、魔幻现实主义、元小说。在爱荷华作家工作坊教书的评论家罗伯特·斯科尔斯写了《寓言作家》，还把库尔特·冯内古特也写了进去。

《纽约时报》请冯内古特为新版《兰登书屋足本辞书》写一篇书评。他用他诚实、独特的风格写了一篇。他引用了兰登书屋的出版商贝内特·瑟夫的话。有人问瑟夫，林登·约翰逊谈越南战争的时候是否应该采用口语化的表达，瑟夫说："现在不是美国总统为标准英语操心的时候。"这篇书评引起了曾在瑟夫手下工作的兰登书屋前副总裁西摩·劳伦斯的注意。劳伦斯现在任职于德拉科特，正在寻找新作家。劳伦斯和冯内古特见面了。冯内古特告诉他，他正在写《五号屠场》，但他的书往往不好卖。劳伦斯给了他一份签三本书的合约。

所以说，除了他自己为那个故事所付出的心血以外，他还欠坚信他不会辜负自己厚望的劳伦斯一个人情。

此等的付出是很有力量的。付出会邀请命运成为你的贵人和伙伴，帮你关上或打开你恰好需要关上或打开的门。

于是命运便这样做了。

一方面，命运给他带来了对于形式和内容的全新认知，这很关键。另一方面，命运也带来了顶级的图书出版商。

下面的事件有排列顺序，因为非虚构叙事的惯例要求必须如此，但我其实并不知道它们的先后顺序。它们应该看起来像炒鸡蛋一样。

（一）他战友伯纳德·奥黑尔的妻子玛丽·奥黑尔当面对他说："……实际上，'你为什么不改变一下，把真相说出来呢？'"他和其他士兵只是孩子，而不是电影明星扮演的英雄。

（二）事实上，他发现他已经不太记得清这段经历了。需求是发明之母。他必须发明一点东西来填充这段故事。他从他的旧科幻帽子里变出了特拉法玛多，以及他的科幻作家人物基尔戈·特劳特。（这两个角色一共增加了7 251个词，大约25页。特拉法玛多的部分增加了大约4 851个词，而特劳特部分约2 400个。）

（三）他有了平铺直叙地写第一章的想法，这违反小说的一个基本原则——维持虚构故事的梦幻性。他毫不犹豫地坦白道："这一切都发生了，或多或少都发生了。"他描述了故事的基础——他作为战俘亲历德累斯顿燃烧弹轰炸的往事，以及他创作中的挣扎和整个过程。他像朋友一样邀请读者走进这段故事。

他是怎么做到的？兰登书屋在1966年重新发行了他绝版的第三部小说《茫茫黑夜》，冯内古特为此写了一篇序言，然后不断重印至今。在序言中，他直截了当地阐明了这本书的寓意，所以，也许是这一先例促成了那个想法。作家工作坊和实验的氛围也一定起到了促进作用。他已经尝试过用虚构和非虚构两种形式去写德累斯顿。现在他只是把这两种冲动结合了起来。但我怀疑，最重要的因素还是他潜在的紧迫感——他要确保传达出他有多关心这个主题，他有多渴望读者也能理解这个主题。

（四）他的妻子简告诉我，在《五号屠场》出版一年后左右，我去巴恩斯坦布尔拜访他们时，她非常不喜欢自传式的第一章，直到她意识到写的是时间才有所改观。冯内古特在那一章引用了塞琳和罗特克的话，都是关于时间的。他说："我叩问自己：'现在'有多宽，有多深，我可以留下多少。"这句深情的台词吟唱的是中年。那时，冯内古特在生命的连续体中处于中年的位置。他对时间流逝的感觉必定促使了他与中年和解，然后全力以赴。

（五）他放弃了。他屈从于他的理智：这不会是他一直想象的那本书，他无法以他想要的方式实现它。所有作家都或多或少地放弃了完美。冯内古特草稿中的一些段落和成稿一样生动。为了当前客观上能够实现的东西，他不得不放弃先前不切实际的期待。

但他的确实现了。

他在第一章结尾处用到了罗得之妻的典故——她没有听从上帝让她不要回头的警告，于是化为盐柱。

“我现在已经完成了我的战争小说。我写的下一本书会很有趣。这本失败了，别无他法，因为它是用盐柱写的。”

“它……它很薄……长度和《鲍勃西双胞胎》差不多。”

这本书短到就连连载它的《堡垒》杂志都问，他们是否已经拿到了全部的稿件。

“作家不可能一直写宏大的主题。你尽你所能，然后你必须继续前进。否则，你终其一生都在写同一本书。”

如果把冯内古特的种种突破转化为建议，可以总结如下：

（一）付出

（二）相信命运，命运会成为你的贵人和伙伴

（三）说出真相

（四）不断负重前行

（五）放弃完美

拣你需要的听。根据你的情况调整。

在《没有国家的人》中，冯内古特写道：

“……当你被问到关于战役、战争的事情时，我想很多人——包括我在内，都会闭口不谈。曾经很流行这么做。你知道的，讲述战争的故事最令人印象深刻的一种方式就是拒绝讲述。

“但我认为越南战争解放了我和其他作家，因为它让我们的领导层、我们的动机看起来如此肮脏……我们终于可以谈论我们干的坏事了……

“我所看到的、我必须要说出来的，让战争看起来如此丑陋。你知道，真相可以是非常强大的东西。是你意想不到的。”

然后他又补充道：

“当然，另一个不谈战争的原因是，战争是不可言说的。”

看看《五号屠场》中的这段文字吧：

“他们（战俘）最后被带到了一个岔路口处的石屋里。

这是战俘的集中点。比利和韦利被带了进去，里面挺暖和，烟雾弥漫。壁炉里的火焰嗞嗞作响，毕毕剥剥。以家具为燃料。有20来个美国人坐在地板上，背对着墙，盯着火焰——能想什么就想什么——并没有什么可想。

“没有人说话。没有人有什么好的战争故事可讲。”

在《茫茫黑夜》中，主角霍华德·坎贝尔原本是一名剧作家，但随着第二次世界大战来临，他换了职业，他在晚年时有这样一段对话：

“‘你不再写作了吗？’她说。

“‘我没有什么想说的。’我说。

“‘亲爱的，可你见过这么多事情，经历了这么多事情呀！’她说。

“‘正是我看到过、经历过的一切，’我说，‘让我他妈的什么也说不出来。我已经失去了讲道理的本事。我对文明世界胡言乱语，它也以同样的方式回应。’”

第七章

害怕找不到有价值的主题或缺失死亡体验

如果你热爱写作，想成为一名作家，但你感觉你身上没有发生过什么足够重大的事情，那该怎么办？也就是说，是否要足够重大才值得写下来？冯内古特对此有话要说。

耐心

那是一名年轻女子，

我在纽约城市学院教她创意写作。

几年前，她向我坦白，

带着些许羞愧，仿佛

这让她无法
成为一个真正的创意作家。
她说，她从未见过
死人。
我把手放在她的肩上，
我说：
“人必须要有耐心。”

这是库尔特的一条建议。下面还有一条：

“当这座城市（德累斯顿）遭到毁坏时，我完全不了解这次毁坏的规模。除了在电影里看到的以外，我对这种事完全没有概念。我回到家以后（自从我为《康奈尔太阳报》工作以来，我一直是一名作家，但我的写作范围也仅限于此），我也想要写我自己的战争故事。我所有的朋友都在家，他们也经历了奇妙的冒险。我去了报社——《印第安纳波利斯新闻报》，想了解一下他们对德累斯顿的报道。我看到，在大约半英寸长的版面上写着我们的飞机开到了德累斯顿上空，有两架飞机失踪了。所以我想，这真是二战中最次要的那种细节了。其他人有太多可写的东西。我记得我羡慕安迪·鲁尼，他在那时一头扎进出版行业。我不认识他，但我认为他是战后第一个发表自己的战争故事的人。题目是

《空中炮手》。见鬼，我从没有过这么上乘的冒险经历。只不过，偶尔我会遇到一个欧洲人，我们会谈论战争，我会说我曾经在德累斯顿待过，他会对我去过那里感到惊讶，总是想了解更多内容。然后大卫·欧文[1]出版了一本关于德累斯顿的书，说这是欧洲历史上最大的屠杀。我说，天哪，我总算是目睹了一件大事！”

也许你也目睹过什么大事。也许你单单在自己的后院里目睹的就是一件大事。亨利·大卫·梭罗住在马萨诸塞州的康科德。他说："我在康科德游历甚广。"冯内古特将此作为他的第一本非虚构作品集《此心不移》中的悼文。他解释道：

“可能是我高中时的一位了不起的老师首先让我注意到这句话的。我现在觉得，梭罗是用孩童的声音去写作的，我也是。他提到康科德的那句话，每个孩子对自己的出生地都是这种感觉，或者想必每个孩子都一定有这种感觉吧。无论一个孩子在哪里出生，让他惊叹一辈子的东西肯定够多了。

“城堡？印第安纳波利斯到处都是城堡。”

1　大卫·欧文（1938—　）：英国作家，曾发表否认犹太人大屠杀的言论。文中冯内古特提及的是其作品《德累斯顿毁灭记》。——译注你并非要经历死亡、毁灭或痛苦才能写作。你只需要有一些你关心的事情。也许你关心的是让人愉悦的事。

在爱荷华作家工作坊的“小说形式”这门课上（一门从作家的角度审视小说的文学必修课，班上有大约80名学生），库尔特讲了契诃夫写的一个故事。我记不得名字了。我不太能够领会要点，因为没发生太多情节。一个少女爱上了这个男孩、那个男孩、又一个男孩。我记得，她指着一条小狗或者别的什么东西，然后笑了。仅此而已。没有冲突，没有戏剧性的转折点或变化。库尔特指出，她无法用语言表达少女初长成的纯粹快乐、她自己的青春妩媚，以及对恋情的憧憬。她难以言说的情愫使得她在一些无关痛痒的事情上哈哈大笑。故事的情节就是这样。那个女孩因活力充盈而快乐，库尔特对此感到无比喜悦，这件事极大地鼓励了我们去书写喜悦。库尔特对这个故事的痴迷告诉我，这样的时刻是不容轻视的，值得写一个故事。

也许这是不可能完成的——如果你还年轻的话，就像城市学院的那个学生一样，她不可能经历或完成比她年长的人已经完成的事情。我被录取到爱荷华大学的作家工作坊时，我的全部成就只有一个短篇，而且我之前主修的是社会学，因此我对作家这个职业知之甚少。我也和库尔特一样，觉得被同人们远远甩在身后，而且我对英国文学一无所知，我也时常把自己和我的写作老师相比较。他们至少比我多了20年的生命可以四处游荡、阅读和写作！

冯内古特对于年龄的看法是：

“稍微年长一点的人想从稍微年轻一点的人那里得到什么？他们想得到赞扬，因为他们活了这么久——而且他们往往会臆想，自己是在艰苦的条件下活了这么久。但让人难以忍受的是，稍微年轻一点的人吝于予以赞扬。

“稍微年轻一点的人想从稍微年长一点的人那里得到什么？我认为，最重要的是，他们希望得到承认，并且希望他们可以不用再费周折就被当作成年人对待。但让人难以忍受的是，稍微年长一点的人吝于予以承认。”

我曾读过一篇对约翰·巴斯和库尔特·冯内古特等人的采访。冯内古特说，所有作家写作的原因当然是他们想改变世界。而巴斯表示反对。不，他说，这不是他写作的原因。我记得巴斯说，实际上，他只是喜欢写着玩儿罢了。

当冯内古特被问及对他的“兄弟作家和姐妹作家”有怎样的亲切感时，他回答说：

“当然是友好的。我很难和有些同行交谈，因为我们似乎从事着截然不同的行业（‘有的像做足疗的，有的像做深海潜水的。’他在别的场合表示过）。这在我心里曾一度是个谜团。”

但后来索尔·斯坦伯格——冯内克特认识的一位搞平面艺术的朋友打消了他的迷惑：“有两种艺术家，两者并无高下之分。一种艺术家回应生活本身。而另一种则对他迄今为止的艺术历史作出回应。”

“我属于（第一个）……那种，我别无他法。我不能和文学先祖们玩游戏，因为我从来没有系统地研究过他们。”

也许你崇拜你的文学先祖。也许回应他们就是你作为艺术家的本质。也许这就是你关心的东西。

冯内古特还有一个不那么合理的观点：

“我认为，如果一个文学创作者的脑海里除了迄今为止的文学史之外，还有些别的东西，那可能会非常令人耳目一新。这么说吧，文学不应该消失在自己的屁眼儿里。”

众所周知，冯内古特会在写作中顽皮地处理自己对生活的严肃反应。他喜欢随便玩玩。尤其是在《冠军早餐》中，他不断在舞台上现身，跟他的角色嬉玩，从而跟我们——他的读者——嬉玩，展示出身为他作品中宇宙的造物主是多么有趣，甚至多么傻的一件事。

"'给我来一杯黑加白，还有水。'他听到服务员说，韦恩本应该竖起耳朵听的。那杯酒可不是给普通人喝的。那杯酒是给那个制造了韦恩至今为止的所有痛苦的人喝的，那个人可以杀了他，可以让他成为百万富翁，可以把他送回监狱，或者对韦恩做任何事情，全看他心情。那杯酒是给我喝的。"

有一本"大龄儿童"读物，封面是华丽的亮蓝色，上面有一个太阳、一个月亮和一颗星星，书名叫作《日月星辰》，出版于1980年，作者是库尔特·冯内古特和建筑师伊万·切玛耶夫——伊万碰巧跟我做过一年夏天的邻居。我好奇他俩是怎么相识然后开始合作的。我想象着，在一段时间内，他们分享了许多故事和图片的创意。

而伊万·切玛耶夫告诉了我另一个故事：

他们是在20世纪70年代通过一个共同的朋友认识的，当时伊万正在做拼贴画，那位朋友说他应该把画给库尔特看。伊万说："我只是对太阳、月亮和星星的不同形态以及它们之间的关系感兴趣，所以我就做了几百张拼贴画，但我完全不知道要用它们来做什么。”他听从了朋友的建议，于是便“给了库尔特一叠拼贴画，大约有100张。然后我有3个月没收到他的消息。我想，嗯……也许库尔特不感兴趣或者在忙吧。然后库尔特就打电话来了。他跑到我家来，把脚跷到我的大书桌上，看我对他做的事有什么反应”。伊万笑了，“他所做的事与太阳、月亮和星星毫无关系。库尔特把画按照他自己的顺序拼贴，跟我的想法相差甚远。他唯一没有做的就是改掉我起的名字，”伊万轻声一笑，“他真的很喜欢观察我的反应。我喜欢他给我的惊喜。”

库尔特从伊万的图里读的故事是怎样的？那是一个关于宇宙造物主诞生的故事，从新生儿的视角讲述的。

这本书的内容简介其实揭示了他们的创作过程：

“此书是一场实验：
给眼睛创作音乐，
而不是耳朵。
伊万·切玛耶夫一开始画了
这些插图，却没有说出
他们的含义。然后库尔特·冯内古特
写下文字，来搭配他所见的
图像。

所以这是一首歌，旋律
先于歌词的歌。
一首简单的印刷机的赞歌。
别人可能会觉得好玩：
把他们自己说的话
变成切玛耶夫的曲子。”

这只是一对成年男子在玩耍：其中一个人玩的是形状及其相互关系，另一个人玩的是字词及其与形状的关系。

放开来玩吧！放音乐吧！

第八章

最后再谈谈原动力

如果你的“内心”确实迫切地觉得别人应该听听你对某个主题的看法，那种深深的迫切感会让你多年求索，停停走走，可能会用错方法，仿佛过山车般历经沉闷、狂喜与绝望。

有科学依据表明，内在兴趣的激励会带来最大程度的成功，效果甚至超过现实奖励。

这是冯内古特写给他沮丧的朋友——智利作家何塞·多诺索[1]的信。为冯内古特写传记的作者说，这是“……他就作

1 何塞·多诺索（1924—1996）：智利作家，代表作有《污秽的夜鸟》等。——译注

家坚持写作的挑战这一话题发表的评论里最接近于个人宣言的一次”。何塞也在爱荷华大学作家工作坊任教，他和库尔特成了挚友，他俩的妻子交情也不错。库尔特·冯内古特已经在《五号屠场》上花了22年时间。何塞·多诺索写《污秽的夜鸟》也已经有10年了。何塞写信给库尔特，说他对此感到绝望。他有自杀的念头。这本书的创作令人痛苦，现在他深感无能、自卑、无力。他刚刚把整整1 000页书稿放进了箱子里。

库尔特正准备跟他的战友伯纳德·奥黑尔再次前往德累斯顿为《五号屠场》做研究。他们“惨遭一家旅行社的痛打”——那家旅行社把资料办砸了，使得他们去列宁格勒的旅行泡了汤。现在他们改道去了赫尔辛基，他用铅笔潦草地回信给何塞。

亲爱的作家，如果你确实迫切地想要分享你的话题，那么，从这封信中可以看到突破性法则第六条：“不要害怕。”[1]

1 信中提到“现在没有人比你写得更好。不要害怕（Nobody is writing any better than you are these days. Be not afraid）。”——译注

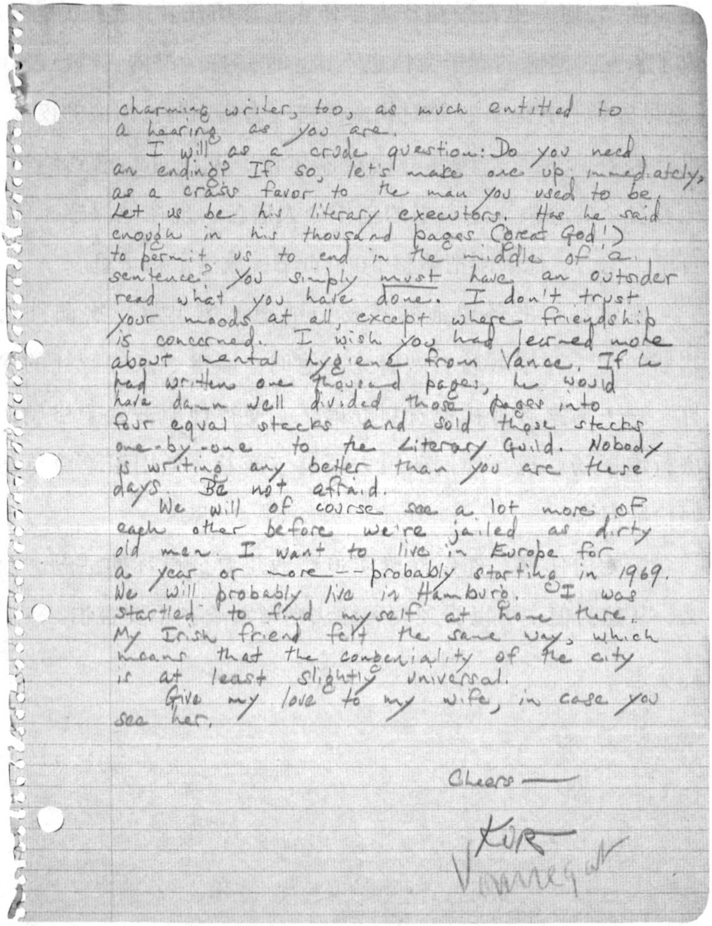
charming writer, too, as much entitled to a hearing as you are.

I will as a crude question: Do you need an ending? If so, let's make one up immediately, as a crass favor to the man you used to be. Let us be his literary executors. Has he said enough in his thousand pages (Great God!) to permit us to end in the middle of a sentence? You simply must have an outsider read what you have done. I don't trust your moods at all, except where friendship is concerned. I wish you had learned more about mental hygiene from Vance. If he had written one thousand pages, he would have damn well divided those pages into four equal stacks and sold those stacks one-by-one to the Literary Guild. Nobody is writing any better than you are these days. Be not afraid.

We will of course see a lot more of each other before we're jailed as dirty old men. I want to live in Europe for a year or more -- probably starting in 1969. We will probably live in Hamburg. I was startled to find myself at home there. My Irish friend felt the same way, which means that the congeniality of the city is at least slightly universal.

Give my love to my wife, in case you see her.

Cheers —

Kurt

Vonnegut

库尔特·冯内古特写给何塞·多诺索的信，1967年10月

第九章
灵魂的成长

“从事任何一门艺术——不论水平好坏——的主要好处在于人的灵魂可以从中得到成长。”

冯内古特屡次通过多种途径拥护这一观点，尤其是在他年纪大了以后。“写作对我父亲来说是一种精神锻炼，”他的儿子马克说，“写作是他唯一真正相信的事。”

葡萄酒作家艾伦·亚罗每年都会在博客上分享冯内古特的这则逸事，给那些不计报酬、渴望从事葡萄酒写作的人看：

“有一年春天，我正在上小说写作课，我们的老师成功地说服了她的一位好友来给我们这群满腔热忱、眼里有光的大学生代一节课。然后，库尔特·冯内古特无精打采地站在这间令人不适的昏暗房间里，一开始便用沙哑而柔和的声音对我们12个人说：‘小说已死。再也没有人看小说了。美国已经丧失了想象力。小说已经终结。’

“在我印象中，他说了这样一段话，然后还就这个话题漫谈了几句，同时还一根接一根地抽烟。虽然抽烟这部分可能是我想象出来的，但他说的话我记得很清楚。在他发表完这段激昂的演说后，我们当中有一个人怯生生地挤出一个问题，他的回答也犹在耳畔。

“‘那么，呃，你是说，呃，我们应该打消写小说这个念头吗？’

“听到这儿，冯内古特先生（当然，他摁灭了手中的香烟）坐直了一点，他的眼睛微微发亮，说道：

‘噢，不是的，别误会。你永远不会靠写作谋生。你非要试的话甚至可能会害死自己。但这并不意味着你不应该写作。你应该写作的原因和你应该上舞蹈课的原因一样。并且出于同样的原因，你应该学会在参加豪华晚宴时正确使用叉子。也是出于同样的原因，你需要看看这个世界。这关乎优雅。’”

冯内古特这番话是在大学的入门课堂上说的。对于全情投入的作家，他在《没有国家的人》中表达了同样的观点，但话说得更重：

“比尔·盖茨说：‘等着看你的电脑会转变成什么吧。’但真正完成转变的应该是你，而不是该死的蠢电脑。通过你所做的工作，你就能成为自己命中注定的奇迹。

“艺术不是谋生的手段，而是让生活变得容易忍受的一种非常人性化的方式。从事一门艺术——不论水平好坏——都是让你的灵魂得到成长的一种方式啊。”

将艺术实践作为一种“让灵魂得到成长的方式”也许听起来像是语焉不详的陈词滥调。冯内古特所说的“让灵魂得到成长”是什么意思？何谓“灵魂”？

《韦氏词典》对这个词的定义是这样的：

——人类或动物的精神或非物质部分，被视为不朽；

——一个人的道德情感本质或认同感。

而冯内古特《冠军早餐》中的角色——画家拉波·卡拉贝克安在说明其抽象表现主义绘画时对“精神”的定义如下，那是一幅巨大的被一条荧光橙色的胶带切分的绿色画作：

“这幅画表现的是每一个动物的意识，是每一个动物的非物质核心——是接收一切信息的‘我在’。它是我们体内的全部生命力，每个人身上的，老鼠身上的，鹿身上的，女酒保身上的。它坚定而纯洁，无论我们会遭遇怎样荒谬的冒险……我们的意识是我们任何人体内的全部生命力，甚至也许是我们全部的神性。而我们的其他一切都只是死机器罢了。”

而灵魂——我们的意识——如何成长？这里列举一些方式方法。

冯内古特在他第一本非虚构作品集《此心不移》的序言里写道：

“在我的非虚构作品中，我自己的成熟论据极少。我上七年级时没有哪一个观点不是从别人那里偷来然后自己再费力阐述的。

“然而，至少对我来说，我在小说写作过程中经历的冒险要惊喜和好玩得多。可能在那个领域里，我也许真的得到了某种成长。如果真是这样，那就太好了。这兴许可以证明，虚构作品本身就具有创造的力量。

“如果一个和我一样头脑平平无奇的人致力于产出一个虚构作品，那么，这个作品将反过来诱惑和戏弄那颗平凡的头脑，使之变得聪明。去年夏天，我的一位画家朋友詹姆斯·布鲁克斯告诉我：‘我在画布上画出第一笔之后，接下来至少一半的工作都交给画布来完成。’同样的道理也适用于稿纸、黏土、胶卷和振动的空气，以及一切已经被人类设法转变为老师和玩伴的无生命物质。

“所以我现在相信，美国人要想超越自己的平凡，要想成熟到足以自救并为拯救地球出一份力的话，唯一的办法就是与他们自己的虚构作品产生热切的亲密关系。我对自己的虚构作品——也就是我的小说——不太满意。只不过，当我的工作是进行想象时，意想不到的见解便会涌上心头，这让我深受触动。而当我的工作是说实话时，庸俗呆板的想法会杂乱无章地堆满我的办公桌。”

为什么是这样的？因为仅仅把事实写在纸上就会产生很强的确认效果。写作是一种慷慨，即便对你自己来说也是如此。发生了一件事，然后你把它写下来，从而进行见证。你以这种特定的方式去思考和观察，并通过这种特定的呈现方式彰显你的个体性，确认你的经验的价值。

但是有了小说以后，一扇通往想象和无意识的神秘世界的大门打开了——换句话说，这扇大门通往所有隐藏起来的、没有被意识到的东西。

亨特学院的路易丝·德·萨尔沃教授写了一本名为《写作疗法》的精彩著作。她断言，并不是所有写作都会产生治疗效果——自由写作不会，对创伤的客观描述不会，发泄也不会。此外，她列出具有治疗效果的确切方法。“详细地描述创伤或让人痛苦的事件以及我们当时和现在对这些事件的感受，是唯一一种临床证明有助于改善健康的创伤写作。”

德·萨尔沃的药方恰好是小说创作过程中经常发生的事情。

小说需要你戴上角色的面具：也就是说，你要采用你构想的角色的视角。这有助于共情。“给人一副面具，”奥斯卡·王尔德说，“人就会说实话。”

小说渴求改变。没有改变就没有故事。要是没有与他人的对抗，与某个问题的对抗，或者与角色内部的某些东西的对抗，以及这种对抗的转变，那故事就成了静态的，胎死腹中。

小说就是叙事。也就是说，它发生在一段时间内，即使是一段很短的时间。它涵盖“当时”和“现在”。

当然，并不是所有的小说都遵循德·萨尔沃提出的原则。非虚构当然可以，尤其是回忆录——毕竟她的书是写给非虚构作者的。然而，根据对照实验的结果，无论采用哪种形式，她说：“我们的写作必须把对发生之事的详细描述与你当时和现在对所发生之事的感受联系起来。”

这正是库尔特·冯内古特在他的许多长篇小说中所做的。

我们会以其中两部为例，看看冯内古特是如何实现自我灵魂成长的，也许会对你自己的灵魂成长有所启发。

“解读故事的一种方式，”作家约瑟芬·汉弗莱斯建议说，“就是把它看成作家对自己能提出的最重要的问题的回应。这种回应往往是复杂的、朦胧的、多变的，但问题是简单的，并且几乎总是同一个问题。问题越大，小说的风险就越大。”

听听看冯内古特在《五号屠场》出版后不久接受的一次采访中提出的关于德累斯顿轰炸的问题：

“美国和英国的空军在两个小时内总共杀死了13.5万人。创下了世界纪录。

“我们这些美国人熬过来了，因为我们驻扎在宽阔开放的牲畜围场里，而且地下三层还有一个放肉的冷藏室——它是这个城里唯一像样的避难所了。所以我们跑下去，躲进冷藏室里，等到我们再上来的时候，整座城市都没了，每个人都死了。我们走了几英里才看到人：一切有机生命体都被消灭殆尽。

“我他妈对那座城市被烧毁作何感想？我不知道。焚烧城市是对纳粹暴行的回应，一报还一报，真的很公平，只是当你看到那些受害者的时候，你会感到迷惑。这种等价交换的方式使人不安。当我终于离开战场回到家时，我心情沮丧，因为我们看到的把避难所清理干净的东西，就如同把火葬场清理干净的东西一样玄妙。你会用奥斯维辛事件来抵消德累斯顿事件吗？你会做这样的抵消吗，还是你觉得这一切都很荒谬，谈论这些事情显得很傻？”

如有神助一般，在创作这一部分时，我碰巧遇到了德累斯顿轰炸的另一名受害者：德国人弗兰克·普鲁斯先生。事情发生时他才5岁。

我把库尔特·冯内古特的经历告诉了普鲁斯先生。他告诉我，有一些事情，他还记忆犹新。后来，他在通话中分享了这些事：

“我记得的第一件事是英国人开始轰炸的那个夜晚。我们在公寓楼的地下室里。我和哥哥跪在我们怀孕了6个月的妈妈面前，把脸埋在妈妈的膝上。我听到了很吵的喧哗声，邻居们跑进来，我父亲整晚都在奋力营救他们和他们的财物。

“第二天，我们整个上午都在赶往我爷爷奶奶那儿，在10公里外的郊区。我记得到处都是碎片和烟雾。我看见一位身着黑色连衣裙的老太太，满脸是血。我问妈妈：‘你看到那个满脸血污的老太太了吗？’我看见一个穿着灰色军服的士兵躺在街上，没有头。‘妈妈，妈妈，’我说，‘看看这个没有头的士兵。’30年后，我的父亲开始写回忆录，他把这件事也写了进去——我说：‘爸爸，爸爸，看看这个没有头的士兵！’

“我们必须穿过一片开阔的草地和易北河上的一座桥。轰炸机从空中飞过。炸弹尺寸巨大，就像欧洲到处都能见到的陈列广告的柱子，直径约1.2米，高3.5米。

“非常吓人。我三岁的弟弟已经好几天不说话了。

“大约两周后，也就是2月底，我们家和其他人一起乘船向北前往汉堡。轰炸机射杀了我们的一名船员。我趁父母不注意的瞬间打开了舱门，我看到了那名引航员的脸。我离他那么近。”后来他被告知，在这条河里航行很困难，因为河里有残骸。

我问，大人们后来回想这件事的时候，关于这场轰炸说了什么。“后来我们再也没有提起这件事。我的父母从未提起。”他停顿了一下，“我们这一代的很多人都没有和父母再提起。”

“这件事让人始料未及，我后来才知道，”他说，“因为德累斯顿不是一个军事用地，满城都是难民。人口通常是50万，但那时已经增长到100多万。”

我告诉他冯内古特就是这么记述的。我引用了冯内古特对丘吉尔下令的描写：

“德累斯顿的问题当然在于克制，或者说缺乏克制……政客们疯了，他们经常会发疯。那个不顾多人劝阻下令轰炸德累斯顿的人是温斯顿·丘吉尔。这是一个人的决定，一个人的愤怒，一个人的骄傲……”

“是的，”普鲁斯先生对我说，“是丘吉尔，他为了复仇和打击士气。”

我们结束了谈话。他的语气里没有责备。在我看来，他也跟冯内古特一样，提出了一个宏大的问题：理解纳粹的野蛮，从而理解英国人和美国人的复仇欲；但弗兰克·普鲁斯当时才5岁啊。令人不安的等价交换啊。

冯内古特在挣扎着将德累斯顿的经历转化为小说的过程中形成了一个重要的见解，它关于记忆与创伤的本质：

“最令人难以接受的是，我已经把它忘了。从这件事里，以及在我和经历过雪崩、洪水与大火的人的交谈中，我加深了对灾难的认识——在我们的大脑中有某种可以关闭的装置，从而阻止我们去记住超过一定规模的灾难。我不知道这是否只是我们神经系统的局限，抑或这实际上是一种对我们起到某种保护作用的小工具。但事实上，尽管我去过德累斯顿，但我对那场轰炸什么都不记得了，我为了恢复那段信息什么都试过了，就差去找催眠师了。我写信给许多和我一起经历过这件事的人，说：‘帮我回想起来吧’，而每次的回答都是拒绝，直截了当的拒绝。他们不愿想起它。《生活》杂志上有一位作家——我不知道他对兔子和神经系统的了解有多少——他声称兔子没有记忆，这是兔子的一种防御机制。如果他们回忆起在短短一个小时内的每一次侥幸脱险，生活将变得无法忍受。一旦他们逃过了杜宾犬的追击，就立马把这事儿忘得一干二净。他们无力承受记忆的重担。

“这本薄薄的书讲的是写一本关于那种事情的书会是什么感觉。我不能再靠近了。我多次探入自己的记忆中，但熔断机制会把我赶出来；我再次进入，然后再次退缩。这本书写的便是这种伴着德累斯顿事件及其余波生活二十载的过程。这就像是海因里希·伯尔的作品《擅离职守》——写的是一些关于德国士兵的故事，然而战争的部分是缺失的。你看到他们离开然后归来，但中间却有一个可怕的洞。”

冯内古特在他的孤儿侄子们身上观察到了这种现象，他的姐姐和姐夫先后两天去世，于是，他和妻子简收养了他的三个侄子。

成年后，他的侄子们向冯内古特透露：“有一件他们以前非常担心的离奇的事情：在他们记忆里的任何地方都找不到母亲或父亲的身影—任何地方都没有。”

“我认为，孩子们心中的博物馆会在极度恐惧时自动清空——从而保护孩子们免受永恒之殇恸。”冯内古特在《闹剧，或者不再寂寞》的序言中写道。

“我用这个技巧来处理我一切最糟糕的记忆，”冯内古特笔下的剧作家在《神枪手迪克》中如是说，“我坚持认为，这些记忆是戏剧。而角色是演员。他们的讲话和动作都是程式化的，拱形的。我面对的是艺术。”

我和弗兰克·普鲁斯第一次交谈时，他说：“我对这几件事记忆犹新。他们从未影响过我，没有创伤。它们只是生动的回忆罢了。”我把这几页书稿用邮件发给了他，随后他回信说：“奇怪啊：我的故事我已经讲过好几次了，感觉就像在随便讲一个故事似的。然而，当我读到你的文字时，我浑身发抖。”

这不是我的文字。是他的。我只负责写下来。

从我在此处呈现的内容和冯内古特本人在他的第一章里讲述的内容之中，你已经获得了冯内古特在创作《五号屠场》时经历灵魂成长的证据。

就连他敲定的标题也传达出了他的发现。不是书的封面上那个已经用了好多年的经过缩减的标题——“五号屠场”。我指的是原标题，把“或”和“儿童十字军”的字样放在正中间的那个。下面这张图是我珍藏的、有库尔特亲笔签名的1969年精装本的标题。

《五号屠场》精装版首版

冯内古特本人在该书出版几年后谈到自己的成长：

“我写完《五号屠场》后觉得，我要是不想写的话，就再也不用写了。这是某种职业生涯的终结。我不知道具体是为什么，我认为花朵盛开之后会有某种意识：它们已经实现了某种目的。花不是主动要求成为花的，而我也没有主动要求成为我。在写到《五号屠场》的结尾时，我有一种感觉：我已经开出了这朵花。所以我有一种关机的感觉，你懂的，我已经做完了该做的事，一切都很好。这就是终点了。在那之后，我可以去完成我自己的使命了。”

那个终点、那种“关机的感觉”并没有结束他的写作，或者他的挣扎。而是打开了装了其他东西的潘多拉魔盒。

他患上了某种产后抑郁。

冯内古特开始经历他的大女儿伊迪所说的“炸裂”：他一夜成名。他的家庭、自我意识和他的世界正在分崩离析，重新构建。

他发誓说再也不写长篇小说了。他的兴趣在一段时间内转向即兴喜剧和戏剧。

然而，过了很久以后，他表示：

“在《哈珀斯》上登的一篇文章中，或者在我写给《哈珀斯》的一封信中，关于‘小说已死’的观点是：人们会继续写长篇小说，或者可能是短篇小说，因为人们发现这样做可以治疗自己的神经官能症。”

而这一次，冯内古特需要面对的是他的父母。

一处创伤刚治好，另一处又浮现了。

雷诺兹·普莱斯假设，作家的声音“根植于一个场景”，“通常是童年或青少年时期的一个挥之不去的景象。这个场景总是出现在作家陈述写作理由的开头——老道的读者很可能会有这样的怀疑——在那个时刻，一个巨大的问题出现在一个警觉的孩子面前，推动他用一生来寻找答案”。

也许冯内古特想了解的那一个或多个场景是他父母在半夜的激烈争吵。还是孩子的库尔特一定会问，为什么？他们为什么这么不开心？是我的错吗？

冯内古特在1973年的一次采访中被问及他的忧郁气质，他回答说：

“嗯……我的童年发生了一些悲伤的事情，我想这些事和我的忧郁有关……印第安纳波利斯有两块石头，我看着那两块并排的石头，我只是希望——我在脑海中能够听到一个声音，我很清楚我希望什么——希望他们比曾经更幸福。他们要过得更幸福，简直太他妈容易了。所以这让我难过。

“他们执迷于错误的事情，毁了自己的生活。而且，该死的是，他们并不需要费多大功夫就可以去考虑正确的事情。”

采访结束时，他又绕回这个话题：

“写《冠军早餐》对我造成的一个影响是，让我对于我的父母没有活得更幸福的愤怒浮出水面……倘若我有办法抑制自己，却又把他们那徒劳的伤悲传递给了我的孩子们，那我真该死。”

在我看来，阅读《冠军早餐》就像是在进行一场不计后果的狂欢，一次恣肆的、欢闹的兜风。人们受到自己错觉的驱使，童真的图画在书中比比皆是。冯内古特笔下的人物有着破坏性的、令人心碎的荒谬性，暴露出他意图针砭的伪装、胡说八道和误入歧途的信仰。

他的父母本来可以自助吗？还是说组成他们身体的化学物质或后天的家教给他们设定好了程序，从而做出这样的行为？是否有人可能超越自己身体的化学属性或程序设定呢？

冯内古特去看了心理治疗师，试图理解抑郁症和他自己固定周期爆发的脾气。在这本小说中，他说：

“所有角色的动机都是从化学的角度来解释的。

“自杀是这本书的核心。”

书中，叙述者自言自语道：

“你害怕你会像你妈妈一样自杀。”

冯内古特评论道：

“至于真正的死亡——它一直诱惑着我，因为我母亲用它解决了这么多的问题。自杀者的小孩自然会认为死亡这件大事是合情合理地解决任何问题的方式，这甚至是个简单的代数问题。”

目前还不清楚他的母亲是自杀的，还是死于服用了过量的巴比妥类药物。不管是哪一种，她的死亡时机都很糟糕。那时，库尔特正在进行基础训练。他请了三天假回了趟家，其中一天是母亲节，他想给家人一个惊喜。他的姐姐爱丽丝也回家了。第三天——也就是母亲节——的早上，他们发现母亲死了。

他的儿子马克说，早些年间，库尔特没有把他母亲的死称为自杀。库尔特的哥哥和父亲对此事并不确定。她是个作家，没留下任何遗言。但她是一个心不在焉的抑郁的母亲，长时间把自己反锁在房间里。马克认为库尔特可能联想到母亲种种心不在焉的举动，于是归结为“自杀”。

不管是否有意为之，死亡都是最终的告别。也许会让人有被抛弃的感觉。如果有人——尤其是你自己的母亲——不愿意为你而活，不论是有意的抑或由于粗心，这可能会让你觉得自己一无是处。你会感觉这是你的错。这是经历过身边人自杀之后的负罪感。

我身边发生过不少自杀事件，有不少亲历者——比如我姐姐经历过她第一任丈夫的自杀，所以我一想到这对库尔特的影响，我就心如刀绞。

“顺便说一句，《冠军早餐》并不是我在扬言要自杀。我是在承诺：我现在已经不会再有那个念头了。这对我来说很重要。我曾经认为那是逃避演讲和截止日期、不付账、不去参加鸡尾酒会的一种完全合理的方式。”

像往常一样，这种以小说为形式的“探索”并不是线性的。最初，《冠军早餐》和《五号屠场》是要写成一本书的。后来，《冠军早餐》变成了一个除了讲述者以外人人都是机器人的故事，连耶稣基督也是：“他是一个为我的罪孽而死的机器人。”

最终写完这本书时，他说：

“我有一种感觉，《冠军早餐》会是最后一本疗愈性的书，这也许是件非常糟糕的事吧。疯狂造就了艺术中的一些美丽的意外，在《冠军早餐》的结尾，我给了我反复使用的角色们自由。我告诉他们，我不再需要他们了。他们可以追求自己的命运。我想这意味着我也可以自由地追求我的命运了。我再也不用照顾他们了。”

每个人都想要绝对，就连痛恨绝对的库尔特·冯内古特也不例外。他想他的角色得到自由，又想角色们放他自由，想让这本书成为最后一本疗愈性的作品。但是这一切都没有成真。他的角色回归了，包括有自杀倾向的角色和老兵，以及他们的话题。但自杀和战争问题再也不是冯内古特作品的主要焦点。从心理角度讲，这正中目标。一个人最重大的担忧——在你生命中对你触动最大的人和事的影响——得到解决以后也并不会消失。但肯定会变得轻松一些。

有证据表明，对创伤的深入探索可能会适得其反。

在《上帝保佑你，罗斯瓦特先生》中，艾略特·罗斯瓦特精神崩溃，住进了精神病院。他遇到了一位给精神病人演奏的音乐家。音乐家的儿子说：

“父亲认为艾略特是他见过的最理智的美国人……我记得父亲对他的介绍：‘我想让你们都见见迄今为止唯一一个注意到第二次世界大战的美国人。’……

“他说：‘我带回家的这个年轻的船长——他鄙视艺术。你能想象吗？他鄙视艺术——然而他鄙视的方式，却让我情不自禁地喜欢他。我认为，他是在说艺术辜负了他。我必须承认，对于一个在执行任务时用刺刀刺中了一个14岁男孩的人，他说出这种话来非常合理。’”

第十章
避难所

冯内古特指出，写作除了滋养灵魂以外，还可以提供慰藉和庇护。

“我给自己找了一个可以行善又不会造成任何伤害的地方。”(《泰坦星的海妖》)

《蓝胡子》里写道：

“我问她会不会写东西。我指的是给我写信，但她认为我指的是写书。‘我只干两件事——写作和跳舞，’她说，‘只要我坚持写作，我就能远离伤痛。’整个夏天，她通过这样做，便不难释怀她刚刚失去了一位才华横溢、风趣可爱的丈夫。”

在《圣枝主日》中，冯内古特写道：

“他（冯内古特在芝加哥大学的教授詹姆斯·斯洛特金）在他的小班上运用了苏格拉底式教学法，问道：‘一个艺术家——比如画家、作家、雕塑家——到底是做什么的？’

“他已经有答案了，并且已经把答案写进了他正在写的书里——一本永远不会出版的书。但是，不到最后一刻，他是不会告诉我们答案的。倘若我们的答案比他的更有道理，那他也许会全然摈弃他的答案。这个暑期班上全是第二次世界大战的老兵。开这个班是为了让我们可以在学校大多数人休假的时候继续从政府那里领取生活费。

“如果我们中有谁想到了好的答案，我现在也完全记不清了。但他是这样回答的：‘艺术家说：“我对我周围的混乱无能为力，但至少我可以把这块画布、这张纸、这块石头还原成完美的秩序。”’

“每个人都明白这个道理。”

“我成年后的大部分时间，都用来在8.5英寸宽、11英寸长的纸张上建立某种秩序。这种严重受限的活动使得我无视了许多场风暴……”

“大约9年前，我受邀来到这里，向美国艺术文学院发表演讲。我当时还不是学院的成员，我很惶恐。我离开了家，大部分时间都在东54街的一个狭小的公寓里数墙上的花，看《袋鼠船长》。我那有赌瘾的朋友刚刚掏空了我的银行账户，我的儿子在不列颠哥伦比亚精神失常。

“我让我的妻子别过来，因为我已经够恼火了。出于同样的原因，我让一个在和我交往的女人也不要来。结果她们两个都来了，而且盛装打扮，执行了一场华丽的死刑。

“是什么救了我的命？是那些8.5英寸宽、11英寸长的纸。”

“那些没有本事将一件小事还原到貌似有秩序的人，我为他们感到遗憾。”

但每个人都可以做到这件事。人们确实会这样做。冯内古特知道这一点。我们当中读书最少的人、最不可能写作的人，会出于压力提起笔来，或者是为了记录重要的事情，抑或厘清人生中的困惑时刻。

在《泰坦星的海妖》中，昂克在记忆被抹去之前给自己写了一封信：

“这是最杰出的文学，因为它让昂克变得勇敢、警觉、隐秘地自由，让他在非常艰难的时刻成为自己的英雄。”

如果你是像冯内古特一样的专业人士，你会对选词、顺序、标点和节奏有严格的要求。你会力求达到叶芝口中的“圆熟的形象”，这会需要“你付出所有的思想和爱”，[1]或者至少需要你专注，这就是避难所的意义所在。

或者你也可以削木、烘烤。

就如《冠军早餐》所言：

“一个5岁的孩子都能画出的完美画作是什么？——两条毫不动摇的光带。”

1 此处引用了爱尔兰诗人威廉·巴特勒·叶芝的诗《马戏团动物的逃弃》中的表达。

第十一章

是什么造就了伟大的艺术，或者说伟大的艺术与灵魂

虽然任何一个孩子都能画出那幅画，但并非一切结果都是相等的。

根据《韦氏词典》，这是“灵魂”的第三个定义：“（尤指在艺术作品或艺术表演中体现出来的）情感或智力的能量或强度。”

是什么让一件艺术品变得伟大？是灵魂。

是什么构成了艺术作品的灵魂？冯内古特借他笔下《蓝胡子》中的角色拉波·卡拉贝克安之口道出了他的想法，拉波评价他本人和另一位虚构的画家丹·格雷戈里时说：

“但他缺乏勇气或智慧，或者就是没天分，所以他无法以某种方式来暗示时间是流动的，某个时刻和其他任何时刻一样都不怎么重要，所有时刻都在快速流逝。

“我换个说法吧：丹·格雷戈里是一个动物标本剥制师。他对那些被视为伟大的时刻进行了填充、安放、上漆和防蛀……

“我再换个说法吧：生命，顾名思义，永不静止。它要向何方？从生到死，一路不停。即便只是一幅画着方格桌布上摆了一碗梨的画，如果是大师亲手画的，那它也是液态的。是的，说来也奇怪，我肯定永远无法成为一名画家，丹·格雷戈里也不行，但最好的抽象表现主义者就可以成为画家。在伟大的画作中，生与死总是同时存在的。”

冯内古特在《圣枝主日》里写道：

“我为德累斯顿的毁灭哀悼，因为它只是暂时沦为了一座纳粹城市，而它几个世纪以来一直是属于全世界地球人的艺术宝藏。它本来可以再度拥有那样的辉煌。近来被军事学家为了一些虚妄的利益而拆毁的吴哥窟也是如此。”

现在，在写这段话的时候，轮到叙利亚被掠夺“属于全世界地球人”的艺术珍宝了。就这么回事。

在《神枪手迪克》中，一位叫哈雷尔的牧师在为一个艺术中心举行落成典礼时宣称：

“……城市里最重要的艺术中心是人，而不是建筑。”他指向一名剧作家说：“后面坐落着一个叫‘鲁迪·华尔兹’的艺术中心。”

第十二章
变革的推动者

“作家至少在一个方面可以好好喘口气：他们可以每天治疗自己的精神疾病。要是我运气好，我的这些书累积起来的效果还不止于此。我想成为一个有用的公民，政体中的一个特化细胞。”

对库尔特·冯内古特来说，个体和政治是密不可分的。《五号屠场》成为畅销书后不久，一位采访者问他：“写作已经成了一种非常赚钱的谋生方式，除了钱，你是为了什么而写作？”

冯内古特答道：

“我的动机是政治性的。我同意斯大林、希特勒和墨索里尼的一个观点——作家应该为他的社会服务。但我不同意独裁者们关于作家应该如何服务的看法。

“作家是社会有机体中的特化细胞。是进化的细胞。人类正试图变成别的什么东西，一直在实验新的观点。而作家是向社会引入新观点的一种手段，也是象征性地对生活做出回应的一种手段。

“……我们是整个社会的表达……当社会陷入巨大危险时，我们可能会敲响警钟。我的理论是：艺术好比矿井里的金丝雀[1]，可以敏锐地预警。”

在另一场采访中，他说：

“……要是我不觉得我写的东西是一种好公民的行为，或者至少是一种成为好公民的尝试，我就不会对写作感兴趣。把我的祖先从德国带到这里的并不是那里的压迫，而是《美国宪法》的吸引力，还有这里人人互爱如兄弟的梦想，

1 “矿井里的金丝雀”是一个英文习语，指提示危险到来的事物。在过去，矿工在下矿井时会带上金丝雀，因为其对瓦斯十分敏感，金丝雀的死亡可以被认作危险的信号。——译注

以及大量的土地。我的祖先也被物质层面所吸引。我从小以来的家教，就让我对《美国宪法》疯狂，对作为乌托邦的美利坚合众国感到非常兴奋。对我来说，这似乎仍然是完全行得通的，我一直在想办法去补救，去看看到底是哪里出了问题，看看我们是否能够正常运转起来。”

在库尔特·冯内古特的成长过程中不乏证据表明为社区做贡献是值得的，是一个男人应该做的事情。他的建筑师祖父设计了印第安纳波利斯最大的公共空间之一，现在依然是最大的之一，很美。他的父亲和祖父一起设计了一家百货公司——现在已经拆了——以及百货公司外的时钟艾尔斯钟，它依然矗立在一个大十字路口处。他的父亲是儿童博物馆的创始人之一，该博物馆仍然排在全国最大的博物馆之列。他长大的过程中，身边围绕着他的家族元老们授予的有用的公民身份的纪念碑。现在，跟他祖父设计的建筑相隔几个街区的墙上，有一幅巨大的壁画，画上是他。

2014年春天，我受邀来到印第安纳波利斯，为库尔特·冯内古特纪念图书馆的筹款活动发表演讲。筹款活动的地点和我发表有关库尔特·冯内古特工作坊任教经历的演讲的地点正是他祖父伯纳德设计的雅典娜俱乐部（Atheneum）——在第二次世界大战前，它的原名叫作德国人之家（Das Deutsche Haus）。

顺便说一句，他也是围着战争纪念碑长大的。印第安纳波利斯的战争纪念碑数量多到惊人。你听听:“印第安纳战争纪念广场历史街区位于印第安纳波利斯市中心，包含2个博物馆、3个公园，以及总面积为24英亩的纪念碑、雕像、雕塑和喷泉。因此，该州的首府在专为老兵建造的纪念碑的面积和数量上仅次于华盛顿特区。”

在谈到作家的社会责任时，冯内古特表示：

“我认为作家是最重要的社会成员，不仅仅是潜在意义上的，实际上也是。好的作家必须持有并捍卫自己的看法。

“主要是，我认为他们应该是——而且在生物层面上也必须是——变革的推动者……”

想想看《汤姆叔叔的小屋》《丛林》《像我一样黑》《第二十二条军规》《看不见的人》《下一次将是烈火》《女性的奥秘》《寂静的春天》等书。

你随便就能列举出一些作品。

冯内古特自己的工作论证了他的“矿井金丝雀”理论。他多年后回顾自己的第一部长篇小说《自动钢琴》时说：

“这本书预言了一件事，现在已经成真了——那就是有一天，由于机器如此可靠、高效、不知疲倦，而且越来越便宜，它们会从人类手中夺走一些还算像样的工作。”

这似乎不是特别有先见之明。自工业革命以来，机械就被越来越多地使用。在第二次世界大战期间和之后——也就是在他创作《自动钢琴》的时候——肯定也是如此。

但是看看这个：

主角保罗开着一辆旧普利茅斯车。发明家巴德开车经过，向保罗炫耀他充满未来感的汽车。这辆车自动化程度惊人——就像如今的汽车一样——但与库尔特创作这部小说时的40年代末和50年代初的汽车相去甚远。在这部小说里，你必须手动进行一切操作，而且还得使劲儿：换挡啦，把车窗摇上摇下啦，锁门和开门啦，转向和刹车等等。

看看这段。

保罗的秘书凯瑟琳把他的演讲整理出逐字稿，然后打印出来递给他，并评论说她认为讲得很好：

“‘……你就第二次工业革命发表的观点……就是你说第一次工业革命让体力劳动贬值，然后第二次革命让日常脑力劳动贬值的那部分，’她问道，‘你认为会有第三次工业革命吗？’”

保罗说：“‘……我想第三次革命已经进行了一段时间，如果你指的是会思考的机器的话。我想这将是第三次革命——让人类的思考贬值的机器。像EPICAC那样的大型计算机已经可以在特定领域很好地进行思考。'”

凯瑟琳过了一会儿回应道:“'首先是体力劳动，然后是日常劳动，然后，也许轮到真正的脑力劳动了。'”

保罗说:“'我希望我活不到看到最后一步的那天。'”

因此，冯内古特在个人电脑和互联网出现的好些年前就开始有这样的想象和写作了。也是在“自动汽车”出现的好些年前——我指的是完全自动化的那种，就像我上周写这段话时出现的那种可以自动驾驶的车。

希望冯内古特的小说《加拉帕戈斯》也有先见之明。

在这本书里，人类无法在我们对环境的亵渎中幸存下来——至少无法以我们称之为人类的物质形式幸存下来。

但现实中，人类确实得以幸存。

顺便说一句，冯内古特认为《加拉帕戈斯》是他写得最好的书。因为他的“矿井金丝雀”在疾呼。

作家也可以通过其他方式促成变革。通过写一件事、一个人，即使是死了或失踪了，你也可以让那件事、那个人活着。作家可以成为救赎者。

“……他必然是最令我兴奋、最有教益的老师。”冯内古特这样评价詹姆斯·斯洛特金，他是战后芝加哥大学教员中一位没得到终身教职、也不受欢迎的人类学家。“他开设的课程里讲了他正在撰写的关于社会变革机制的书籍中的一些章节，但却没有人愿意出版这些书。”

“一天夜里，我在科德角喝醉了，浑身散发着芥子气和玫瑰的味道，这种时候我习惯给老友和敌人打电话，于是便给我挚爱的老论文导师打了电话。电话那头的人告诉我他已经死了——我想，他那时50岁左右吧。他吞了氰化物。他的作品还没有付梓，他本人反倒长辞了。

“但愿我有一篇他未发表的关于社会变革机制的文章，我现在就可以把它粘贴到我这幅拼贴画中。”

冯内古特在写下上述文字的几年后实现了自己的愿望：他通过他的小说《蓝胡子》中的一个虚构人物斯拉辛格复活了导师的作品。也许不是跟他的导师斯洛特金的文章一字不差，但传递了他导师的要旨：

“斯拉辛格称，他从历史中学到，大多数人无法对新观点敞开心扉，除非有一个由特殊成员组成的开放思想团队去给他们做工作。否则，无论生活有多痛苦，多失真，多不公，多可笑，抑或彻头彻尾的愚蠢，它都会一成不变地继续下去。

“他说，这个团队必须由三类专家组成。否则这场革命，无论是在政治、艺术、科学还是其他领域，都必将失败。

“他说，在这三类专家里，最罕见的一类是一个真正的天才——一个能够想出与众不同的、看似不错的主意的人。他说，一个孤军奋战的天才，总会被当成疯子，遭到忽视。

“第二种专家找起来容易得多：一个在其社区中声誉良好的高智商公民，这个人能理解并钦佩天才的新奇想法，他会证明天才根本没有疯。‘这样一个人孤军奋战的话，’斯拉辛格说，‘只能大声呼唤变革，却不能言明变革的形状。’

“第三种专家是一个能够解释任何事物的人，不管事物有多复杂，他都能让大多数人满意，不管人们有多愚蠢或顽固。”

谁有第三种天赋呢？一个好作家。

一个好作家当然可以向任何人解释任何事物。上面这段话就是证据。

我发现，这段话被转载到了一个商业网站上。很有可能冯内古特借虚构作品对这些观点的改造和宣传通过互联网传播得比他导师的书还要更远（假设这些书出版了的话）！

“基尔戈·特劳特在纽约市电影院的男厕所里撒尿了……

“滚筒擦手巾旁边的瓷砖上用铅笔写着一段话。是这样的：生命的目的是什么？

“特劳特在口袋里翻找一支钢笔或铅笔。他对这个问题有了答案。但是他没有什么可以用来写字的东西，连一根点过的火柴都没有。所以他没有回答这个问题，但如果他找到了可以用来写字的东西，他会这样写：

要成为
宇宙造物主的
眼睛，
耳朵，
和良知，
你这个傻瓜。”

这是《冠军早餐》中虚构出来的作家基尔戈·特劳特的回答，基尔戈·特劳特被公认为是库尔特·冯内古特的另一个自我。

造物主似乎没有眼睛、耳朵或良知。库尔特的另一个角色说，造物主是“镇上最懒的人”。

因此，在冯内古特看来，要由我们来成为他的良知。

尤其是我们这些作家。

以下是冯内古特多部长篇小说中的几段话，都证实了这一观点：

“‘霍华德——’他对我说，‘未来的文明——比我们现在更好的文明——将根据人们作为艺术家的水平来评判所有人。至于你我，如果未来的考古学家发现我们的作品在某个城市垃圾场里奇迹般地保存了下来，他们将根据我们的创作质量来评判我们。其他一切关于我们的事物都无关紧要。’”（《茫茫黑夜》）

“‘一万年后，’艾略特醉醺醺地说出他的预言，‘我们的将军和总统的名字将被遗忘，我们这个时代唯一还有人记得的英雄将是《2BRO2B》的作者。’这是特劳特的一本书的书名，仔细一看，你会发现那是哈姆雷特提出的著名问题。”（《上帝保佑你，罗斯瓦特先生》）

“‘我在考虑号召所有作家举行大罢工，一直罢工到人类最终幡然醒悟。你会支持吗？’

“‘作家有罢工的权利吗？那就像警察或消防队员罢工一样。’

“‘或者大学教授。’

“‘或者大学教授。’我附和道。我又摇摇头，说：‘不，我不认为我的良心会让我支持那种罢工。一个人成为作家以后，我认为他承担了一项神圣的义务：那就是全速去创造美、启迪和慰藉。’”（《猫的摇篮》）

“在他身上能够找出来的最危险的东西，便是一根两英寸长的铅笔头。”(《五号屠场》)

但是，冯内古特对于写作的影响力也表示怀疑，他曾说：

“我想走进贫民窟，去帮助那些真正被社会害了的人。你无法用戏剧或小说来安慰穷人。”

《蓝胡子》中一个叫玛丽莉的角色想在她拥有的圆形大厅里留下“某种标记”。

“‘我考虑过雇妇女和儿童来绘制壁画，画死亡集中营，广岛轰炸，地雷的埋设，也许还有焚烧女巫，以及古代人们把基督徒喂给野生动物吃的事，’她说，‘但我认为，在某种程度上，这种事情只会怂恿男人变得更具破坏性，更加残忍……’”

在《茫茫黑夜》里——这也许是冯内古特所有长篇小说里最黑暗的一部（同时我认为，也是他最好的长篇之一）——主角是一名美国的双重间谍，以前当过剧作家。他的老板、纳粹杀人犯戈培尔命令他写一部露天历史剧，来纪念在华沙犹太人区镇压犹太人起义时牺牲的德国士兵。他写了，取名为“最后的全力以赴”。但这部剧从未上演。

“说到这部露天历史剧呢，它产生了一个特殊的结果。它使得亚伯拉罕·林肯的《葛底斯堡演说》引起了戈培尔的注意，然后又引起了希特勒本人的注意。

“戈培尔问我是怎么起的这个暂用剧名，于是我为他翻译了整篇《葛底斯堡演说》。

“他一边读，嘴唇一边动个不停。‘我看呐，’他对我说，‘这是一篇非常好的宣传稿。我们自以为很现代，自以为遥遥领先于过去，其实从未有过。’

“‘这在我的祖国是一篇非常著名的演讲，’我说，‘每个学生都要背下来的。’……

“‘这里面有一些可以用于德国军人公墓的落成典礼上的话，尤其感人肺腑，’他说，‘坦白讲，我对我们的葬礼致辞一点也不满意。这篇稿子里似乎有我一直在找的那个可以加进我们的演讲里的层面。我很想把它寄给希特勒看。’

“‘随你吧，先生。’我说……

“两周后，希特勒把《葛底斯堡演说》寄回来了。上面钉着元首亲自写的一张便条。‘这篇稿子里的某些部分，’他写道，‘让我快要哭出来了。所有北方民族因为对军人的深厚感情而亲如一家。这也许是我们之间最大的羁绊。’”

还有冯内古特本人在《五号屠场》开篇讲述的逸事，所有书迷都很熟悉的：

“这些年来，我遇到的人经常问我在忙什么，我通常会回答，我主要在写一本关于德累斯顿的书。

“有一次，我对电影制作人哈里森·斯塔尔说了这句话，他扬起眉毛问道：‘是一本反战的书吗？’

“‘是的，’我说，‘我想是的。’

“‘你知道当我听到人们在写反战书籍时，我会说什么吗？’

“‘不知道啊。你会说什么呢，哈里森·斯塔尔？’

“‘我会说：“你怎么不干脆写一本反冰川的书算了？”’

“当然，他的意思是，世界上总会有战争，要让战争停止，如同让冰川停止移动。我也这么认为。

“即便战争不会像冰川一样不断出现，仍然会有生老病死。”

冯内古特如愿以偿地成了“一名有用的公民”。我们都知道这件事。但是，韦尔弗利特市场和波士顿书匠书店的业主马歇尔·史密斯记下的一则好玩的逸事可以佐证这一点：

“我第一次听说冯内古特的小说是在1967年，是我们哈佛广场店的店员拉里告诉我的。冯内古特在科幻爱好者中有一批忠实的拥趸，但对于这个体裁，我本人和我们的文学书籍买手都不怎么感兴趣。‘这本书可厉害了，’拉里说，‘叫作

《猫的摇篮》。'" 我和买手克里奥不情不愿地去读了这本书。

“它以前是，现在也是，极好的。几年后，《五号屠场》问世，让冯内古特获得了整个国家的认可……

“冯内古特坚决不在书店签售。我不死心，便给他写了一封信，建议他不用签售，而是和他的一些最长情、最忠实的支持者见面交谈，而且要半夜在哈佛广场进行。所有人都没想到，他竟然认为这是一个相当不错的主意……他本人的外表符合他的公众形象——大胡子，略微凌乱的长发，全身都稍显散乱。为人友善。

“……我们让他待在哈佛广场上的书店外面，数千名书迷从整个大波士顿地区赶来。我们造成了几个小时的交通堵塞。他和学生们谈笑风生，将近两个小时。‘他们很爱他，’史密斯总结道，‘我想他很开心。’”

为什么会有一群人——大部分是学生——突然出现？为什么他们谈笑风生了两个小时？因为《五号屠场》的面世，仿佛是我们这些卷入反战运动的人的时代思潮一般。这本作品连同他早期的书一起，代表了当时所有反对主流社会的运动（民权运动、反主流文化运动）。他通过小说成为正义、批判、抗议的公民精神的化身。

“许多年后，”马歇尔·史密斯写道，“我有幸向库尔特·冯内古特颁发了马萨诸塞州民权联盟年度人权法案奖，以表彰他对言论自由直言不讳的捍卫。这些年来，他从未变过。”

第十三章
作家即教师，是最高尚的职业

冯内古特说："作家首先是老师。"

近来，许多作家除了通过写作来予人指导以外，还会在教室里教书。20世纪60年代末，冯内古特在爱荷华作家工作坊任教时，只有三所大学授予创意写作的硕士学位。这样的项目越来越多：1975年有15个写作类的艺术硕士项目，如今已经有200多个。由提供写作项目的高校组成的协会——联合写作项目——旗下有超过500名成员。除了相关的研究生项目以外，开设创意写作课程和专业也是当代任何一个名副其实的本科英语系的必备条件。

此外，还有非学术性写作学校的激增，加上基督教青年会、社区中心、创意艺术中心、水疗店和作家私塾小班都提供了无数的写作课程。作家在这一系列的场景中教人写作。

因此，教学的主题与作家的本职及其在课堂上的教师身份相关。

“依我说，在一个民主国家里，教师是最高尚的职业。”

但这是什么样的老师呢？所有老师都一样吗？

冯内古特详细阐释了他所钦佩的那种教师。

在《猫的摇篮》中，叙述者向书中的角色朱利安·卡塞尔问起圣洛伦佐小岛上的那位神出鬼没的独裁者大师博克侬：

“‘你也认识他吗？’

“‘有缘认识他，我很开心。他是我小时候的家教。’他不无伤感地指着那幅画像说，‘他也做过莫娜的家教。’

“‘他是个好老师吗？’

“‘我和莫娜既会读写，也会做简单的算术题，’卡塞尔说，‘如果你问的是这个的话。’”

冯内古特以间接的方式提出了一个问题：当一名好老师

意味着什么？

一名好老师对你来说意味着什么？教学是传授技能吗？是关于特定主题的信息和智慧吗？能帮你通过SAT和GED[1]考试的人就是好老师吗？

冯内古特钦佩教师的一个原因是，他自己也遇到了一些了不起的老师，一些影响了他的人生的老师，他说：

“我相信的一切都是大萧条时期的初级公民学课上教的。”

当时，随着失业率攀升，一些最优秀、最聪明的人开始教书。冯内古特就读的公立高中——肖特里奇高中（因为他的父母已经一贫如洗，没钱再送他去原定的那所私立学校）是一所出色的学校，而且从所有的报告来看，还在继续保持这种势头。我在印第安纳波利斯看过这所学校。立柱将学校的正面分割成几个区域，每块区域上面都展示着学校有志于教授的科目：音乐、诗歌、戏剧、教育、文化、商业、工业、哲学、伦理。

“它的师资力量跟一所大学旗鼓相当……我们的化学老

1 “SAT”即美国高中毕业生学术能力水平考试，俗称“美国高考”，“GED”即美国普通教育发展考试。——译注师首先是化学家。我们的物理老师首先是物理学家……我们的英语老师通常都是严肃作家。"

冯内古特在他的高中校刊开始了他的写作生涯。肖特里奇高中获得了一台印刷机，学生们发行了全国为数不多的几份日报之一——《肖特里奇回声报》。库尔特说："它已经办了很久了，我父母都供过稿。"

将库尔特的书信和演讲编成《如果这都不算好，那还有什么算好?》的作家丹·韦克菲尔德也毕业于肖特里奇高中，比库尔特小几届。韦克菲尔德也为《肖特里奇回声报》写过稿。"库尔特为此感到非常自豪，我也是。"韦克菲尔德告诉我。他和库尔特在一次晚宴上相遇。肖特里奇高中和《肖特里奇回声报》的共同经历巩固了他们的友谊。

对冯内古特产生巨大影响的英语老师之一玛格丽特·杨后来为中产阶级劳工领袖、社会主义派美国总统候选人——印第安纳州本地的尤金·维克托·德布斯——写了一本权威传记，德布斯1926年逝世，冯内古特那时4岁。德布斯竞选总统时，有几百万人给他投票。

冯内古特将劳工运动和"另一个印第安纳中产阶级劳工领袖"鲍尔斯·哈普古德作为他的小说《囚鸟》的基础。

博物学家希利斯·豪伊是冯内古特最杰出的老师之一。他会带领少年们前往西部荒野进行为期2个月的露营和野外探险，从1926年到1970年，他一直坚持这么做。1938年，16岁的冯内古特也踏上了这样一段旅程。他的父亲通过设计小木屋来支付费用，木屋由两个纳瓦霍人建造，据说至今还屹立不倒。冯内古特则将他的小说《加拉帕戈斯》献给豪伊。

芝加哥大学的人类学教授们用文化相对性的观点震撼了战后的青年冯内古特。这个概念成为冯内古特世界观的根基。他曾经说过，他经常想给小孩子写一本手册，告诉孩子们他们生活在一个怎样的星球上。

“我真的很想告诉他们的一件事是文化相对性……一个一年级学生应该明白，他自身的文化不是一种理性发明。有数以千计的其他文化存在，而且都运行得很好。所有文化的运行，都是基于信仰而非真理。我们自己的社会也有很多替代形式。直到我在芝加哥大学读研究生时，我才明确发现这一点。这令人非常兴奋。”

教授詹姆斯·斯洛特金就“文化需要变革和必要的领导力”这一主题发表了一场精彩的演讲。他比较了两场完全相异的运动——美洲原住民的“幽灵舞”教和欧洲立体派艺术家——来说明观点。

1994年——也就是在《蓝胡子》中创作出斯洛特金的虚构形象，以及将他的观点在其他小说中进行虚构化呈现的多年之后——冯内古特在他和斯洛特金曾经就读的芝加哥大学对一届毕业班发表演讲。冯内古特抓住机会，在自己的地盘上补偿并纪念了他的导师。他引用了斯洛特金关于社会转型（不论好坏）的必要条件的观点：

“要有一个有魅力、有天赋的领袖来描述应该进行怎样的文化变革；

“要有两个以上受人尊敬的公民做证说，这位领袖不是疯子，他的话值得好好听；

“要有一个口齿伶俐、风度翩翩的阐释者来日复一日地告诉大众这位领袖在追求什么，他为何如此出色，等等。”

这位被冯内古特称为导师的教师，多年后接到库尔特的电话时都没怎么跟他寒暄，甚至都不记得他了。

冯内古特的小说提供了教师教学的极佳范例。

《加拉帕戈斯》里最体面的人物玛丽·赫本“在纽约伊利昂的一所公立高中当了25年的生物老师，这所高中现在已经不存在了”。冯内古特以希利斯·豪伊为原型塑造了她这个角色。通过她，冯内古特展示了一个好老师应该是多么迷人，多么善于引发思考。

“……玛丽·赫本在伊利昂高中发表的关于（加拉帕戈斯）群岛的讲座的高潮，是播放蓝足鲣鸟求偶舞的电影片段。”

当雄鸟在电影中献殷勤时，玛丽·赫本为雌鸟创作了滑稽的即兴台词。

“如果学生愿意就求偶舞写一首小诗或一篇文章，玛丽·赫本往往会给学生额外加分。差不多有一半的学生……认为舞蹈是动物崇拜上帝的证明。其余的回答花样百出。一个学生交来一首玛丽会一直记到她去世那天的诗：

我当然爱你啦，
所以咱们生个孩子吧！
谁会确切地说出
它的父母做了啥。
我当然爱你啦，
所以咱们生个孩子吧！
谁会确切地说出

它的父母做了啥。
我当然爱你啦，
所以咱们生个孩子吧！
谁会确切地说出
它的父母做了啥——
等等。
诺布尔·克拉吉特
（1947—1966）”

“一些学生会请她允许他们写一些加拉帕戈斯群岛上的其他生物，而玛丽作为一个良师，当然会回答‘可以的’。”

在演讲的最后，玛丽回到了她的创造者冯内古特的首要疑问——一个达尔文式的谜团：

“‘这让我们又说回到蓝脚鲣鸟求偶舞背后的奥秘，求偶舞似乎与鲣鸟生存的要素、筑巢或捕鱼毫无关系。那它和什么有关？我们敢称之为“宗教”吗？或者，如果我们缺少这样的勇气，我们至少可以称之为“艺术”吗？’

“‘你们怎么看呢，请说。’”

在冯内古特倒数第二部长篇小说《咒语》中，主角吉恩·哈特克是一位模范教师。他在一所监狱教书。他是这样解释他的教学法的：

“我没有游手好闲过。我喜欢教书。

“我故意激一些比较聪明的囚犯，让他们向我证明世界是圆的，告诉我噪声和音乐的区别，告诉我生理特征是如何遗传的，告诉我如何在不攀爬守卫塔的前提下确定它的高度，等等。

“一天下午，一名来自西皮奥市中心的宗教激进主义传教士在展馆里向塔金顿的学生发了一张图表。我把这张表给他们看，让他们检查一下，看看能否发现从结论出发找事实的例子……

“相对笨一些的人……把我当成行走的吉尼斯世界纪录，问我世界上最老的人是谁，最有钱的人是谁，生过最多孩子的女人是谁，等等。

“……在音乐赏析课上，我播放了柴可夫斯基的《1812序曲》的录音。我向全班解释说，这首曲子写的是一个真实的历史事件——拿破仑在俄国的战败。我让学生们想一想他们自己生活中的某个重大事件，想象什么样的音乐能最好地描述这件事。他们有一周的时间考虑，然后把这件事或他们选的音乐告诉所有人。我想让乐声在他们的大脑里疯狂激荡。”

他由于涉及性方面的越轨行为被理事们盯上了，因而不得不向理事会自辩。

“我主张，向大学年龄的学生坦率地谈论人类关切的各种事宜是教师的职责，而不仅仅是讲授书本目录上列出来的课程主题。‘我们要这样才能获取他们的信任，同时鼓励他们也畅所欲言，’我说，‘并让他们意识到所有的主题并不是存放在整洁的小隔间中，相反，它们是连续的，跟我们降生到地球上去研究的那个大主题密不可分，即生命本身。’”

冯内古特通过另一个角色海伦·多尔博士重申了这一观点，多尔博士前来求职，被理事们面试：

“但多尔博士却在理事会面前大发雷霆。他们要她保证，无论是在课堂上还是在社交场合，她都永远不会与学生讨论政治、历史、经济或社会学。她得把这些主题留给学院聘请的相关领域的专家。

“‘我简直气炸了。’她对我说。

“‘他们对我的全部要求，’她说，‘就是不让我做个人。’”

虚构文学作品的本质决定，它具有“教导”功能：它展示人们如何感受、思考、反应和变化；环境如何影响人们；人的大脑、性格、环境和文化是如何让人运转的；一种经历如何以某种方式影响一个特定的人，如何以不同方式影响另一个人；一个人内心的感受如何，而不是他的行为如何或别人怎样看待他；等等。

一切写作都是教导——写作可以传达关于某件事的某些信息。即便糟糕的写作也是“教导”。所以如果你在写作，你就是在教导。你身不由己。

此外还有通过写作故意进行教导的情况。

你们当中有多少人从阅读库尔特·冯内古特的作品中学到了一个事实，或者关于历史的某件事？你们当中有多少人已经学到了一个概念？一种态度？或者别的什么？

迅速罗列一下。然后找一个人，告诉他你学到了什么。面对面地来（如果此刻你没法完成，那等你方便时尽快去做）。库尔特会非常喜欢的。

然后发到脸书上（原谅我，库尔特）。

冯内古特是有目的地教导。

他可能没有写出那本儿童书籍（他想取名为《欢迎来到地球》），但他一次又一次让他的青少年和成年读者记住了文化的相对性——那是“我真正想告诉他们的事情”。他写的所有东西里都有这句潜台词。

除了通过情节和人物来偷偷教导外，冯内古特经常毫不隐瞒地教导。

他习惯性地向读者讲述他关心的，并且打心眼儿里觉得其他人应该知晓和关心的历史事件和人物。

你听说过萨科和范泽蒂对吧？没有吗？在《囚鸟》中，他运用了大量软硬兼施的虚构技巧来让你好奇——或者提醒你——他们是谁。

冯内古特公然教育并同时引诱读者（根据冯内古特的说法，引诱是讲故事的人最重要的技能——详见“情节”一章），将诱惑物间隔排列，并巧妙地将其编织到主要情节中，从而让你在好奇心的驱使下手不释卷。

他在《囚鸟》序言的第5、9、11和21页提到了萨科和范泽蒂，每次都概括地讲述了他们在劳工运动中体现出的英雄主义以及他们所遭受的悲惨不公。就在这个虚构的故事展开之前，他从萨科遭到处决的三天前写给儿子的信中摘录了一部分呈现给读者。

第1章，第24页，叙述者沃尔特·斯塔巴克在思索时间和这两个人的事：

“我现在想到了萨科和范泽蒂。我年轻时相信，他们殉难的故事会在普通人心里引发一种不可抗拒的对于正义的狂热，并席卷全世界。”

17章之后，在第171页，斯塔巴克再次反思：

“我最近问了……前夜班服务员……问他知道萨科和范泽蒂哪些事。他自信地告诉我，他们来自芝加哥，富有，耀眼，为寻求刺激而杀人。他把他们跟李奥波德和勒伯[1]搞混了。

“为什么我会为此感到不安？那时我还年轻，我期望有朝一日，萨科和范泽蒂的故事能够像耶稣基督的故事一样常常被人提起，感人肺腑，无法抗拒。”

最后，在第18章和第19章中——也就是在他通篇以这两人的悲剧的重要性撩拨你之后——他先是呈现了一则令人震惊的后记：真正的凶手供认，他俩遭到指控并判处死刑的谋杀其实是他干的，然后他讲述了在萨科和范泽蒂身上发生的整个故事，他将其想象成一出可与基督受难相媲美的受难记。

这本书值得一读。熟悉的感觉。感觉就像是现在。

我承认我一直不确定他们身上发生了什么，就如我一个

1　20世纪30年代美国的一对绑架杀人犯，出身富贵，教育背景出众。——译注

朋友在意识到他对一件他应当知道的事情一无所知时经常说的那句：那天我恰巧没去上课。但我和他们毕竟不是一个时代的人。

冯内古特便是如此将劳工运动带回了人们的视野，并且复活了那些在他年轻时对他本人和国家如此重要的劳工运动英雄。

“圣人是在一个极其下流的社会中举止得体的人。”（《时震》）

昨晚我看了一部叫《塞尔玛》[1]的电影。那时我就在塞尔玛，在南方。我从阿肯色大学出来，独自行进。多么骇人，又多么令人振奋啊。我上了几堂很有力量的课。这对我产生了不可磨灭的影响。

我害怕看这部电影。但是，除了错误地将林登·约翰逊描绘成民权事业（典型的好莱坞风格的简化法）中的路障，而不是为马丁·路德·金那样打开大门的人，我认为它对于非暴力运动那段时间的那些问题的呈现做到了电影的极致。

欢呼吧，为我们的罪恶与挣扎得到救赎。我们需要知道

---

1 历史传记题材电影，聚焦美国民权斗士马丁·路德·金1965年组织的“由塞尔玛向蒙哥马利进军”行动。——译注

这些罪恶与挣扎曾经是什么，现在又是什么。

欢呼吧，为我们的圣人们得到救赎。我们需要知道，要付出什么代价才能超克。

教育是双向的。

你教人的同时也在学习。为了让学生们开启他们写作内容与技艺的宝库，我剖析了长篇小说、短篇、诗歌和散文。此后，神奇的是，我似乎变成了一名更好的作家。

当你通过写作进行“教导”的时候也会发生同样的情况。我刚刚想到这一点。为了解释库尔特为什么要用萨科和范泽蒂这两个角色，我反复阅读了《囚鸟》里他那版故事，然后总结、修改、删掉了绝大部分。因此，萨科和范泽蒂的故事现在已经铭刻在我的心中。冯内古特的技法也是如此。

万斯·布尔贾利是一名在爱荷华工作坊任教了22年的资深教师，也是冯内古特的密友和同路人。他说："令人震惊的是，这些年来，我从工作坊的学生身上学到了这么多东西。我曾经想起，在阿巴拉契亚英语中，learn（学）这个动词既有我们习惯的用法，也是teach（教）的同义词。"

我相信，正是本着同样的精神，库尔特在他给我的那本《五号屠场》上签下："献给苏珊娜，好学生是也，好老师亦然。"

第十四章
教室里的冯内古特

冯内古特在教室里是什么样的?

他棒极了。严肃，好玩，有趣。犀利，善良。凌乱。脚踏实地。他会抽烟，会信手涂鸦。他当老师就像当作家一样。

他就像《加拉帕戈斯》中的玛丽和《咒语》中的吉恩。至少在1965年到1967年，爱荷华大学作家工作坊上的他是这样的。

他以前执教过一次，为期一年。

“那是一所为不安分的孩子——不安分的富家子弟开设

的学校，因为去那儿——科德角的桑威奇——要花很多钱。我一个人负责给到了读高中的年纪、又大多不太会读写的孩子教英文。出于种种原因，这些孩子给他们的父母带来了极大的不便。偶尔警察局的人会说：‘要么这个孩子去一个结构化的学校，一个结构化的环境，要么我们就把他关进监狱。’学校里有大脑受损的孩子，以及各式各样的问题少年。”

我清楚地记得库尔特在课堂上给我们讲了一则其中一个孩子写的故事——一个有精神病的孩子。一个男孩有一个壁橱，里面装满了他喜欢的玻璃物件。他把它们一个接一个拿出来欣赏，小心翼翼地放在地板上。一个不小心碎了，然后另一个也碎了。或者是男孩自己不小心弄坏的。无论如何，它们相互碰撞，碎裂。他伏在它们中间，疯狂地试图拯救它们。他把自己割得遍体鳞伤。

我记得库尔特的脸，似笑非笑，无助，讽刺，痛苦，怜悯。

“你会成为一名优秀的老师。你的自尊会要求你如此，你的学生也会，”他跟作家同行理查德·格曼在信中谈到加入爱荷华教师队伍时如是说，“会有数量惊人的真正的作家被托付给你照顾。”

冯内古特后来会在哈佛和城市学院任教，但他说他在爱荷华时教得最好。后来他的境况有变。哈佛时期，他的婚姻正分崩离析。而在城市学院，他被其他的种种项目淹没了。

冯内古特以前的几名学生写过他：盖尔·戈德温、约翰·欧文、巴里·卡普兰、吉姆·西格曼、迪克·康明斯、约翰·凯西，我敢肯定还有更多。我也写过。

“课堂不是太重要。真正厉害的正面交锋，是在下午的师生面谈时间进行的。”冯内古特向理查德·盖曼建议道。

“在这种一对一面谈中，”盖尔·戈德温说，“他散漫而顽皮，宛如一个禅宗大师。”他读了她的中篇小说——后来改写成她的第一部长篇小说《完美主义者》——并在空白处评论道（用铅笔写的，他非常尊重学生）：“可爱。”“一流。”或者“不行：生硬的倒叙。”她告诉他，她正在考虑把它扩展成一部长篇，然后问他的意见。“冯内古特说：‘哦，我认为，它现在就已经很棒了。’”在下一次面谈时，她告诉他，她已经决定“继续写，无论如何都要把它变成一部长篇”。“‘好主意。’他发出热情的感叹。”

“自然，让一个更资深、更自信的作家指导我会有所帮助，”约翰·欧文告诉采访者，“但我发现，我去爱荷华的时候，我已经很少需要这样了，于是我去找了……库尔特·冯内古特。他会说：'这部分让我感到无聊。'然后看了一百页之后，他会说：'这里真的很有趣。'有时候他会说：'你肯定很喜欢这个词吧，不是吗？'而大多数情况下，他不会让我修改。"

巴里·杰伊·卡普兰说，他和冯内古特第一次面谈时，他们俩抽着烟，看着自己的鞋子，他们的膝盖叉开，几乎要碰到对方了，尴尬的沉默持续着。最后库尔特说："你写的故事让我很紧张。"巴里焦急地等待着。库尔特吸干了舌间的烟草。一段更长的沉默随之而来。然后库尔特说："我不知道该如何评价。"巴里回答说："哦。"然后坐着，身体僵硬。然后库尔特直视着他，说："我的意思是……我只是觉得你应该继续写下去，不是吗？"

之后，巴里给他看了一个又一个的故事。库尔特鼓励他，没有半点儿架子。后来，巴里成了库尔特的研究助理。库尔特让他用一整个学期做两件事：一、找一张二战前的德累斯顿的地图，二、搞清楚少年棒球联盟[1]的规则。

"我在跟你们的一对一面谈中所做的，"冯内古特后来在信里对盖尔·戈德温说，"仅仅是说'相信我'。我马上要用这两根手指非常轻柔地打开你的嘴，然后我会把手伸进

1 少年棒球联盟在二战后开始流行，火遍全美。——译注

去——我会非常小心，不去碰伤你的会厌——然后抓住你体内的这盘小磁带，缓缓地，小心翼翼地，轻轻地，把它从你体内拔出来。这是你的磁带，世上仅此一份。”

要是我曾经和他面谈过一次，也许我会经历那种将我不得不说的话温柔抽拔而出的过程。但是我太害羞了。我从没找他面谈过。

所以我给学生的建议是：别害羞。

但如果你害羞的话，无论如何，你都可以在相对匿名的课堂所带来的安全感里，学习到整个世界——就像他从他的导师那里学习，我从他那里学习一样。

正在写第一部长篇小说的约翰·欧文收到了库尔特给他的建议："……他说我对某个年轻女子的内衣感兴趣的程度超过了我对读者的兴趣。"欧文相应地做出了修改，但"没有达到他也许应该达到的程度……"但库尔特也说他写得充满热情。库尔特告诉他说：

"'永远不要失去那份热情。有非常多的作家对自己的作品缺乏热情。'"

在那段时间的爱荷华工作坊上，男学生人数远超女学生。

没有一个女老师。同样，有色人种也很少，而同性恋群体则处于地下状态。

我的女同学罗尼·桑德罗夫回忆起这件逸事：

“‘你们相信一个这么有力量的故事是一个女人写的吗？’”冯内古特问道。“学期末，当他揭晓我们在课堂上读过的故事的匿名作者时，他指着我说。他的赞美充满力量——使我神采飞扬，但我也感到不适。那时候离女权运动还有几年。一旦那场运动启动，我便至少明白了为什么一听到一个女人能写得这么好的评价，我的胃会不舒服。那个时候，这个世界对女人和男人来说都不太友好。”

那些年，诸如此类的种种冒犯发生在我和工作坊的其他女人身上。有些是明目张胆的。我刚到工作坊的时候，一个男同学告诉我，他觉得女性不应该写作。在那些日子里，说这样的话是完全可以接受的，以至于他当着我的面说了出来。他似乎认为我们可能会篡夺男人的位置。

社会上还没有相应的词汇。还没有“性别歧视”这个词。尤其是在这种缺乏相应语汇的情况下，这些经历令人无所适从。

有一次我上交了一个库尔特不太喜欢的故事，后来在他家里的聚会上，我告诉他他会喜欢我的下一个故事。他冲我眨眨眼，手里拿着饮料，说：“你是个漂亮的姑娘，苏珊娜，你总是可以结婚的。”我傻眼了。这跟我强烈的写作欲有什么关系？我目瞪口呆。他绝不会对一个男人说这种话。我明白他在调情，他以为那是在恭维我。这更糟了。

14年后，女权运动结束后，在纽约，为正在访美的约瑟夫·多诺索举办的一场聚会上，我提醒库尔特他曾经说过的话。他眨了眨眼："我说过吗？"为了给自己辩护，他回应道："嗯，那是一条对女性开放的大道。"他起身又喝了一杯。然后他道歉了。随着时间和距离的推移，我发现，在他看来，他的回应是出于现实的。对他来说，写作与谋生息息相关。

大多数的性别歧视，就像冯内古特的这些逸事一样，都来自一个文化盲点。冯内古特是他的时代和文化的产物，尽管他在许多方面都奋力反抗。他并不是故意去性别歧视或伤人。

用最和气的话来说，这样的盲点在每一种文化中都存在。也许你自己就有。性别歧视，种族主义，年龄歧视，民族主义，恐同症，政治和地域偏见。你的老师，作为人类，也会有这样的盲点。他们可能不会认识到你的价值，记住你，或者关心你——就像冯内古特自己的导师也没有做到。但这并不意味着你不能向他们学习。这并不意味着他们本身就是邪恶的。

然而，那些盲点本身是邪恶的。

那是一种隐伏的、破坏性的错误，有损自信与自我。

好的方面是：当冒犯愈加明显，意识也会觉醒。

四条建议：识别盲点。喊出它的名字。只关注对你有价值的事物。期待改变。

人和时代是肯定会变的。崎岖地、渐进地改变。冯内古特也变了。

“美国现在的妇女解放运动，”冯内古特在1981年写道，“从最最宽泛的意义上来说，是女性希望人们能够喜欢除了她们生育能力之外的东西……而男性州立法员拒绝平权修正案，在我看来，便是男性的明确表态：‘我们很抱歉，姑娘们，你们的生育能力正是我们喜欢你们的真正原因。’”

晚年的库尔特给我寄来了关于女性问题的明信片和剪报。

吉姆·西格曼——冯内古特的哈佛学生口中的“小金块”——写道，冯内古特告诉他们，创意写作课往往弊大于利，因为“人们以最刻薄的方式猛烈抨击彼此的心血之作”。在爱荷华，有时候的确如此。

冯内古特警告巴里·卡普兰不要在爱荷华写作坊展示他的古怪故事。但巴里还是展示了好几次，学生们回应说，这些故事是“虚无主义的”和“反写作的”。

在那些“小鸡互啄”的研讨会上幸存下来，对增厚脸皮非常有益。但对你的精神、自尊和同伴意识都非常不利——更不用说你的写作了。

在哈佛，冯内古特为了避免这种情况而调整了课程架构。他完全摈弃了工作坊形式。相反，学生们要探究是什么让经典作品变得伟大。冯内古特会谈论写作，但会通过一对一会面的方式来讨论学生自己的作品。

西格曼主要为《哈佛讽刺》写幽默小品。冯内古特敦促他“不要只顾逗笑读者……，要写感情，而不仅仅是图片，要创造丰满的角色……要讲述爱情、神秘和人类经历的故事，而不仅仅是‘杂耍’”。

他告诫说，写作是曲折的，出版的机会非常少（那是在1970年！）。他敦促学生们跟随自己的直觉，摆脱文学史和哈佛的重压。

“你们的大脑是奇妙的机器，”他说，“只要启动它们，让它们运转起来，它们就会产生神奇的东西。”

“在我们当你学生的时候，你让我们自己解决问题，”盖尔·戈德温曾告诉他，“然而，你人在那里，就等于帮我们解决了。”

信任是双向的。他在那些课堂和面谈上所做的，只是信任我们罢了。他相信我们正在用自己的方式按照自己的节奏做我们自己的事。该来的总会来的。不该来的强求不来。

我很难结束这个话题。库尔特·冯内古特教给我的，远远不止写作。当我迫切需要一些榜样来让我明白：一个人不管有怎样的个人和社会创伤，都可以继续奋斗下去，甚至茁壮成长，他便提供了一个教学和写作的榜样。

他教的东西比写作更重要。

他引导我们去痛恨战争，去同情我们的角色，去尊重他人，去质疑僵化的结构，去深切关心，去力求体面，去开怀大笑，去说有用的谎。

他通过对人们所写的故事的回应，通过他的逸事，通过他平静的评论，通过他对待我们的方式，通过做他自己来教授这些事情。

20世纪80年代，我每隔几周就会去一个朋友位于苏豪区的公寓里唱一次福音，和一群组织散漫的出色歌手一起。我们唱阿卡贝拉。我们玩即兴重复，玩和声。一天夜里，有人建议一个人拖着唱一个音符，而其他人一直和声。这似乎是一个无聊的静态活动，所以我没有自告奋勇，但轮到我的时候，我发现一直唱一个音符——而同时所有其他的声音都在上下左右移动——不仅需要注意力高度集中，而且还会产生一种体感，就好像我是一根支撑着摇摆的帐篷的梁木，帐篷

库尔特·冯内古特在工作坊的活动小屋里上课，1966年

一会儿拉向一边，一会儿又拉向另一边。于我，库尔特·冯内古特就好比是这样：一个连绵不绝的独特音符。

这是冯内古特在作家工作坊的小说形式课上布置的两个作业——小说形式课是旨在从作家的角度审视小说的文学课，班上大约有80名学生。这些年来，我一直保存着它们，和我写的论文放在一起。我把第二个作业的一份复印件给了丹·韦克菲尔德，他将其刊登在《信件》里，因为这份作业的形式就像一封信。而第一个作业，从出版的角度来看还是个处女。

FORM OF FICTION TERM PAPER ASSIGNMENT   November 30, 1965

Beloved:

This course began as *Form and Theory of Fiction*, became *Form of Fiction*, then *Form adn Texture of Fiction*, then *Surface Criticism*, or *How to Talk out of the Corner of Your Mouth Like a Real Tough Pro*. It will probably be *Animal Husbandry 108* by the time Black February rolls around. As was said to me years ago by a dear, dear friend, "Keep your hat on. We may end up miles from here."

As for your term papers, I should like them to be both cynical and religious. I want you to adore the Universe, to be easily delighted, but to be prompt as well with impatience with those artists who offend your *own* deep notions of what the Universe is or should be. "This above all..."

I invite you to read the fifteen tales in *Masters of the Modern Short Story* (W. Havighurst, editor, 1955, Harcourt, Brace, $14.95 in paperback). Read them for pleasure and satisfaction, beginning each as though, only seven minutes before, you had swallowed two ounces of very good booze. "Except ye be as little children..."

Then reproduce on a single sheet of clean, white paper the table of contents of the book, omitting the page numbers, and substituting for each number a grade from A to F. The grades should be childishly selfish and impudent measures of your own joy or lack of it. I don't care what grades you give. I do insist that you like some stories better than others.

Proceed next to the hallucination that you are a minor but useful editor on a good literary magazine not connected with a university. Take three stories that please you most and three that please you least, six in all, and pretend that they have been offered for publication. Write a report on each to be submitted to a wise, respected, witty and world-weary superior.

Do not do so as an academic critic, nor as a person drunk on art, nor as a barbarian in the literary market place. Do so as a sensitive person who has a few practical hunches about how stories can succeed or fail. Praise or damn as you please, but do so rather flatly, pragmatically, with cunning attention to annoying or gratifying details. Be yourself. Be unique. Be a good editor. The Universe needs more good editors, God knows.

Since there are eighty of you, and since I do not wish to go blind or kill somebody, about twenty pages from each of you should do neatly. Do not bubble. Do not spin your wheels. Use words I know.

-POLONIUS

爱荷华大学作家工作坊作业，1965年11月30日

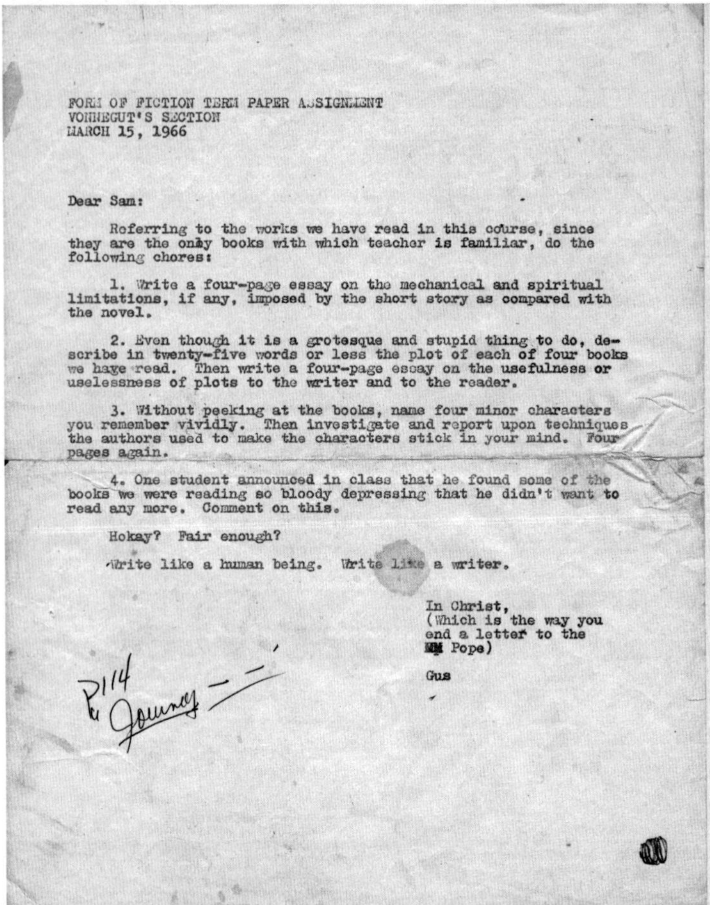
FORM OF FICTION TERM PAPER ASSIGNMENT
VONNEGUT'S SECTION
MARCH 15, 1966

Dear Sam:

Referring to the works we have read in this course, since they are the only books with which teacher is familiar, do the following chores:

1. Write a four-page essay on the mechanical and spiritual limitations, if any, imposed by the short story as compared with the novel.

2. Even though it is a grotesque and stupid thing to do, describe in twenty-five words or less the plot of each of four books we have read. Then write a four-page essay on the usefulness or uselessness of plots to the writer and to the reader.

3. Without peeking at the books, name four minor characters you remember vividly. Then investigate and report upon techniques the authors used to make the characters stick in your mind. Four pages again.

4. One student announced in class that he found some of the books we were reading so bloody depressing that he didn't want to read any more. Comment on this.

Hokay? Fair enough?

Write like a human being. Write like a writer.

In Christ,
(Which is the way you end a letter to the Pope)

Gus

P114
Journey

爱荷华大学作家工作坊作业，1966年3月15日

第十五章

分量与慰藉

作为一名作家，你给人以阅读的乐趣和抚慰。通过书面文字这种便宜又易得的途径，你提供了不可估量的沟通价值。

在《圣枝主日》中，冯内古特写道：

“在冯内古特的房子里，不仅有赊账的落魄人，还有很多书。在隔壁戈德斯坦家的房子里，虽然户主破产了，好在也有很多书。碰巧，我、戈德斯坦的孩子们，以及三户以外的马克家的孩子们——他们的父亲在不久后突然去世——都能像吃巧克力冰淇淋一样轻而易举地阅读。因此，年幼的我们是非常乖的孩子，我们没有打扰任何人，而是在全然的静默中得到人心的抚慰和滋养，这些心灵比我们父母的更加平静、耐心、有趣、无畏。”

在写给作家大卫·霍普的信中，冯内古特写道：

“你要是不知道自己的人生有什么意义，那我提醒你，其他如你一般讲理、有人性的人正迫切需要听到你的困惑，这样他们才会知道，大家都有同样的感受。”

《纽约客》上我最喜欢的一部漫画在第一格里描绘了一个独自坐在房间里看书的女人。第二格里，她放下书，从椅子上起身，然后穿过房间。第三格里，她回到椅子上，手里拿着一支铅笔。最后，她在她读的书的空白处写道：“多么真实啊。”

“你意识到了吗？”冯内古特在晚年写道，“一切伟大的文学写的都是身而为人是多么的糟糕。有人把这件事说出来难道不是一种解脱吗？”

亲爱的、想法离奇的、好玩又可爱的库尔特啊，我不同意所有伟大的文学都归结于此。我不同意身而为人是件糟糕的事。但你把这个观点说出来了，对有的人来说便是一种巨大的解脱，对年轻时候的我来说也是如此。也许以后还会再一次让我解脱的，谁知道呢？

如果你是一名作家或任何类型的艺术家，你的自我表达会引起其他人的共鸣。你可以放心。

如果你能阅读，你就可以和赫尔曼·梅尔维尔一起去南太平洋捕鲸，或者看着包法利夫人在巴黎把她的生活过得一团糟。

“无论文学课的未来如何，不计其数的美国人将继续在完全私密的状态下看书冥想，至少短暂地从自己疲惫的心灵抽离出来……”

“‘我不是药品推销员。我是个作家。’

“‘你凭什么认为作家就不是药品推销员呢？’

“‘我接受这一说法。罪名成立。’”（《猫的摇篮》）

“艺术家有一个看似合理的使命：让人们至少对活着抱有一丝感激。”（《时震》）

冯内古特对阅读自由深信不疑，因此他把他对于审查制度的恐惧和厌恶写进了他的第一部长篇小说《自动钢琴》中。在那部小说设定的社会中，读者和作者一样受到约束。

当小说中作家的妻子解释说，她的丈夫已经被“分类”，而且已经向一个书会提交了手稿时，国务院的哈尔亚德为一位外国客人说明这个国家的书会是怎么回事：

“‘一共有12个书会，’哈尔亚德打断作家的妻子说，‘每个书会为特定类型的读者选书。’

“‘有12种读者吗？’克哈什特拉尔说。

“‘现在还要增加第13、14种的说法。’哈尔亚德说。”

冯内古特在60年代末尝试了超在禅定。那时候所有人都在尝试，包括他的妻子和女儿。他在《比死亡更糟的命运》中写道：

“我自己的印象是，超在禅定能让人美美地打个小盹儿，但无论是好事还是坏事，几乎什么都没发生。就像在不冷不热的清汤里进行水肺潜水。一条粉红色的丝巾可能会从你眼前慢慢飘过。

“我意识到我以前做过成千上万次同样的事情。

“我看书的时候就做过了！

“从我8岁左右开始，我就在内化那些看到过或者感受过对我来说是新鲜事物的人的文字……我这样做的时候，世界便一点一滴地流走。读到一本引人入胜的书时，我的脉搏和呼吸速度明显减慢，就好像在做超在禅定一样。

"我已经是一个资深冥想者了。我从西式冥想中醒来以后，还变得更智慧了。"

他支持纸质书，将纸质书视为阅读这种灵丹妙药的首选传送系统。

"……现在很多人认为印刷纸张不过是两千年前由中国人首先发明的过时技术罢了。毫无疑问，书籍是作为传输或存储信息的实用方案产生的，在古腾堡时代的书籍好比我们时代的计算机，都没什么浪漫可言。然而，一个完全出乎意料的偶然恰好出现了——书的手感和外观再加上一个坐在直椅子上的有文化的人，就可以创造出一种具有无价深度和意义的精神状态。

"这种冥想的形式，正如我所说，是一种偶然，也可能是我们藏在我们文明内核的最伟大的宝藏。"

他总结说，我们应该"只把粗鲁世俗的东西交给打印机和阴极射线管"。

"不要放弃书本。书本的手感多好啊——它们那亲切的分量感，以及当你用敏感的指尖翻动书页时，它们那种甜蜜的不情愿。我们的大脑有很大一部分是在专门辨析我们的手在触摸什么，对我们是好是坏。但凡有一点头脑的人都知道开卷有益。"

在短篇小说集《巴贡博鼻烟壶》的引言中，冯内古特完美、精彩地描述了在杂志的全盛时期——20世纪40年代和50年代——家庭阅读短篇小说的方式。那年头我还是个小孩，他的描述让我怀念那个短篇小说的时代——那种更安静、更温和、更私密的集体娱乐形式。

“由于短篇小说对人产生的身心影响，它与佛教式冥想的联系比任何其他形式的叙事娱乐都更为紧密。你在这卷书里，或者任何短篇小说集里，都会体验大量的佛教式小憩。”

冥想者也许不同意冯内古特这个“阅读状态＝冥想”的公式。但这两者无疑是相似的。可阅读对大脑的影响跟冥想一样吗？这必须经过科学验证。

对照实验证明，冯内古特在这个最重要的观点上是正确的：我们的大脑确实知道阅读对我们有好处，尤其是虚构文学作品。

所以《神经影像》、《大脑与语言》和《心理学年鉴》等科学期刊如是报道。

一项研究发现，“……在针对同理心、社会感知和情商的测试中，人们在阅读虚构文学作品（而非阅读通俗小说或严肃的非虚构作品）之后的表现更好……”文学小说能改善社交技能。为什么呢？因为它留了更多的想象空间，激活了读者对于角色的推测，提升了对“情感的细微差别和复杂性”的敏锐度。

研究人员还发现了其他细节。“大脑似乎并不怎么区分读到的经历和现实生活中的经历；在这两种情况下，受到刺激的是相同的神经区域。”

“小说以其引人联想的细节、富有想象力的隐喻和对人类及其行为的细致描述，提供了一个特别丰富的复制模型。的确，在某一方面，小说不仅仅是模拟现实……而是制造了充分进入人物思想和情感的机会。”

有一个项目，正是由于相信文学的影响力而发起的，名为“文学与医学：医疗核心的人文”。该项目诞生于1996年的缅因州，旨在鼓励“……专业医护人员……通过阅读戏剧、短篇小说、诗歌、虚构作品和个人叙事来反思自己的职业角色和工作关系，并与同事分享自己的反思”。5年来，在该项目的支持下，我在两家医院为医护人员组织了一些研讨会。

有大量的逸闻证据——尽管并非科学证据——证明了参与者进行文学阅读的效果：在我让退伍军人管理局医院的一名社工读了一部关于一名伊拉克女兵和一名伊拉克平民的小说后，她说，在治疗这家医院的强奸受害者部门的退役女兵时，她再也不会不耐烦了。一名护士称，她曾照顾过昏迷的病人和无法与人沟通的病人，但读了一位这种病人写的作品，并看了以此改编的电影后，她深受震撼，对这种病人的意识和人性有了更深的思考。一部关于女护士们帮助醉酒的外科医生的微型小说反响出奇的好。一期以战争为主题的文学期刊发行后，他们自己和病人的经历如潮水般涌入脑海。等等。[1]

叙事医学正迅速被纳入医学院课程，而文学和写作被视为强化未来医者的人际交往技能的途径。出于同样的目的，写作和文学服务于各类人群：从囚犯到退伍军人，再到失足青年。写作和文学对我们所有人都有好处。

《岌岌可危的阅读：美国文学阅读调查报告》是国家艺术基金会十多年前发布的一份报告。文中指出，美国人的文学阅读率正在急速下降，尤其是年轻人。应国家艺术基金会的要求，人口普查局对分布广泛的17 000人进行了调查。这是现代史上首次出现阅读文学的成年人比例不到一半的情况。

这些调查结果推动国家艺术基金会创设了“大阅读”项目，为公民提供“……在社区内阅读和讨论一本书的机会”。

下面是冯内古特在康涅狄格学院图书馆落成典礼上的致辞，他称之为“对阅读艺术的迂回致敬”。

“阅读锻炼想象力——诱使想象力不断壮大。

1 按照引用的顺序排列，项目中布置的阅读材料分别是：海伦·本尼迪克特的《沙漠女王》、让·多米尼克·鲍比的《潜水钟与蝴蝶》、朱利安·施纳贝尔导演的电影《潜水钟与蝴蝶》、琼·李根特的《慈善修女》和贝尔维尤文学评论《战火纷飞：战争的后果》。

“语言对我而言是神圣的……

“文学对我而言是神圣的……

“我们在这个国度随心所欲地说话或写作的自由对我而言是神圣的。我怀疑，在这个星球上，乃至在整个宇宙中，这都是一种罕见的特权。而它不是别人给我们的。它是我们给自己的。”

……

“……我们的阅读能力，再加上这样的图书馆，使我们成为最自由的人——无论男女老少……

“……因为我们是读者，所以我们不必等待某个传媒主管来决定我们下一步应该考虑什么，以及应该如何考虑。在白天或夜里的任何时间，我们可以用任何东西来填满我们的脑袋——不管是食蚁兽，还是西葫芦。

“也许更神奇的是，我们这些读者可以如此实惠地与彼此进行跨时空的交流。墨水、纸张几乎和沙子或者水一样便宜。不需要召开董事会来决定我们是否有经费去写什么东西。我本人曾经在两张纸上上演过世界末日——花费不到一便士，包括打字带和裤子臀部的消耗和磨损。

“想想看吧。

“跟塞西尔·B.戴米尔[1]的预算比比看。”

---

1 塞西尔·B.戴米尔（1870—1959）：美国导演、演员，曾执导《埃及艳后》《大马戏团》。——译注

在一次毕业演讲的最后，库尔特·冯内古特提出了一个关于教师的问题和任务。他还就此创作了一首诗。

毕业致辞

请举手：
你们中有多少人有过这样一位老师，
在你受教育的任何阶段，
从一年级到五月的今天，
他让你活得更快乐，
活得更自豪，
超出你此前的预想，
有吗？
很好！
现在说出那位老师的名字，
对坐在或站在你附近的
某个人说。
都完成了吗？
谢谢，回家吧，开车注意安全。
上帝保佑你们。

第十六章 天分

《巴黎评论》替有志成为小说家的人向冯内古特提出了两个基本问题：

“采访人：‘天赋是必需的吗？’

“冯内古特：‘……我在科德角做了一段时间的萨博汽车经销商，我进了他们的机械师学校，然后他们把我赶了出来。没天分。’”

冯内古特一生中在所有他不太有天赋的事情上都失败了，

所以他骨子里清楚，天赐的本领是成功的先决条件。他发现：

“原来，我可以比很多人写得更好。每个人都有自己可以轻松完成的事情，人们无法想象其他人做这件事时怎么遇到这么多的麻烦。就我而言，这件事是写作。就我哥哥而言，是数学和物理。就我姐姐而言，是绘画和雕刻。”

“他有着超凡的语言天赋，”冯内古特的儿子马克如此评价他的父亲，“他80多岁还能麻利地做《纽约时报》的填字游戏……我一告诉他动词要放在最后的规律以后，他一眼就能把我的拉丁文作业翻译过来，而他甚至都没学过拉丁文。”

在《巴黎评论》的后续采访中，冯内古特说写作是一种“交易”。

“采访人：‘交易？’

“冯内古特：‘交易。木匠造房子。讲故事的人以一种不让读者觉得自己的时间被浪费的方式来占用读者的闲暇时间。机械师修车。’

“采访人：‘你真的认为创意写作是可以教的吗？’

“冯内古特：‘跟教高尔夫的方式差不多。职业选手可以指出你挥杆的明显缺陷。”

如果你没有运动员的挥杆本事，你就不会成为职业选手。库尔特“……不太相信，如果你本来就没有写作能力，就更不用说教别人写作了”。

天赋是必需的。但这只是创作优秀小说的要素之一。而拥有非顶级的天赋并不意味着你不应该在写作上有所追求。

“第二次世界大战后，我是芝加哥大学人类学系的一名庸才。在那里，学生会被分为几类，就像在其他所有地方一样。有些学生必定会成为人类学家，连最讨喜的教职工也会对他们呵护备至。第二类学生……可能会成为普通的人类学家，但更有可能的是，他们会利用所学的关于智人的知识，在其他领域获得很大优势……而第三类学生呢，我属于这类，不如死了算了——或者去学化学。”

进修人类学的冯内古特不属于第三类学生。他把自己放在第三类，是夸张的说法，也是对他没学好化学这件事进行自嘲。事实上，他是名副其实的第二类学生，是那种运用“所学……在其他领域获得很大优势”的人。化学激发了他对科学的兴趣，而人类学则塑造了他的世界观和写作——那么他何来失败呢？

“失败”到底是什么？在这个例子里，就是结果与预期不同。

他一再被问到相同的问题。“你真的能教别人写作吗？”《纽约时报》的一位编辑问冯内古特，当时他正为《纽约时报》撰写一篇关于这个主题的文章。成稿中，冯内古特说，这种怀疑源于一个传说：

“从很久以前开始，美国男作家就故意表现得像硬汉，像亨弗莱·鲍嘉[1]，以此证明，虽然他们敏感爱美，但绝不是同性恋。从此以来，便有了一个传说：一个硬汉——我忘记是哪个了——受邀到一个创意写作班上演讲。他说：‘你们到底在这里干什么？回家去，把你们的屁股粘在椅子上，然后不停写，直到你们的头掉下来！’或者类似的话。

“至于《纽约时报》那个想知道是否有人能被教会写作的家伙，是编辑教会了他写作。那个让学生和老师感觉莫名其妙、仿佛会吐在地板上的硬汉，几乎可以肯定，和我一样，他交给出版商的手稿急需修理，就和我工作坊的学生交来的一样。

“我的回答是：听着，早在有创意写作课之前，就有创

1 亨弗莱·鲍嘉（1899—1957）：美国男演员，代表作有《卡萨布兰卡》《叛舰凯恩号》等。——译注

意写作老师了，他们至今仍被称为——编辑。”

他提到的那个硬汉很可能是纳尔逊·阿尔格伦，他也是一名作家，在工作坊当老师。在小说形式课上，阿尔格伦和布杰利、冯内古特一起站在讲台上，他大胆地嘲笑我们这些来学校学习写作的学生。我意识到阿尔格伦才是真正的狠角色。但是，伙计，我想问的是，倘若这是毫无意义的，那他为什么站在讲台上，拿着我们付的学费，浪费他自己的时间来教我们，而不是在芝加哥的穷街陋巷上鬼鬼祟祟地穿行，也许他就是在那儿学到这门本事的吧。

冯内古特也不是不摆姿态，但他不会假装他的写作是从宙斯的额头上整个浮现而出的。

他也不会把生活经验和技艺混为一谈。

1970年，冯内古特被问及他是否“受到某一特定作家或风格的影响”时回答说：

“没有，尽管我确实认为自己是一个‘被教出来的’作家——并没有多少还在产出的作者会承认这样的事情。我的意思是：我念了一所发行日报的高中，因为我是为我的同龄人而不是为老师写作，所以他们读懂我在说什么对我非常重要。所以我追求简朴——这不是一个坏词——是因为我的读者是各个年级的高中生。

“此外，当时盛行删繁就简的文风——清晰，多使用短句和强动词，不强调副词和形容词等等。因为我相信这类散文有种种优点，所以我是‘可教之材’，于是我便努力去实现尽可能纯粹的风格。

“我去康奈尔大学读书时，我之前在高中校刊的经历……使我成了《康奈尔太阳报》的大腕儿。我想正是这种跟报刊读者持续打交道的经历塑造了我的风格。此外，由于我曾主修化学专业，我很少得到有深厚文学修养的人的指导。

“……《康奈尔太阳报》的前辈们给了我很多建议，同样，这些建议是关于写作的清晰、精简……

“那时候，杂志还很兴盛，编辑们非常懂得怎么讲故事……记住，你必须按照他们说的去做，否则你就没办法把故事卖给他们。

“因此，我从一开始就接受了关于基本新闻技巧的训练，真的是这样，而我的导师都是这一行的高手。我希望我说清楚了：这些编辑既不专横也不可鄙。他们是敬业的、知识渊博的专业人士。因此，**我的观点是，我写作的方式是别人教给我的**。”

既然讲故事跟写作不同，那么讲故事是什么情况呢？因为写散文是一回事，写故事又是另一回事。冯内古特和他的朋友——作家西德尼·奥菲特探讨过这个问题。奥菲特任教的时间比冯内古特长得多，他在纽大、亨特学院和新学院都工作过。“而且，”奥菲特说，“我必须告诉你，叙事和讲故事的天赋，比诗歌散文或优雅语言的天赋更罕见——甚至都没法比。”他补充道：“这些年来我遇到的会写故事的学生最终都成了出版作家。”

奥菲特说得对。很多很多学生都写得很好。但少有人掌握讲故事的窍门。

学生们一生都在写作。但是他们并不是一生都在写故事。

冯内古特建议：

“创意写作课程为有灵感的业余爱好者提供有经验的编辑。”

今天，随着写作项目的激增，我可能会同意纳尔逊·阿尔格伦的观点。开设写作专业艺术硕士的做法遭到了一些激烈反对。如果你有一些天赋、激情和一个好故事要讲，你必须花一大笔钱在一个艺术硕士项目上来磨炼技艺吗？不见得。

第十七章
勤奋

“作为一名作家，我和大多数人有一个共同的问题——或许你可以称之为悲剧：一种与自己的才智失去联系的倾向。这差不多就像是，我们体内负责思考的部分上面有一层脂肪，而作家的工作就是破开这层屏障进去，去发现里面有什么东西。经常是这份信念，或某种诸如此类的信念，让我在已经坚持了几个小时并且对自己的成果不满意的情况下还能够继续下去。但是我的确会坚持下去，如果我有耐心的话，就会有一个不错的蛋形想法出现，我也看得出来，我的才智已经冲破屏障了。不过，这是一个缓慢的过程，也是一个烦人的过程，因为你必须静坐这么长的时间。”

“写作需要一种癫狂的耐心，”冯内古特的学生罗尼·桑德罗夫说，“冯内古特的这句话伴随了我的整个职业生涯。我写得很慢，我渴望杰克·凯鲁亚克那种神秘的自动写作——顷刻间就能挥洒出扣人心弦的散文。但是我学会了下功夫。这让我成了一名编辑，也成了一名作家。”

冯内古特拥有天赋和专业知识，但这并不意味着他没有受到日常怀疑的困扰。

“我一直怀疑我已经不在这行了，我最好成为一名摇滚明星或者买一个温室什么的。现在我对干活儿并不是特别有感觉，但我知道怎么开始干活儿——那就是，游荡一番，从而了解我的内心……这有点像通灵板。我会试着找点儿线索，看看我的才智想要谈论什么，然后我会试着越说越多。”

问问任何一个艺术家、任何一个能完成有价值的事情的人，他们都会说：在任何时候，耐心、毅力和勤奋这些朴实的美德的必要性排名都至少和天赋一样高。

1509年，米开朗基罗在他绘制西斯廷教堂天顶画期间，写了一首诗，并赠给他的朋友乔瓦尼·达·皮斯托亚：

“这种折磨已经让我甲状腺肿大，
像伦巴第的猫一样隆起，
我的胃挤在我的下巴下面，
我的胡子指向天堂，我的大脑被塞进了棺材，
我的胸像竖琴一样扭曲。
我的画笔被举过我的头顶，滴着颜料
让我的脸成了接住这些液滴的绝佳地板！
我的臀部已经磨进了我的内脏，
我可怜的屁股用力地紧绷着，施加平衡力，
我做的每一个手势都盲目而漫无目的。
我的皮肤松弛地垂在身下，
我的全部脊椎因弯折而拧成一团。
我像叙利亚弓一样紧绷。
因为我像这样困住了，
我的思想成了疯狂的、不实的废话：
倘若吹箭筒是弯的，有谁能射好箭呢。
我的画死了。
为我捍卫它，乔瓦尼，守护我的荣耀。
我不该在这里——我不是画家。”

在瑞士的圣加仑有一座小巧但精美绝伦的圣加尔修道院图书馆，是一处世界文化遗产，游客手册上说，这里藏有超过2 100份手写稿，时间跨度有1 000多年。

图书馆是洛可可式的，很漂亮，藏品排列得极好，展示出印刷的历史——从纸莎草纸、重写本，到羊皮纸——以及许多书法工具和倾注心血的书法作品。

但最让我着迷的是一本约公元850年由一位操劳的爱尔兰僧侣抄写的巨大的拉丁语语法书，书的页边空白和封底上潦草地写着他的怨言："唉！我的手啊"（uit mo chrob）；"保佑弗格斯的灵魂吧。阿门。我很冷"（bendacht for anmmain ferguso. amen. mar uar dom）；"墨薄了"（is tana andub）；"羊皮纸很糙，写得也糙"（is gann in memr' & ascribend）。

另一份手稿上也留下了这位抄写员的抱怨："我，埃德伯克特，完成了这本书……，有上帝相助，但我的身体也很劳累。不懂写字的人不会明白此中艰辛，因为用三个手指头写字，全身都要使劲……。"

库尔特·冯内古特慨叹道：

"……我自己的谋生手段基本上是案头工作，因而单调乏味，使人便秘。要是有谁闯了进来，无论他脾气多坏，多蠢，多不诚实，都像阴天乍现的阳光一样令人神清气爽。"

发泄情绪从来没有坏处。与此同时，尽管这沉闷的工作让人背部抽筋、自我怀疑，但劳动者们还是耐着性子、坚持不懈地完成了装饰华丽的手稿、西斯廷教堂的天顶画以及——拿库尔特·冯内古特的例子来说——独一无二的文字作品，然后赠予我们。

第十八章
陷阱

“好品味会让你干不下去……出于某种原因，几乎所有的优秀作家都辍过学，”冯内古特说，“英语系从来没有培养出一个（好的）作家。因为人们在自己没有能力产出佳作的阶段就去学那些被认为是好品味的东西。因而，他们学的东西让他们讨厌自己写的东西。这样一来，他们还没开始就停下来了。”

任何类型的艺术家都必须要忍受持续不断地在各个方面不达标。也许在刚开始创作的时候尤其如此。正如诗人威廉·斯塔福德[1]经常对学生说的那样：你必须降低你的标准！例如，你不能把自己和文学史上最著名的作家作比较。

另一个会阻碍你写作的东西是"第三名玩家"。冯内古特在富兰克林图书馆版《蓝胡子》的序言中发明了这个短语，这篇序言后来也收入了《比死亡更糟的命运》：

孩子"……会沉醉于'伟大万物'的某些很小的方面，一捣鼓就是好几个小时……比如水、雪、泥、颜料或岩石……或者敲鼓之类的事。参与其中的只有两方：孩子和宇宙"。

"……专业的图画师——这个虚构故事大部分都是关于他们的——是那些用黏性物、泥灰、粉笔、矿物质粉混合着油和灰烬等物来继续玩儿童游戏的人，通过轻拭、涂抹、乱涂、刮擦等手法，为他们的自然生活玩耍。然而，当他们还是孩子的时候，只有他们和宇宙这两方，只有宇宙来进行奖惩，就像一个处于主导地位的玩伴一样。当画师成年后，尤其是当其他人要依靠他们来获得衣食住行时，他们没有忘记冬日里的热量，所以很可能会允许第三名玩家加入游戏。这

1 威廉·斯塔福德（1914—1993）：美国诗人，代表作为《穿过黑暗旅行》。——译注

名玩家拥有一些使人沮丧的能力：比如可以引起嘲笑，给予畸形的奖励，或者基本表现得像个疯子。通常这名玩家就是社会上那些画得不好的画家群体，但他们知道自己极度喜欢的是什么。第三名玩家有时会化身为一个真正的独裁者，如希特勒、斯大林或墨索里尼，或者化身为一名评论家、策展人、收藏家、商人、债主或姻亲。

"无论如何，既然只有在画家和伟大万物这两者玩游戏时游戏才会顺利，那么三个人就太多了。"

同样，儿童也会因"第三名玩家"而发育受阻。比如我二年级的时候，老师告诉我，我在页面顶端画的蓝天不是天空看起来的样子。天空无处不在，不仅在顶端才有。她带我到外面去，要证明给我看。但我并没有看到周围都是蓝色。越往上看越蓝。我清楚地记得，她一直居高临下地瞪着我。她比我高大得多，是权威。她的感知打败了我的感知。

从那以后，我一直不愿意画画，直到我30多岁时，在一个艺术区里我突然对用文字工具来描述花园里一棵华美的紫色卷心菜不耐烦了。我把它一把抓了过来，开始画。一位艺术家正好路过。"我在画画！！"我呼喊道，"我该怎么办？"

她吸了一口气。"跟随你的眼睛就好。其他的一切你都可以以后再学。"

只有在得到这个许可以后，我才回想起和那位老师在一起的那一幕。

潜伏最深的“第三名玩家”是你自己脑子里的那个。你甚至不知道它从哪里来的。熟悉它。留心它。

第十九章

方法论主义

冯内古特曾建议根据写作方法将作家划分为两类，在提出此建议的几十年后，他又在他的最后一部长篇小说中再次讨论了这种二分法。

“速战速决的人写故事很快，杂乱无章地写，曲折盘旋地写，随便用哪种方式。然后，他们又煞费苦心地检查一遍，修改一切写得太糟或不管用的东西。而持久作战的人一次只写一句话，在他们继续写下一句之前要把这句写得恰到好处。写完了就是写完了，不需要再改。

“我是持久作战派。”

只是这一次，他详细阐述了他对于这两个不同过程的原创性的、非评判性的见解，将其固化为判断。

“在我看来，快手作家感兴趣的话题是，人是好玩的、悲惨的或其他某种状态这一事实，而对人们为什么要活着、怎么活着并不感兴趣。

“而慢手呢，虽然表面上把一句又一句的话写得尽可能高效，但也许实际上是在打破门和栅栏的表象，穿过虚幻的盘根错节的刺铁丝网，穿过炮火，冲破芥子气的笼罩，来寻找这些永恒问题的答案：‘我们到底应该做什么？世界到底是怎么回事？’”（《时震》）

这让我相信，冯内古特毕竟也是一介凡人，他已经陷入了我称之为“方法论主义”的窠臼：(一)某人将方法和结果混为一谈；(二)他为所有人制定的方法仅对他自己一个人有效。

尽管我对速战速决的写法深信不疑，我可能也犯了（二）这种问题，毕竟我也只是一介凡人。

为了避开这种心理陷阱，去看看《作家论写作》[1]吧，这本书汇集了一些杰出作家关于从“焦虑”到“工作习惯”等每一个与写作相关话题的观点，尽管他们的观点彼此对立。这本书可以让你避开得“道”的渴望。每个人都想要得“道”，但是并没有唯一的“道”。只有去发现你自己的“道”。这就需要你去模仿别人走过的路，接受建议，探索最适合你的方法。书中引用的关于写作过程的观点甚至不能完全划分为两大阵营。例如，一些小说家先写主要场景，这就完全消解了快手与慢手的分野。有些人在开工之前必须知道他们的故事将如何结尾。有些人宣称，他们要是知道了结局就永远不会开工。

读者们：

“写作仅仅是为了取悦一个人。如果你打开一扇窗，和整个世界示爱，那可以这么说：你的故事会得肺炎。”

这是冯内古特在短篇小说写作指南《创意写作101》中的第七条法则。他是这样得出这个结论的。

他过去常为他的姐姐爱丽丝写东西。他会暗自发笑，想

1　琼恩·维诺克尔（Jon Winokur）所编图书，由奔跑出版社（Running Press）于1986年首次出版。

象她靠在他的肩膀上，享受他写的东西。

不幸的是，爱丽丝41岁死于癌症。冯内古特在《闹剧，或者不再寂寞》的序言中写到她和她的死。那部小说就是基于他俩的关系写的。

"……从统计学意义上看，她的死并不值得注意。"他说。奇怪的是，她的丈夫——一个在华尔街工作的编辑——于她去世之前两天的早晨在通勤路上死于火车失事。

他们留下了4个遗孤，都是男孩。简和库尔特收留了他们。现在他们有了7个孩子。爱丽丝丈夫的一个堂兄、亚拉巴马州的一名法官在调查过冯内古特的困窘后，说服简和库尔特让他和他的妻子抚养其中最小的一个孩子——还是个婴儿。

"直到她去世后，我才意识到我是为了她（爱丽丝）写作的。"冯内古特在《巴黎评论》的一次采访中透露。

他将这一发现转变为一条铁律：

"每一个成功的创作者在创作时脑子里都装着一名观众。这就是达成艺术统一性的秘诀。任何人，只要愿意想着一个人去做出某个东西来，都能够达成。"

1958年爱丽丝去世后，他继续为她写作，直到她的存在

“开始消散”。他从不说出是谁取代她成了他的读者。但不再继续颁布铁律。

而是突然经由他的角色之口道出：

“‘作家会疯狂地想要一位读者。’

“‘一位读者吗？’我说。

“‘她只需要一位就够了。’她说。对任何人来说，这就够了。一旦她意识到你在逐字细读的时候，看看她笔迹的进步，她词汇量的增长。看看她找到的所有话题……

“‘这就是享受写作并让自己达到高标准的秘诀。’伯曼夫人说，‘你不为整个世界写作，也不为十个人，或者两个人写。你只为一个人写。’”(《蓝胡子》)

就我所知，这种达成艺术统一性的方法是冯内古特独有的建议。他得出这个观点，在感情上来讲是可以理解的，因为他非常珍视他的姐姐。但这似乎又是另一种“方法论主义”了。他写作时并非有意识地把爱丽丝记在心里，正如他所说，他是在她死后才发现自己是这么做的。这个建议总是让我担心自己做错了什么。因为那不是我的真实情况。

姑且保持中立吧，也许我一直没有意识到——你可能也像他一样没有意识到——有这么一个人，我任何的故事都是讲给他的。但我不这么认为。像很多作家一样，我是给我自己讲这个故事，或者给宇宙讲的，谁有耳朵就讲给谁听。

库尔特·冯内古特写作时把爱丽丝放在心里。也许这也能帮助你在写作时把某人放在心里。或许并不能。怎么管用你就怎么来吧。

第二十章
成形

故事从何而来？你如何凭空想象出故事？

首先，要留心。

库尔特的朋友西德尼·奥菲特说，和库尔特一起散步是一种享受。因为他会注意到大多数人没有注意到的东西，而且对他看到的东西比大多数人有更多的反应。他以发现信息为乐。他也喜欢传播信息。

库尔特·冯内古特有一双“大耳朵”——爵士音乐家用这个术语来称呼他们当中特别懂音乐的人。

“所以我在阳台上信步，然后坐在一把硬背椅子上。这一定是我在12岁的年纪，真正天真无邪的时候，经常在车棚里做的事情——静静地坐在阳台上，欣赏飘向我的每一个声音。**那不是偷听**。**那是欣赏音乐**。”(《神枪手迪克》)

顺便说一句，“偷听”（eavesdropping）是亨利八世创造的一个词，他在宫殿的屋檐下装了睥睨众人的滴水兽石像，以此警示人们：间谍正在偷听，所以人们应该小心行事。这是我刚在公共广播公司的一个特别节目中学到的。冯内古特热爱这样的事实。他对这种事实也有一双“大耳朵”。

《囚鸟》中的一段话是从叙述者——一名被释放的囚犯——的视角写的，读起来就像库尔特漫步到位于曼哈顿的纽约公共图书馆主楼后面的公园，记录下他偷听来的观点和回应。

“我在布莱恩特公园内环顾四周。山谷里的铃兰撑起了小铃铛，悬在人行道边被冻死的常春藤和玻璃纸套上……

“我最终被一台音量开得很大的便携式收音机唤醒了。提着它的年轻人坐在一张面向我的长椅上。他似乎是西班牙裔……收音机调到了新闻频道。新闻播音员说，那天的空气质量是无法接受的。

“想象一下：无法接受的空气。

“这个年轻人似乎没有在听他的收音机。他甚至可能都不懂英语。新闻播音员的语调里带着一种犬吠般的欢闹，仿佛生活是一场滑稽的越野障碍赛马，里面有非常规的马种、障碍物和车辆。他让我觉得，连我也成了一名参赛者——坐在一个由三只食蚁兽拉着的浴缸里。我和其他人的赢面一样大。

“他说起障碍赛中的另一名男子，说他在得克萨斯州被判用电椅执行死刑……

“两个慢跑的人沿着我和收音机之间的小路过来了。一男一女，穿着一模一样的橙色加金色的运动服和相配的鞋子……

“关于那个年轻人和他的收音机，我断定他买下这个东西，是为了把它当假肢来用，抑或用来表现对这个星球的虚假热情。他对收音机的关注和我对我的假门牙的关注一样少。”

很快，收音机报道了某件很可怕的事情，使得他“从长椅上下来，离开公园，走入人群……朝第五大道而去”。

要模仿库尔特·冯内古特和大灰狼。“大耳朵”和“大眼睛”为小说抓来了大量素材。

库尔特是一个有想法的人，一个着迷于人类的种种可能性及其不足之处的作家。他的作品是源于思想的典范之作。

你从一种文化中得到一个普遍概念，然后将其文字化。“人人生而平等。”冯内古特基于这一概念，设想有一个政府试图真正将其实现，从而创作出一个精彩绝伦的故事——《哈里森·伯格朗》。

许下一个愿望，然后让你的想象力随之旋转。厌倦了你会疲倦的身体？不喜欢你的身材？性别？如果你能把你的身体停放在某处或者跟别人交换呢？去读《灵魂出窍》吧。[1]

找到一个你觉得紧急的问题，把它与你的经历融合在一起，加入富有想象力的“如果”，然后轰的一声，你就有了写一本书的弹药。比如，如果你是冯内古特的话，你可能就由此得到了《猫的摇篮》。

“这部小说的灵感来自通用电气——通用电气的科学。在那个年代，科研员对他们的发现所带来的后果感到漠不关心是很常见的……我认为，政府热衷于让科学家们觉得自己与武器毫无关系。”

或者读读《神枪手迪克》：

“这本书……讲述了一个孩子的故事，他现在已经长大成年了，40多岁了，他的父亲是一个枪迷。他家那栋房子里放着几十杆枪。”

1 《哈里森·伯格朗》和《灵魂出窍》都是冯内古特的短篇小说，被收录在《欢迎来到猴子馆》中。——译注老库尔特·冯内古特就是这样一个“枪迷”。如果小库尔特·冯内古特小时候用他父亲的一把枪开了一枪，然后不小心杀了人会怎样呢？

“这个孩子11岁的时候在玩他父亲的一把枪，尽管他不应该这么做。他把弹药筒放入一把.30–06步枪，从阁楼的窗户里开了枪，子弹飞到了18个街区之外，正好钻入一个家庭主妇的双眼之间，使其当场毙命。这为他的一生蒙上一层色彩，同时也成就了他的名声。当然，这种武器不应该存在。他出生到了一个存在这种极其不稳定的装置的星球上，他没办法，打喷嚏都只能在这东西附近。我是说，枪想被打响；它是为了被打响而造的。它除了被打响之外没有别的用途，这种不稳定装置存在于任何人能触及的范围内都是无法容忍的。”

你的贵人可能会把你从一件事引到另一件事，从而让你展开一部短篇或长篇小说：

“我最终会写一本关于画家的书——《蓝胡子》。在《时尚先生》找我写一篇关于抽象表现主义者杰森·布拉克的文章后，我便产生了这个念头。那本杂志正在筹备一期50周年特刊，收录的文章主题是自1932年以来对美国的命运产生了最大影响的50位土生土长的美国人。我本来想写埃莉诺·罗斯福[1]，但比尔·莫耶斯已经选了她。”

你的贵人可能会戳一戳你：

库尔特在康奈尔大学的同学、在《康奈尔太阳报》的同伴诺克斯·伯格在一次聚会上问他：你打算什么时候写下一部小说？距他第一本小说面世已经10年了。《泰坦星的海妖》便是库尔特的回应。

或者你的贵人可以挥动她的魔杖：

《茫茫黑夜》是由于冯内古特在科德角查塔姆的一次聚会上遇到了“……海军情报局的一个大人物……”而触发的。这个人对间谍行为持有“美好的看法”，此时冯内古特便在心里盘算：“天哪，我得继续再写一本书了。”

显然，他已经准备好开始应对第二次世界大战的噩梦了。

一个人的性格、看待或处理事情的方式可以铺设进入故事的道路。冯内古特就是根据他第一次住在科德角时办公室在他家楼上的一位会计师的故事创作了《上帝保佑你，罗斯瓦特先生》。这位亲切的会计师常常鼓励和安慰他的顾客，他的低语声会透过地板传到冯内古特耳朵里。

1 安娜·埃莉诺·罗斯福（1884—1962）：美国第32任总统富兰克林·罗斯福的夫人。——译注有时，一个故事会全然来自你自己的生活。《永远同行》就改编自库尔特追求他的第一任妻子简的经历——一个甜蜜而寻常的爱情故事。在他们家的一次聚会上，简曾经单膝跪地，为我演示库尔特求婚的样子。当然，他在那部短篇小说里改掉了这些细节，换了他们的名字。

你可以从任何地方开始，然后继续前进，看看它会把你带到哪里，拨开你大脑上的脂肪层，直到你的意识显露，从你自己的嘴里拉出你自己的磁带。我化用了冯内古特的隐喻。他就是这样吐出《泰坦星的海妖》的。

你可以偷来一个情节。

“（为了《自动钢琴》）我高高兴兴地剽窃了《美丽新世界》的情节，而这本书的情节又是作者从尤金·扎米亚京的《我们》中高高兴兴地剽窃来的。”

嗅到故事的味道已经成了一种习惯。冯内古特的脑袋里装满了这种习惯，以至于他将自己漫溢的丰沃想象力赋予了笔下的角色——科幻作家基尔戈·特劳特，让他编造了几十个滑稽的科幻故事。

第二十一章
传播

“（讲故事的人）最初的谎言——也就是他的前提——可能会暗示很多新的谎言。讲故事的人必须从中选择，寻找那些最可信的、严丝合缝的。于是一个故事就这样产生了。”

记忆、事实、观察、想象力的狂欢：这些都是作家的资源。你要抓住从你的工具箱里弹出来的那个。

你知道《五号屠场》中关于比利·皮尔格林倒着想象战争电影的那段精彩的文字吗？

“他稍稍挣脱了时间的束缚，看到刚才的电影倒放，然后又按顺序播放。这是一部关于第二次世界大战中的美国轰炸机和英勇飞行员的电影。从比利的角度倒着看，故事是这样的：

浑身破洞、满载着伤员和尸体的美国飞机从英格兰的一个停机坪倒着起飞。在法国上空，几架德国战斗机朝他们倒着飞去，从一些飞机和机组人员身上吸走子弹和炮弹碎片。它们对地面上坠毁的美国轰炸机做了同样的事情，然后那些轰炸机向后飞起，加入编队之中。”

如此继续下去。

催生了那种奇妙景象的想象力跃动是无法解释的。然而，在过去美好的胶片电影时代，电影胶卷是要倒带的。你可以关掉你8毫米家用电影放映机的灯，这样你就不用看了，或者你可以看着它倒放。这很有趣。冯内古特在通用电气的同事和朋友们都是快30岁的小伙子，他们常常在告别单身的派对上看黄片儿，他们会故意倒着转胶卷，这样就可以倒放电影了。“看着门童穿好衣服，端着托盘走出房间，真是太有趣了。”反着来的性交一定也很有趣。这种经历可能比你日常倒带的家庭电影更深刻地嵌入了库尔特的记忆中，然后激发了他后来的转化使用。

《猫的摇篮》里的“卡拉斯”这个词是什么？爱荷华大学

作家工作坊里的一名学生问库尔特这个词出自何处。在他回复之前的那一瞬间，学生怀有一种静默的期待——有可能它出自某种神奇的、有意义的东西。库尔特坦率地回答，这是他在科德角的巴恩斯坦布尔经常经过的邮箱上的名字。

《五号屠场》中装饰比利·皮尔格林办公室墙壁的、蒙塔娜·怀尔德哈克胸前的吊坠里刻着的祈祷文——也就是现在匿名戒酒互助会的宁静祷文——是什么？

“上帝啊，赐予我
宁静，让我坦然接受
我无法改变的事情，
勇气，
让我去改变我能改变的事情，
以及智慧，
让我总是能够辨别
差异。”

《五号屠场》出版后不久，库尔特向我承认，这段话是从他的学生、朋友玛丽·凯瑟琳·安东内尔写的一个故事里摘出来的。他说他以前从来没有做过这种事——从学生的作品中拿走什么东西。他有点惭愧。

某种赃物。他告诉我这件事后不久，我就在母亲的农家厨房里看到了一幅被裱起来的刺绣，上面就有这段祷文。匿名戒酒互助会居然早在数年前就开始用这段话了。玛丽大概就是这样知道的吧。那是公共领域了。

冯内古特在《泰坦星的海妖》中编造的关于社会变革的虚构理论也算一例？这些理论当然源于他的导师斯洛特金的真实理论了。

“正如他在《火星袖珍史》中所说：‘任何想要深刻改变世界的人都必须具备表演才能，还要有一种让别人流血的友好意愿，以及在流血事件发生后往往会出现的短暂忏悔和恐惧期内引入一个看似合理的新宗教。’”

两部小说之后，在《猫的摇篮》中，冯内古特似乎运用了这些理论来塑造人物，并且创造了一个“看似合理的新宗教”——博克侬教。第58章《有区别的暴政》中，我们知道虚构的圣洛伦佐岛的“新征服者”……梦想把圣洛伦佐变成一个乌托邦。为此，麦凯布全面改革了经济和法律，约翰逊设计了一个新的宗教。

“我想要一切事物
都似乎有些道理，
这样我们都可以快乐，是的，

而不是紧张。

于是我编出谎言，

让所有谎言恰到好处，

于是我让这个悲伤的世界

变成了天——堂。

“博克侬（麦凯布的朋友）相信，只有让善恶对立，并始终保持这两者之间的高度紧张，才能建立良好的社会。”

为此，这个宗教遭到禁止。各种法律被制定出来。其中一条如下：

“任何在圣洛伦佐参加博克侬教的人，只要被抓到……都将就地正法！”

享受美好的时光吧。

“反正我也不清楚人们是怎么解释这种想象的。我的书是对解释的抗议。每当听到别人告诉我他的解读，我头都大了。”

西德尼·奥菲特说：“库尔特看待人、塑造人物的方式是他独有的。”以《五号屠场》的比利·皮尔格林为例。他就像是寓言里的角色。如果是你我来写那个关于德累斯顿的故事，我们会试图从场景中挖掘情感。但库尔特没有这么做。库尔特的故事总伴随着其他某种东西——一种精神品质。宗教本身有一种品质，一种精神的跳跃……你可以称之为科幻小说的飞跃。”

第二十二章

再生

如果你一直写下去，你的担忧会以各种形式一次又一次地悄然逼近。

在冯内古特说他会以写《冠军早餐》来释怀他母亲的自杀之后，过了很久，这件事仍然不断涌上他的心头。事实上，在三部长篇之后的《神枪手迪克》里，他更直接地面对了这个话题。

“如果我认为西莉亚·胡佛的性格与她自杀有一丝关系，那我很乐意尝试对她的性格做一次详细分析。然而，作为一名药剂师，我认为没有理由不相信那全是安非他明的效果。

“法律现在要求每批安非他明出厂时都要附带这样一段警告：

‘安非他明已被广泛滥用。耐药性、极端的心理依赖及严重的社会障碍已经出现。据报道，有些患者服用的剂量已增加到推荐量的数倍。长期高剂量服用后突然停药会导致极度疲劳和精神抑郁，睡眠脑电图上也会出现变化。’

“‘安非他明慢性中毒的症状包括：严重皮肤病、重度失眠、易怒、多动以及性格改变。最严重的情况是精神错乱，易与精神分裂混淆。’

“想要来一些吗？”

此外，那位将自己所有最糟糕的记忆转化为戏剧的药剂师叙述者记得西莉亚敲他后门、求他多给药的情景，那时的西莉亚俨然沦为“一个牙齿歪斜的废人”。

“鲁迪：你来找我是因为其他地方都把你拒之门外。就算你有万能的上帝签署的处方，我也不会再给你那种毒药。现在你马上会告诉我你根本不爱我。

“西莉亚：我不相信你这么狠心。

“鲁迪：那么是谁这么久以来都对你这么好？米切尔医

生——我敢打赌——还有仙童山庄药房。太迟了，看到他们对你的影响，他们已经吓死了。”

以上都是虚构的。冯内古特的母亲并没有服用通乐。她没有对安非他明上瘾。用他的话说，这才是实际发生的事情：

“所以，早在我儿子发疯之前，早在我有儿子之前，当我母亲发疯并最终自杀的时候，我怪罪于化学物质，我现在仍然如此，尽管她有一个不幸的童年。我甚至能说出其中两种化学物质的名字：苯巴比妥和酒精。当然，这些都是从外面来的，苯巴比妥是我们的家庭医生开给我妈来缓解她的失眠问题的。”

冯内古特在他的虚构故事中注入了更多的真实，就像任何优秀的小说作家一样。

关于真相和虚构：我参加了一次《石板》杂志举办的关于《五号屠场》和同人小说的小组讨论，参会的编辑们宣称库尔特的母亲对安非他明上瘾，并服用了通乐。

他们把虚构和事实混为一谈。他们没有去考证。

除了让你的担忧“悄然逼近”之外，你还可以有意地回收它们，并加以详细阐述。不管是靠直觉写的还是有意为之，有这样一个冯内古特的例子：他用了“人人生来平等”这句格言的字面意思。

这在他的第一部长篇小说《自动钢琴》中作为两个角色讨论的一个概念出现。

“‘嗯——我认为把每个人的智商放进公共档案里是一个严重的错误。我认为，革命者想做的首先就应该是，比如，干掉每个智商超过110的人。’

“‘……这一切当然是为了方便打响基于界线划分的阶级战争……用脑力作为标准比用金钱作为标准好……’

“‘这是一个僵化到极限的等级制度，’芬纳蒂说，‘人怎么能提高智商呢？’”

在他的第二本书《泰坦星的海妖》里，冯内古特在他笔下的科幻社会里实现了这个想法。

“他……晃了晃绑在他手腕上的蓝色帆布袋，里面装着铅丸，咔咔作响。

“在他的脚踝和另一个手腕上，也系着类似的几袋铅丸，肩带上绑着两块沉甸甸的铁板——一块挂胸前，一块挂背上。

“这些负重是他人生竞赛中的障碍。

“他扛了48磅的重量——他高兴地扛着。强壮的人会多扛一些，弱小的人会少扛一些……

“最弱小、最温顺的人必定会承认，人生竞赛是公平的。”

冯内古特也描写了现实的障碍：

“……有……几个真正的信徒选择了更微妙、更有力的障碍。

“……一个皮肤黝黑的年轻人，即便他衣品差、举止无礼，也挡不住他那柔韧的、要把人吃掉一般的性感，他给自己设置的障碍是一位性冷淡的妻子。

“这个黑皮肤年轻人的妻子呢，她对自己的优等生身份感到虚荣也在情理之中，而她给自己设置的障碍是一个除了漫画书以外什么书都不读的丈夫。”

《泰坦星的海妖》于1959年出版，两年之后，以人人平等为开篇前提的短篇小说《哈里森·伯格朗》刊登在《奇幻与科幻》杂志上。在这则短篇小说中，冯内古特放弃了在现实主义中加入“更微妙、更有力的”障碍。他聚焦于肉眼可见的现象，同时保持故事紧凑、扼要。这使得小说令人捧腹，使读者回味无穷。

第二十三章
母珠

想象一颗巨大的、闪闪发光的珍珠，它的光芒如此夺目，让所有依偎在它周围的小珍珠都黯然失色。

这是库尔特在爱荷华给我们的关于小说创作要点的智慧母珠：

“你从事的是娱乐行业。”

他站在全班同学面前，对某个人的故事连连摇头，说了这样一句话。这样的事发生了很多次。

这听起来令人吃惊。“娱乐行业”暗指光芒俗气而耀眼的好莱坞。

我自己并没有想去娱乐任何人。我只是想抒发我内心的悲伤和愤怒。工作坊里的每个人内心都有要抒发的东西。我们的导师也一样。库尔特心里的东西似乎是最多的。他在写《五号屠场》。我们知道他目睹轰炸事件和当过战俘的背景故事。

这些都是磨砺灵魂的经历。而我们从事的是娱乐行业吗？

最终我明白了他的意思：你必须很好地遵守小说的游戏规则，这样你才能传达你内心最幽邃的想法。你必须像魔术师或扒手一样，通过娱乐来分散观众的注意力，同时真正说出你最想说的话。

在最近的一次聚会上，我告诉两位在读的艺术硕士，这是库尔特最重要的建议。他们目瞪口呆地看着我。

新手作家最难以认识到的一个道理是，无论你经历了什么，无论你要讲什么故事，要实现成功创作的话，你自己一个人的关心并不重要。重要的不是你的故事。这是你讲述故事的方式。

冯内古特知道讲故事的表面与实质的区别，知道自我和人设的区别。在他教的所有关于写作的东西里，我后来发现，他所说的关于“娱乐行业”的话是最为复杂和重要的。

“‘我是说，那是一场表演啊。你知道这是娱乐，但你也学到了一些东西。当你可以一石二鸟的时候，那就是艺术啊，

孩子。'"(《自动钢琴》)

"他(加拉帕戈斯的一名宣传人员)把原本惯常的'两周海岛之旅'改成了'巡游自然的世纪之旅'。他是如何化腐朽为神奇的?他的做法是,只使用'巡游自然的世纪之旅'这个叫法,别的都不用。"(《加拉帕戈斯》)

冯内古特也学过写作即娱乐的这一课。库尔特和简刚结婚时,他在服役,驻扎在莱利堡。简发现了一条现在被称为"书稿医生"的人发布的广告。斯坎蒙·洛克伍德的办公室靠近曼哈顿的出版商群,他免费校对样文。简给他寄了一些库尔特的短篇。

洛克伍德答复说:"我为库尔特想'说点什么'有影响力的话的欲望热烈鼓掌,无论是多么微小的影响,都会有助于鼓舞人心。"他写道:"每一个有价值的作家都有野心。但是……归结起来就是:如果你想在当前市场上被人接受——无论是因为你写得好还是由于你胡言乱语——你必须掌握时兴的技巧。'传达给人类的讯息'是一种副产品:它一直都是……如果你想以写作为生,你首先要靠写作来给人以娱乐、消遣和乐趣。这本身就是一个崇高的目标。"

20世纪50年代,冯内古特发表了50多则短篇小说。那时候,杂志需要小说家。编辑也理应培养作家。

“我给滑头们写作的时候培养了社交技能，因为如果社交性不够强，他们就不会发表。”

理查德·耶茨从爱荷华工作坊的学生那里听说，冯内古特告诫他们：“永远不要忘记你在为陌生人写作。”耶茨采纳了这句话，在那之后他教的每一堂课上都会用到。“这是据我所知对写作初学者最好的、最精简的建议。”

“我们必须承认，读者在做一件对他来说相当困难的事情，你不能太经常改变观点是为了让他不迷路，而你经常要分段是为了让他的眼睛不会疲劳，让他干的活变轻松，从而在他不知不觉中吸引他。他必须在脑海中重现你的表演——包括服装和灯光。他干的活不容易。”

冯内古特把读者称为“我不可或缺的协作者”。《巴贡博鼻烟壶》中，由他的课堂训诫改编而成的《创意写作101》法则一开始就谈到要对读者有礼貌。第一条法则：

“占用一个完全陌生的人的时间时，你不要让他觉得时间被浪费了。”

换句话说：“你从事的是娱乐行业。”

第二十四章
开头

库尔特在工作坊上告诫大家，从事娱乐行业，你们的首要任务是抓住读者，让读者读下去。

我们从抓住读者开始谈吧。

新手常常认为，吸引读者意味着立即搬出一台怪异的、夸张到令人目瞪口呆的东西。

初学者也会误将隐瞒信息当成悬念，认为模糊不清的状况会让读者想知道发生了什么。但真正的效果却是让读者感到愚蠢、被忽视。

1980年，一位采访者对冯内古特说："听到你强调说作家应该早点把舞台搭好，我很感兴趣，因为据我所知，很少有作家在前几页内传递的信息和印象比你多。”

这招是冯内古特从杂志编辑那里学到的。他说：

“他们让你怎么做，你就必须怎么做，不然他们就不会买你的故事。在很大程度上，他们想要的跟一份好的报纸所需要的东西一样：吸引人的标题、清晰的文辞、即刻的场景感。

“我教书之后，当我看完一个故事的前四段但仍然不知道人物身处哪个城市，甚至不知道写的哪个世纪时，我时常感到恼火。我也有权利恼火。一个读者有权利也有需要去立即了解他遇到了什么样的人，这些人身处什么样的地方，他们靠什么谋生，他们是贫穷还是富有——这一切都会让后续的信息变得精彩得多。”

因此，“抓住读者”意味着使用“吸引人的导入”。不是通过戏剧性的夸张或含糊其词，而是通过告知信息来引发好奇。

我有一个刚开始学写作的学生，他以谋杀、离婚、逮捕、绑架、毒品抢劫、堕胎作为他的第一批短篇的开头——你随便挑三四个戏剧性的事件，都在他开头前两段里集齐了。人物成了附带的。原来，他是一个狂热的《纽约警局》爱好者。最终，他学会了给读者提示，让读者知道这些人是谁，他们在哪里，并缩小焦点，铺垫出单个的冲突。

另一个学生以叙述者母亲的惨死作为一部小说的开头。直到小说结尾，母亲究竟是自杀还是他杀都没说清楚，所以读者自始至终都被蒙在鼓里，无法抓住人物错综复杂的关系、情感和动机。

我自己在写小说开头时也很挣扎。我的人物想要压抑自己的创伤，我忠于她，而代价就是不让读者知道她想要压抑的是什么。

我除了在成年后的大部分时间里教授小说写作以外，还为《贝尔维尤文学评论》担任了12年的小说编辑。《贝尔维尤文学评论》每半年出一期，每期收录10到12则短篇。我们平均每年收到2 000份小说稿，先分给初读者，然后再给编辑。我现在已经审过大约2 100则短篇，编辑了超过100篇。站在编辑的立场上，我学到了很多关于写作的东西，其中最重要的一点是，几乎所有的短篇都有设定方面的问题。

这些问题往往包括：没有提供足够的信息便于读者掌握"人物—事件—地点—时间"，使用花哨的文字让读者读得磕磕绊绊，抑或没有足够快地进入核心冲突。

冯内古特的创意写作法则第八条：

"尽快给你的读者提供尽可能多的信息。让悬念见鬼去吧。读者应该对正在发生的事情、地点和原因有全面的了解，这样一来，即便最后几页被蟑螂啃掉了，读者也可以自己把故事完成。”

有了这样的介绍，你就仿佛化身为“一个优秀的相亲对象”，冯内古特建议你该这样做。你邀请你的相亲对象和你一起做一件事，这样他可以融入进来，了解正在发生什么，那意味着什么，并且体验这件事的影响，而不是受到忽视和冷落。

第八条法则的最后几句话与冯内古特另一条重要规定相矛盾：

“要做到不可预测。句子的结尾要让人意想不到。别让我睡着。”

冯内古特运用了夸张手法和蟑螂来强调要点。

而在另一处，他只是说：

“还记得我的第八条法则吗？尽快给你的读者提供尽可能多的信息？这样读者才能跟上你的节奏。”

编辑和普通读者跟你的老师、同学等当了你大半辈子读者的人不同，他们不是非得读你写的东西。如果你不遵照冯内古特的首要忠告，他们就不会读的。

事实上，从小麦中剔除谷壳是编辑的职责。如果你写的东西不诱人或让人摸不着头脑，被迫在众多稿件中做出选择的编辑在面对她面前高高的一摞稿件时，将会因为有充分的理由淘汰其中一篇而宽慰。

反之亦然：当一个作品扎实而又引人入胜，编辑也会因为淘到了真金而宽慰、欣喜。

“把前两页扔掉！”冯内古特屡次在课堂上用这句话来评价一篇故事。后来，他由此演化出第五条法则：“尽可能在靠近结尾时完善开头。”

在我看来，“把前两页扔掉”是更好的建议。

你都还没写，怎么知道你离结尾有多近呢？

这两条建议都应对了人们对预热的偏好——这么说吧，就是让人们的引擎转起来——并且在故事加速展开的很久之前，就让人们开始预热吧。有时写初稿的过程中，尤其是长篇小说家写初稿时可能会认为，当他们写的东西更像是事件记录时，他们也是在写作。有时，人物和主题需要坚毅的情绪，所以作者用题外话和粉饰表面的说辞来含蓄地表达柔软和痛苦。有时，作者不太知道这个故事是讲什么的，于是信笔闲谈，寻找着主题。

这些可以丢弃的“前两页”对于正在创作的作者来说也

许是必要的，也许是真的可以牺牲掉。但是当你开始写故事的时候，你不需要在开篇就玩各种花活儿。无论怎样开篇都行。后面再去焦虑怎么完善开篇，那是修改过程中的事。除非你像冯内古特一样，是一个煞费苦心、逐句写作的“慢手”，并且是一个强韧如皮革的写作老手，否则你最好放弃从接近结尾处开始写一个完美开篇的念头。

如果你已经掌握了叙事的诀窍，随着你经验的积累，写短篇小说的开头会更加游刃有余。但是，尤其在写长篇时，也许直到你写了很多很多页才能搞明白这本书是写什么的。一些事情浮现，一股新风掀起，把你吹向另一个方向或更深的地方。那么，如果你不知道剩下的部分会走向何方，你就不可能安排一个与剩下部分相匹配的开头。

一旦你弄清楚了，那么没错，“开篇要尽可能地接近行动”。

冯内古特的朋友西德尼·奥菲特举了一个很好的例子：“……我在《奇幻与科幻》杂志工作。我收到了一篇以火星为背景的故事，但前三四页讲的是那艘宇宙飞船是怎么造的。写得不错，但节奏缓慢。当我把它给杂志社编辑安东尼·布彻看时，他建议进行删减，这个故事的第一行字就变成了‘当宇宙飞船降落在火星上的时候’。”

你不必去造出这艘飞船。让船开起来就好。

那东西着陆时，就会有事情发生。你便抓住了读者的好奇心。

我小时候读了我母亲的原版《飘》，高中毕业前又看了两遍。它的第一句话铭刻在我的脑海里："斯嘉丽·奥哈拉长得并不漂亮，但当男人们被她的魅力迷住时，却极少意识到这一点，塔尔顿家的那对孪生兄弟就是如此。"

男人们！不仅仅是塔尔顿家的孪生兄弟！所以一个长得不漂亮的女孩仍然可以成为万人迷！吸引男性的目光！有哪个女孩或女人不会被吸引呢？同样，有哪个男人不会呢？

接下来的句子生动地描述了斯嘉丽。然后，第二段的第一行提供了读者需要了解的所有"人物、事件、地点、时间"的信息："在1861年4月的那个晴朗的午后，她和斯图亚特、布伦特·塔尔顿坐在父亲的种植园'塔拉'的门廊上乘凉，她画了一幅漂亮的画。"

难怪它立马成了畅销书。我们被迅速带入语境、对比、地点、时间、阶级之中，走进了一个有趣的角色。这本书超过1 000页，读到第三段，我们就知道外面很热，而斯嘉丽有钱、迷人、年轻、待字闺中。我们就知道，她住在父亲的种植园里，知道了种植园的名字，他父亲有奴隶，地点在蓄奴的南部，时值春日，南北战争尚未爆发。

就连在冯内古特首次出版的短篇和长篇中，他都用制造悬念的信息迅速搭好了舞台。以下是他长篇小说开篇段落的例子，按出版日期的时间顺序排列：

“纽约的伊利昂分为三部分。

“西北部住着经理、工程师、公务员和少数专业人士；东北部放着机器；在南部，易洛魁河对岸是当地人称为家园的地区，几乎所有老百姓都住在这里。”(《自动钢琴》)

“现在每个人都知道如何从自己身上找到生命的意义。

“但人类并不总是这么幸运。不到一个世纪前，人们还难以触及自己身上的谜团。

“通向灵魂的入口有五十三个，他们却连一个也说不上来。”(《泰坦星的海妖》)

“在这个关于人民的故事中，主角是一笔钱，如同在一个关于蜜蜂的故事里，主角可能是一团蜂蜜一样。”(《上帝保佑你，罗斯瓦特先生》)

从冯内古特出版的第一部作品开始，就可以找到一些短篇小说布景的例子：

“首先请允许我说，我并不比任何人更了解亚瑟·巴恩豪斯教授藏在哪里。自从他一年半前失踪以来，除了平安夜他在我邮箱里留下的一条神秘短讯以外，我一直没有他的消息。”(《巴恩豪斯效应报告》)

“我不认为我们这些没有相应的成长经历的老人会觉得‘两栖’的状态——新意义上的‘两栖’——让人感到自在。我仍然会对那些已经不再重要的事物感到沮丧。”(《灵魂出窍》)

“于是，五月的一天下午，代表了整个科德角的巴恩斯坦布尔县的治安官皮特·克罗克来到了海恩尼斯的联邦伦理自杀厅——他告诉那里的两个六英尺高的女侍者不必惊慌，还说据传一个名叫诗人比利的臭名昭著的浪荡之徒正前往科德角。”(《欢迎来到猴子馆》)

冯内古特在总结“创意写作101”的指导意见时，提出了这样一个观点：

“我这一代最伟大的美国短篇小说家是弗兰纳里·奥康纳[1]。她几乎违反了我的每一条法则，除了第一条。伟大的作家往往会这么做。”

“《都柏林人》里的最后一个短篇《死者》对读者一点儿也不友好，”库尔特告诉盖尔·戈德温，“前两页就有9个人物

1　玛丽·弗兰纳里·奥康纳（1925—1964）：美国小说家，代表作有《智血》《好人难寻》等。——译注

出场。你绝对不能这么写！”

“库尔特为数不多的口头禅之一是‘永远不要用问句作为故事的开头’。”另一名参加过爱荷华大学作家工作坊的学生罗尼·桑德罗夫回忆道。“我当然得试试看。我的故事说的是，一个男大学生好不容易才拿到一份在布朗克斯的一家面包厂流水线上的暑期工作，他养尊处优的弹钢琴的手和自尊心受到了伤害。冯内古特是个非常好的人。他告诉全班同学，他找到了一句开场白，一个打破这一条规则的范例——‘谁的血流到热乎的十字面包上了？’”

几年后，库尔特对盖尔·戈德温说：

> “‘当然有学生拒绝采纳我的建议。还记得罗尼吗？她交了一篇故事，第一句话就是‘听着，你们这些蠢货’。我说：‘听着，罗尼，你不能这么写。’但她还是那样写了。”

“听着，你们这些蠢货，”实际上不是罗尼写的开场白，“谁的血流到热乎的十字面包上了？”才是。也许，冯内古特替换了这句话，因为以问句开篇会让读者觉得自己是个蠢货——不知道谁在发问，从哪里发问的，问的是什么，问的谁。

第二十五章

情节

是什么让读者一直读下去？

《茫茫黑夜》的叙述者霍华德·坎贝尔为我们提供了线索：

“我愣住了……

“让我愣住的不是内疚……

“让我愣住的不是一种可怕的失落感……

“让我愣住的不是对死亡的厌恶……

“让我愣住的不是对于不公的心碎与义愤……

“让我愣住的不是因为我想到自己不被爱着……

“让我愣住的不是因为我想到上帝是冷酷的……

“让我愣住的是，我完全没有朝任何方行走的理由。让我走过了这么多年死气沉沉、毫无意义的岁月的，是好奇心。”

同样，好奇心也是让读者一直读下去的理由。

情节——这一概念本身，以及任何情节的结构——都依赖于读者的好奇心。

冯内古特创意写作101的第三条法则:“每个角色都应该有其想要的东西，哪怕只是一杯水而已。”

任何角色想要的东西，都会引发读者的好奇心和悬念。角色到底能不能得到其想要的?

库尔特在课上告诉我们，即使是一个小问题也能让读者读下去。工作坊里的一个修女写了一个故事，这个故事里的角色也是一个修女，她的牙齿里一整天都卡着一根牙线。她会把牙线拿出来吗?库尔特对此很高兴。此后，他一直用这个细节来谈论悬疑和情节。想必他很惊讶吧，自己对卡住的牙线产生的好奇心把他带进了那个故事里。

“没有人能够不把手指探进嘴里就把那则故事读完……当你排开情节，排开了人的渴望，你就推开了读者，这么做就小气了。”

更复杂和重要的事情也许正在发生——例如，那位修女可能正在抗癌，或者想要纠正她的习惯——但这种基本的“她会不会得到她想要的东西”是一个脚手架，种种繁复的结构只能建立在它之上。

冯内古特说：

“我向你保证，没有任何一个现代的故事框架，乃至于没有情节的故事，会给读者真正的满足感，除非某个地方偷偷夹带了某一个老式情节。我不会称赞情节是对生活的准确再现，情节是让读者一直读下去的手段。”

冯内古特举了几个“老式情节”的例子：

“……有人惹了麻烦，然后脱离困境；有人失而复得；有人遭受冤屈，然后复仇；灰姑娘的故事；有人走下坡路，不断往下走；情人彼此相爱，很多人加以阻拦；正人君子被诬告有罪；罪人被当成了正人君子；直面挑战，然后获得成功或遭遇失败；说谎，偷窃，杀人，通奸。”

单一的核心冲突是故事架构的中心。

没有冲突等于没有情节。

动机和冲突是启动故事、让它保持行进，并化为特定形状的引擎。

我在阿肯色大学上的第一堂创意写作课上，我的老师——作家威廉·哈里森在黑板上画出了短篇小说情节的经典构形。由两条线组成，就像等腰三角形的边：最长的A线曲折上升到顶峰，而最短的B线从最高点直线下降。这样的一幅图现在可以在各种谈论创意写作的文本中看到。

用学术语汇来说：情节由开端、发展、高潮和结尾组成。

开端铺垫冲突。发展和障碍加剧了风险。当冲突达到顶点时，就出现了转折点或高潮：觉醒或顿悟发生了，一个决定被做出，或一个解决基本冲突的行动发生了。结局是最后的落幕。

一则经典的短篇小说就像一道几何证明题。或者像打喷嚏。啊——嚏！最后喷出的是复原的飞沫，抑或高潮。

故事的大部分都是曲折和反转。

"……如果你永远不让角色彼此对抗，那你就会让读者睡着……上演对抗是作家的职责，所以角色会说令人惊讶的话，揭露不为人知的事，给我们所有人教育和娱乐。如果一个作家没有能力或不愿意这样做，那他就应该退出这行。"

冯内古特的创意写作101法则第六条："做一个虐待狂。不管你的主角有多可爱和无辜，都要让可怕的事情发生在他们身上——这样读者才能看到人物的本质。"

还要引诱读者翻页。

“好奇心害死猫，”我妈以前经常这么说，然后停了一会儿，她会补充道，“但满足感让猫再次起死回生。”

研究人员发现，无论是赌博、看球赛还是阅读谜团，“人们都是为了知晓结果而投入……但人们又不希望太快知晓结果”。

读者还需要路标和提示。

“一路上，你必须给读者提供熟悉的道具。还记得吧，在《爱丽丝梦游仙境》中，当她掉进洞里，周围都是熟悉的、令人心安的东西：橱柜、书架、地图、橙色橘子酱……”

“应该特别关注故事开头和结尾处焦点人物的吉凶状态。讲故事的人照例会提供帮助，会在关键节点强调人物处于高、低还是中等水平的吉凶。”

有时你需要重复，通过人物的回忆或其他方式对已经发生的事情进行总结，这样可以让读者知晓利害关系，增加筹码。

根据西德尼·奥菲特的说法，“（库尔特）说唯一能教给别人的就是发展。一个故事必须有发展和变化”。

情节的曲折，说的就是这么一回事儿。

在“油管”（YouTube）上，你能看到冯内古特绘出故事的形状——这是对于这一主题最有趣、信息量最大的讨论。

至于为什么会有这样一场讨论呢，那本身就是一个故事。它是有情节的。我希望在讲述这个故事的同时，能更多地说明冯内古特的情节策略。

起因是这样的：很久以前，冯内古特在1947年提交给芝加哥大学的硕士论文（见第三章）中提出了一种理论，认为一个文化里的神话跟其他的人类学的人工产物一样，且人类学家应该承认这一点。他专注于迅速变化的新神话，特别是北美印第安人叙事。

这篇论文遭到了拒绝。他退学了，从未拿到学位。

将近20年过去了，到了1965年，当他初到爱荷华大学时，他再次尝试。我们就假设这是这个故事的动机吧：他比以往任何时候都更想拿到一个学位，因为这是他第一次在大学教书，周围都是拥有硕士学位的学者和作家，他更强烈地感到自己缺了一个学位。

他只需要一篇学位论文。于是他又写了一篇，名为《简单故事中吉凶祸福的波动》。主题和他的第一篇论文一样，但这一次他认为所有故事的形状都可以被视作文化产物。论文以这样一句断言开篇：

“人类讲述的故事是所有人工产物中最复杂、最迷人、最具启发性的。”

他通过对D. H.劳伦斯的一则短篇《请买票》来证明他的观点，并且将这个作品完完整整地呈现出来，占了他论文的一半篇幅。他解释说，它“……必须一字不落地呈现出来”。因为“……只呈现碎片的话，就像打碎的花瓶碎片一样，无法揭示出‘它的形态’”。

“……使其成为文化宝藏的恰恰是被人类学家所忽视的——这则故事的讲述方式。”

他暗示这是一种科学的方法：“……有可能……对任何故事的形式进行……一种有益的分析……以这种方式对同一故事进行独立分析的其他研究者将得出几乎相同的结论。”

他展示了一个由两条线组成的折线图。左边有一条垂直线。水平线从垂直线中间开始，横穿页面。

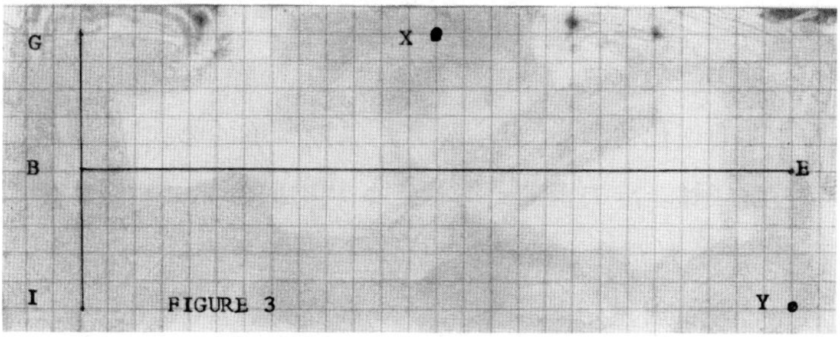

《简单故事中吉凶祸福的波动》中的基准线，芝加哥大学，1965年

纵坐标表示“吉凶的程度……顶部是吉，底部是凶，中间是零值，表示一般，或者也可能是睡眠”。横坐标代表一个“生活如常”的中立点，他在此之上阐明人物命运的上下起伏。

“现在可以看出……吉凶之间的波动在很大程度上决定了形式。

“这个图解是为了说明，当一个或多个焦点人物经历了命运的变化，故事就开始了，当波动停止时，故事结束。其他都是背景。

“当代的故事大师非常关心故事的形式，因为他们痴迷于娱乐听众，不想让人感到无聊，而是要让人心满意足。

“对于现代讲故事的人来说，如果你希望得到人们的喜爱的话，有一条广为流传的金科玉律，我无法确定是谁写的，但大致是这样的：‘讲故事的人讲故事的方式必须让读者不觉得自己的时间被浪费了。’”

在这篇文章中，冯内古特阐述了几个经典情节以及一些不寻常的现代情节。《丑小鸭》是“最简单的公式”，看起来像一座楼梯。卡夫卡的《变形记》从中间开始，然后猛然跌破水平线，此后再也没有上升。

他将《创世记》中的圣经故事称为“形状奇特的人工产物”：

“它的开头几乎跟所有创世神话一样……用了‘丑小鸭’曲线……但看看某个讲故事的天才在《创世记》中登上台阶顶端时的做法……：他将亚当和夏娃逐出了他刚刚为观众们创造出来的完美宇宙。”

他以花哨的言辞作为这篇论文的结尾：

“上述图解法可以展现任何故事的骨架，化为骨架的故事便可以被人客观地审视和讨论……

“我希望人类学家会对这样的文学骨架感兴趣，因为他们习惯了跟裸露的骨架打交道。”

文章的附录是《17个选自不同出处的故事的简易骨架》，

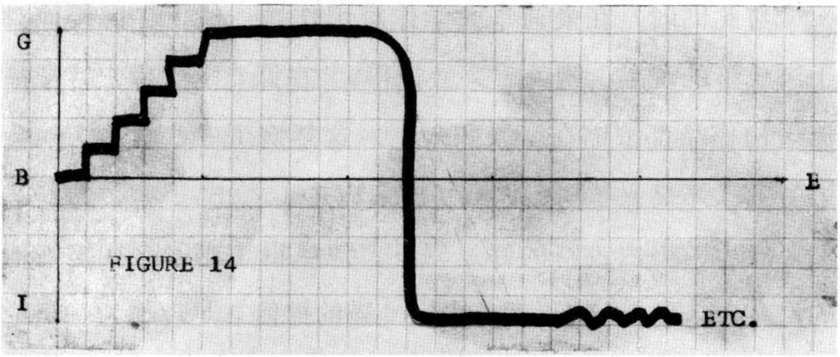

《简单故事中吉凶祸福的波动》中“亚当和夏娃”折线图，芝加哥大学，1965年

里面是用铅笔在廉价的浅绿色绘图纸上画的插图，不禁令人捧腹。

尽管他再次力图说服人类学家，故事的形式跟其他形式的文化产物一样动人、值得研究，但芝加哥大学人类学系还是没有通过他的论文。再一次。

当然不会通过啊！论文的一半都是转载的故事。用语不正式，也没有学术性。在最后一句，冯内古特的异想天开到达了顶点。尽管他确实就故事的文化含义提出了一些启发性的问题（比如质疑20世纪50年代的编辑坚持认为故事应以“舒适的情景”中的人物开始，并以“更舒适的情景”作结的观点），但这篇论文强调的是情节的形状，而不是这些形状为什么是人工产物。

他当时对第二次不通过的回应是：“他们可以飞到月——球——上——操蛋吧。”

与此同时，在爱荷华大学作家工作坊，他正在讲授他对于讲故事的观点。鲍勃·莱曼记得，“在课堂上，库尔特把一切虚构作品都浓缩在一张图表上，这惹恼了一些学生，他会说：‘有人不高兴了啊，你给我出来！井底之蛙！’”

然后，冯内古特的好运飙升。他赢得了喝彩。在拒绝他的论文6年后，芝加哥大学决定《猫的摇篮》足以作为一篇论文，并于1971年授予他荣誉学位。

随着时间的推移，他亲自上阵开讲座，谈论故事的形状，在黑板上讲解他的论文中所写的内容。

作为这则关于成功的故事的结尾，他基于那篇没有通过的论文的写作课变得极其引人入胜、富有教育意义，现在你可以在“油管”看到。

冯内古特走了。但是他论文的骨架还在。

故事结束。

这个故事谈到了欲望、失望、冲突、惊喜和胜利！

但是让我们回到角色命运发生决定性转变的地方。转折点或高潮可以是内在的——角色改变了主意或有了新的领悟；也可以是外部的——一些事情的发生迫使冲突达到了顶点。也有可能是两者都有：一个角色意识到什么事情或者做出一个内在的决定，然后因此采取行动。

在《上帝保佑你，罗斯瓦特先生》中，艾略特·罗斯瓦特的朋友查理正在质问也许已经疯了的艾略特。正在附近打扫卫生的清洁工诺伊斯·芬纳蒂开始偷听。

“诺伊斯·芬纳蒂说话了。‘他只听到重重的咔嗒声。’他上前仔细查看艾略特……‘他听到了咔嗒一声，伙计。伙计，他听到那咔嗒一声了吗？’

“‘你到底在说什么？’查利问他。

“‘你在监狱里就会学着听那玩意儿。’

"'我们现在不在监狱里。'

"'这不是只有监狱里才有。但是在监狱里，你得越来越多地用耳朵去听……你开始了解一个男人，他内心深处的什么东西让他非常困扰，也许你永远也不会发现那究竟是什么东西，但就是那东西让他做出各种举动，让他看起来眼里藏着秘密。你跟他说："冷静，冷静，放松下来。"或者你问他："你为什么还要一遍又一遍地做这些傻事？你明明知道这只会让你再次陷入困境啊！"只有你知道，和他争论是没有意义的，因为是他内心的东西驱使他行动。那东西说"跳"，他就跳。那东西说"偷"，他就偷。那东西说"哭"，他就哭。除非他年纪轻轻就死了，或者他一路顺风顺水，没出什么大问题，他体内的东西才会像发条玩具一样停下来。你在这个人旁边的监狱洗衣房工作。你认识他20年了。你一直在工作，突然你听到他传来的咔嗒声。你转头看着他。他停下了手中的活。他已经冷静下来了。他看起来真蠢。他看起来真可爱。你看着他的眼睛，秘密消失了。那时他连自己的名字都说不上来。他回去干活了，但他再也不会和以前一样了。那个让他如此苦恼的东西再也不咔嗒作响了。它死了，它死了。那个人必须以某种方式发狂的人生阶段结束了！'"

"重重的咔嗒声！"这个描述内部转折点的词多精彩啊！

例如，在《自动钢琴》中，主角保罗最终被关在了他对手旁边的牢房里。他感到一种“奇异的情感”，他花了一段时间才理解：

“在他井然有序的一生中，这是他第一次与另一个人共患难。”

几页后，一个外部转折点冒了出来，同时也是一处绝佳的自我解析：

“最古老的岔路口又出现了……选择一条路，放弃另一条……这纯粹是内心活动。但凡6岁以上的孩子都认得这个岔路口，知道好人会怎么做，坏人会怎么做。在世界各地的民间故事里，这种岔路口都是常见的，好人和坏人——无论他们穿着皮套裤、缠腰布、拉美毛披肩、豹皮，还是银行家的灰色细条纹西装——都会在这里分道扬镳。

“坏人变成了告密者。好人没有。”

保罗便是如此回答了他老板克罗纳提的幽灵衬衫会领头人是谁的问题。

“但我开始作解释了，这违反了我每次教写作课时都会定下的一条法则：你只能说出发生了什么。如果你自大到认为你能够告诉我为什么发生了这些事，那你就可以走人，不要上这门课了。你不知道。你不可能知道的。”

“展现出来，而不是说出来”是小说教学和写作中老生常谈的告诫。这句话表达的观点很重要。虚构作品试图刺激读者去体验正在发生的事情，并模拟现实，没有向导来为你解析正在发生的事情有什么意义。作出解释就破坏了那个虚构域。在写作课堂用语中，“展现出来，而不是说出来”通常意味着用对话创造一个场景，而不是讲述一个背景故事或者一个角色的观点，等等。对于场景的使用方面，这句箴言可能被滥用了。所有的写作方法——叙述、总结和场景——共同组成一个故事。然而，情节的全部意义在于它的“展现”。读者经历发生的事情，而发生的事情产生影响。

“看起来，库尔特最想在故事里得到的东西，”他的学生罗尼·桑德罗夫回忆道，“是惊讶。他曾经考验我们，让我们在翻开书的下一页之前停下来，试着去猜我们读到一半的句子会如何结尾。”“你几乎总能猜对。”他说。

他告诫我们远离乏味。他极力主张原创性、新鲜感。

在《猫的摇篮》中，章节的形状如同笑话。笑话取决于出人意料的转折。那些惊人的结尾如同剧情的奥秘般让读者手不释卷。

“这就是讲好故事的秘诀：撒谎，但你的‘编排’要滴水不漏。”

“‘我不相信那真的发生过。’”霍普反对道。

“‘管它是真是假，’‘将军’说，‘只要符合逻辑就行。’”(《基础训练》)

关于“编排”，有一个绝佳的例子——研究一下冯内古特在《猫的摇篮》中是如何使用虚构材料“九号冰”的吧，看看他第一次植入这个概念的时候，是如何用愈加惊人的信息诱惑我们的，然后再看看“九号冰”对所有角色命运的戏剧性影响。你也可以用此方法来研究“博卡玛鲁”这个禁忌仪式，或者任何你选择的科幻片段。

在《囚鸟》中，萨科和范泽蒂的真实故事被巧妙地安排在虚构作品中，冯内古特使用的恰恰就是我们构思虚构作品的方法。他展开他们的故事来吸引和娱乐读者，不仅仅通过小说，而更重要的是通过他迫切想要分享的萨科和范泽蒂的历史来抓住读者。

有时候，真实的生活故事——比如他俩的故事——会遵循本章提出的关于不断娱乐读者的全部建议。

即便如此，经过再次讲述时，这种“编排”必须塑造出一些“滴水不漏”的东西。

冯内古特在论文中写道:“至于D. H.劳伦斯的故事《请买票》,我极度不愿意用图表来描述它,因为它绝不是一个简单的故事。它充斥着骇人的心理效应,跟这个相比,情节根本算不了什么。总而言之,让我们看看它在叉子上是什么样子。”

好笑。是的,他说情节根本算不了什么。但是让我们看看情节是怎么运作的,在他的图表——“叉子”上。

库尔特是一个务实、有趣、真诚、说反话的人。

想想看《猫的摇篮》中的这段话:

“我面前翻开的这一页上有一段《博克侬之书》的引文。这些字从纸上跃入我的大脑,随之被欣然接受。

“这些字是对耶稣给的一条建议的改述:‘恺撒的归恺撒。’

“博克侬的改述是这样的:

‘不要注意恺撒。恺撒完全不知道到底是怎么回事。’”

你也许会说,情节是“恺撒”。情节可能不是真正发生的事情,但它是一种管理工具,一种必要。它让读者持续阅读下去。可能还不止如此。毕竟,发生了就是发生了。这很重要。

“牛仔故事和警察故事以枪战结束……因为枪战是收束这类故事的最可靠的机制。以死亡宣告‘结束’，这是一种多么刻意的方式啊。”

新手也会这样做。在亨特学院的本科生小说工作坊，学生们用死亡收束了这么多的故事！我当编辑时发现，除了开头以外，结尾是最需要润色和修改的。也许是因为结尾是刻意而为的，也许是因为退场是如此精妙，可以留下不小的印记。比起故事的其他部分，人们在结尾处更重视节奏和字词本身。

“随着我50岁生日的临近，同胞们的愚蠢决定令我越发愤怒与困惑。然后我突然开始同情起他们来，因为我明白他们是多么无辜和自然地做出了如此令人憎恶的行为，造成了如此令人憎恶的结果：他们只不过是在尽最大努力像故事书上的虚构人物一样生活。这就是美国人经常朝彼此开枪的原因：这是短篇小说和书籍结尾处惯用的一种文学手法。”（《冠军早餐》）

在采访中，冯内古特表示：

“这就是从事短篇小说行业的可怕之处……你必须成为

真正的结尾专家。而现实生活中没有任何事情有结尾。”

“在我看来，任何关于人的故事的恰当结局——因为生命现在成了一种将地球紧紧包裹住的聚合物——应该是同一个缩写，我现在出于喜欢常常这么写，那就是‘ETC.（等等）’。

“于是为了承认这种聚合物的连续性，我用‘于是（And）’和‘因此（So）’作为这么多句子的开头，用‘……等等（and so on）’作为这么多段落的结尾。

“等等。”（《冠军早餐》）

第二十六章

角色

在冯内古特笔下如同骨架一般的故事和他的论文中，“主角”并不是库尔特·冯内古特，而是冯内古特和他论述情节形态的论文。

这样似乎是说得通的，因为正如前文所言，冯内古特像关注角色本身一样强烈地关注角色所传达的观念。在《时震》中，他虚构的另一个自我解释道：

“如果我把时间浪费在塑造角色上，”特劳特说，“我就永远没法去关注真正重要的事情：不可抗的自然力量、残酷的发明，那些荒谬的理念、政府和经济……相比之下，男女主人公都显得无关紧要。

“特劳特也许说过——说我说过也可以——他创作的是人物漫画而不是人物。此外，他对所谓主流文学的敌意并不是他独有的，这种敌意在科幻小说作家中很普遍。”

在《冠军早餐》里，叙述者说：

“我同意基尔戈·特劳特关于现实主义小说的观点，同意他说的现实主义小说是对吹毛求疵的细节的积累。在特劳特的小说《泛银河记忆库》中，主人公身处一艘长200英里、直径62英里的宇宙飞船。他在附近的图书馆分区里拿了一本现实主义小说。他读了60页左右，然后把书还了回去。

“图书管理员问他为什么不喜欢这本书，他对她说：‘我已经了解人类了。’”

冯内古特指出，《看不见的人》作者拉尔夫·埃利森对他的角色没有任何的喜好和兴趣，同样，《长夜旅程》作者塞利纳也没有。他告诉采访人，他也没有，原因是类似的。

“我努力让我的故事不涉及深刻的爱，因为一旦这种特定的主题出现，就几乎没法谈论其他任何事物了。读者不想听到关于其他任何事物的话。爱让他们痴狂。如果一个故事中的人赢得了真爱，故事就这么结束了，即便第三次世界大战即将打响，飞碟遮天蔽日，也于事无补。”

在《自动钢琴》中有一个关于“现实主义”婚姻对话的例子，非常珍贵，令人捧腹，也就是夫妻们经常会不自觉陷入的那种争论。我想把它整体呈现出来，因为不这样做的话，就仿佛只展示出一个花瓶的一块碎片。但它太长了。

尽管冯内古特作了免责声明，但他确实拥有一种神奇的能力，可以凭空变出人物，刻画他们，并让他们为故事服务。敏锐地观察他的作品，就可以从他那里收集到很多“角色贩卖”的信息。

诚然，冯内古特在塑造饱满角色方面的专长也许不如一位精通现实主义的作家。他谈到的也更多是情节和开端，而非人物塑造。不过他确实也提出了以下建议：

“读者不可能同时对几十个角色保持同样的关心。一旦读者弄不清谁是谁，他就会困惑，然后觉得无聊。所以我们把所有重要的动作和话语都交给少数几个角色。我们在创造星星。我们实际上是在对观众说：‘只要把目光集中在星星身上，对他们略微有所了解，那你就什么也不会错过。’”

冯内古特创意写作101的第二条法则：

“至少给读者一个他会支持的角色。”

《泰坦星的海妖》中有这样一个例子：

“‘印第安纳州的印第安纳波利斯，’康斯坦特说，‘是美国第一个有白人因谋杀印第安人而被绞死的地方。那种会因为谋杀一个印第安人而绞死一个白人的人——’康斯坦特说，‘那种人对我胃口。’”

我不知道你是怎么想的，我立马就开始支持一个因为那种原因而喜欢那种地方的角色。那种角色对我胃口。

角色会自己成形。他们的话语和行动蕴含着惊人的表现力。冯内古特在《冠军早餐》中对此进行了评论。

“我总算把他创造出来了。我给他起了个名字：哈罗德·纽康·威尔伯。我授予他银星勋章、铜星勋章、军人勋章、优良品行勋章和一个带有两簇橡树叶的紫心勋章，这使他成了米德兰市里获得勋章第二多的老兵。我把他所有的奖章都放在一个梳妆台的抽屉里，压在他的手帕下面。

“他继续盯着我，尽管我现在想让他停下。对于我创造的角色，我的控制是这样的：我只能大致引导他们的动作，因为他们是如此庞大的动物。我得克服惯性。我并不像是通过钢丝和他们连在一起的，我更像是通过一根旧皮筋和他们相连。”

这是塑造角色最神奇、最有收获的事。他们给你展现一两件事物，从而开始塑造你。

你确实可以加以控制——或者你可以完全控制——你自己对他们的态度。

由于冯内古特既是一位幽默作家，也是一位严肃小说家，人们把他比作了他极其崇敬的马克·吐温。1979年，他应邀在康涅狄格州哈特福德的马克·吐温故居竣工100周年纪念日上发表演讲。

“现在我引用这所房子前主人的话：‘当我在小说或传记中发现一个刻画得很好的人物时，我通常会对他产生浓厚的个人兴趣，原因是我以前认识他——在河边见过他。’

“我要说，这一种极其基督教的说法，是对耶稣八福的呼应。”

在登山宝训里的耶稣八福中，耶稣祝福了众人。冯内古特继续说明道，吐温的意思是，每个人都是可识别的，每个人都是河流的一部分。

作为作者，冯内古特创造的人物几乎没有一个是卑鄙的。他暴露人物的缺点，揭穿人物的伪装。他让一些人以卑鄙的方式行动和思考。但是由于他从宏阔的人类学视野看待人类，每个角色都在宇宙中有了自己的位置，而这个位置从来都不是纯粹的善恶那么简单。

他很早就学到了这种体面，尤其是从一个被他父母雇来做厨师、管家和杂工的非洲裔美国妇女那里学到的。

“我基本上是由一个叫艾达·杨的女人养大的……她仁慈、智慧，给了我体面的德育，对我也非常好。她对我的影响不亚于任何人……我的信仰中同情、宽容的一面就来自聪慧的艾达·杨，也来自我的父母。”

《五号屠场》中的罗兰·韦利“愚蠢、肥胖又刻薄”。冯内古特展示了韦利的残酷思想和行为。“他总是被别人抛弃……”，他讨厌被抛弃。他实施了报复。但冯内古特告诉我们，韦利“才18岁”，“正要结束他不幸的童年”，渴望归属感。他幻想回家后向他那人生失意的父母吹嘘与他并肩作战的伙伴（数量为零）。他也是拯救主角比利·皮尔格林的人，要不是韦利“咒骂他，踢他，扇他耳光，让他动起来”的话，比利·皮尔格林在战争中那如同僵尸般的反应早就让他死了无数次。

这种事情在冯内古特的作品中一次又一次地重现——命运让一个令人厌恶的角色变成了让人生出现有益进展的催化剂。

在库尔特的工作坊，我写了一个故事，故事基于我在我长大的地方——圣地亚哥——的康乃馨冰淇淋店里曾经服务过的三个人：一个肥胖胆小的中年男人，以及他年迈的父母。每周日做完礼拜后，他们都在同一时间出现。他们坐在同一个摊位上，坐同样的位子，点同样的东西。他们总是留下一个10分的硬币。

他们让我生气。看着他们，特别是儿子，我感到窒息。在我的故事里，女服务员捉弄了他，意图刺激他，让他不再与父母勾结起来压制自己，同时还自鸣得意。

库尔特不喜欢这个故事，他认为很刻薄。

我很少有刻薄的时候，即使是我小时候对其他小孩子也没有过。所以对我来说，在一个故事里刻薄一些是一种延展，可能还略微有助于我的心理健康。话虽如此，要让那个人得到自由还有许多其他的解决方案，也都不难想到。库尔特温和的反对让我牢记，比起猛然刺激你的角色、刺激其他人甚至你自己，你还有更善良的选择。

"'孩子们，我只知道一条法则——你他妈必须要善良。'"（《上帝保佑你，罗斯瓦特先生》）

对 比

梅洛-庞蒂[1]在《意义与无意义》中写道：

"我们在自然界中感知到的每一种颜色都会引发其补色的出现；这些互补色相互突显。要在一幅画中画出阳光照射下的色彩……如果你在画的是草，不仅要用绿色，还要有会使绿色焕发生机的互补色——红色。"

绘画如此，讲故事也是如此。

韦氏词典对"陪衬"的定义是："一个人或物与另一个人或物形成对比，从而强调和增强了另一个人或物的品质：烤蔬菜的泥土味是奶油山羊奶酪的酸味的完美陪衬。"

比利·皮尔格林面色苍白，步履拖沓，迟钝麻木。罗兰·韦利则无礼、粗俗、直言不讳。

两人之间的对比凸显了彼此的性格。

1 莫里斯·梅洛-庞蒂（1908—1961）：法国哲学家，代表作有《知觉现象学》《行为的结构》等。——译注在《茫茫黑夜》的前四章，以色列的狱警们先后执勤，而他们都是大屠杀幸存者。他们对那场浩劫的不同反应揭示并强调了他们的个性。他们的观点共同描绘出纳粹造成的可怕创伤，无论采取何种立场都无法逃脱这些创伤和道德伤害。通过将这些幸存者并置，冯内古特在完成概述的同时也实现了独特的人物塑造。

在冷战时期的太空竞赛期间发表的故事《载人导弹》写的是两个男人在通信。他们的儿子都是坠毁的宇航员。但一个是俄罗斯人，另一个是美国人。

在我认为库尔特写过的最温柔的故事《亚当》中，两个男人在芝加哥一家妇产医院的候诊室里。其中一个魁梧凶恶、神似“大猩猩”的人抱怨道：

“我现在有七个女孩……就算十个跟我个子一样的人，我也能把他们打个屁滚尿流。但是，我得到了什么？全是女孩！你这种小王八蛋，奈特曼，你想要个男孩，砰一声！你就有了。”

克内希特曼是一个难民营的幸存者，瘦瘦的，有点驼背。文中暗示他的德裔犹太亲戚都死在了难民营里。他回答说：

“男孩，女孩……都一样，只要他们活着。”

欺骗与复杂

冯内古特的作品中到处都是有秘密、会说谎的人物。

角色所隐藏和揭示的东西与事实之间的对比全方位强化了人物塑造。这也是挑动紧张气氛和好奇的绝佳工具。

“伟特在独自旅行。他过早秃顶，身材矮胖，肤色也不好，就像廉价自助餐厅里馅饼的酥皮，而且他还戴着副眼镜，这样一来，在他认为有利可图的时候，他就可以振振有词地声称自己已经年过半百。他希望自己看起来羞涩，人畜无害。”(《加拉帕戈斯》)

伟特的欺骗会有什么效应？这个骗子什么时候才会被拆穿？

秘密和谎言可以由自己掌握，而不必刻意欺骗他人。也可以部分或全部地对自我隐藏。

我的第一位创意写作老师——作家威廉·哈里森——提出了一个贯穿我整个小说创作生涯的观点：“一个角色想要的和他害怕的往往是一回事。”

同一个角色的内部冲突使得这个角色更加复杂、扣人心弦，而且可信。

在冯内古特的短篇小说《福斯特投资组合》中，赫伯特·福斯特是一个闷头拼命工作的人，尽管他通过投资，一直赚着不少钱。叙述者是一个在那家投资公司上班的人，他不明白为什么不缺钱的福斯特还忍受着这份苦差，还装穷。“这个人靠证券每天大概就有75美元进账，而他居然每周还要工作3个晚上来维持生计！”结果，这是为了表现出他性格中令人咋舌的花哨下流的一面。

《茫茫黑夜》的叙述者霍华德·坎贝尔是二战期间德美两国的双重间谍。这就说到了复杂性！冲突！秘密和不断吐露的谎言！自我在哪里？真相是什么？层层互补，抽丝剥茧。

故事讲述的是战后坎贝尔被囚禁在以色列的时候。如果是在他扮演双重间谍期间展开故事，就会被迫依靠情节。但通过对往事的回顾进行讲述，并且是在监狱里，这个故事就是以人物为中心——一个被迫为他自己，为他的奸诈和行为后果做出解释的人。

另一个极端是创造一个“无辜的”主角——一个搞不清状况、不知道要解决什么问题的人，这可能是引导读者进入故事的一种非常自然的方式。以侦探为主角的推理小说总是这样做。冯内古特经常用这种写法。例如，在上面提到的短篇《福斯特投资组合》中，“无辜”的叙述者调查了福斯特的金钱和工作习惯之谜。在小说《猫的摇篮》里，就像任何客居异乡的叙述者一样，主角一路探险，发掘出文化、地理、人物，即“人物—事件—地点—时间”的关系，似乎毫不费力地带着读者踏上了探索之旅。

反　应

“吉凶的强弱是由故事讲述者通过自己的阐述或故事人物的反应来表现的。如果故事中发生了一些看似不好或好的事情，但故事讲述者和他的角色都没有被打动，那么实际上就等于什么也没有发生。”

在《神枪手迪克》中，12岁的叙述者刚刚因谋杀一名孕妇被捕，他的父亲遭到了警察的殴打。

“‘看看你没用的爹，’他（父亲）说，‘我真是个没出息的人。’他对我的情况好奇吗，他没有表露出任何迹象。他如此戏剧性地沉浸在自己的无助和无能之中，以至于我认为他甚至没有注意到自己的儿子浑身都是墨水。他也没有问我刚刚经历了什么。”

“如果儿子没有被他父亲说的话‘打动’，也没有给读者提供如何解读的线索，会怎么样？如果只有父亲说的话会怎样？‘看看你没用的爹，’他说，‘我真是个没出息的人。’”

这样一来，你就不会懂得这两个角色的复杂性，最重要的是，也不会懂得儿子对父亲的理解和父亲对儿子的忽视。但是儿子对父亲的回应作出了反应。所以，确实有什么事情发生了。

在2001年“9·11”袭击后，曼哈顿苏豪区兴起了一个基层公共摄影项目，名叫“这里是纽约：摄影里的民主”。每个人都可以投稿两张照片，这些照片被复制，一张钉在墙上，一张穿在横跨两个小房间的细线上。我在那里做了几个月的志愿者，因为展览远远超出了大家的预期。很多照片上拍的都是在驻足观看的人。还有许多照片上是逃离的人，哭泣的人，麻木的人，或是互相安慰的人。他们都是作出反应的人。

展馆里鸦雀无声。人们看着照片。我看着正在看照片的人们的脸。

《五号屠场》中的比利·皮尔格林不记得轰炸后的德累斯顿是什么样子。那个地狱没有被描述。

皮尔格林最后记起的，是德累斯顿的狱卒们在窥看到德累斯顿被炸毁的废墟后回到屠宰场时那“惊异而悲痛”的表情。

“狱卒们本能地靠拢在一起，眼睛翻动着。他们实验般地换了一个又一个的表情，什么也没说，但他们的嘴往往是张开的。”

冯内古特提供的是他们的回应。他们的反应传达了敬畏、无言，以及一幅难以描述的景象。

化解异议

还有一种使用角色或叙述者的回应的方法，尽管很小，也可以用来平息读者可能持有的异议。例如，在短篇小说《亚当》中，读者可能会抗议："拜托，一个男人对他第七个孩子出生的反应不可能跟他对第一个孩子出生的反应相同。"

两位父亲在医院附近的酒吧喝酒时，索萨说出了这种异议，他对由于有了第一个孩子而无比欣喜的克内希特曼说：

"奈特曼，等你有了七个孩子，你再回来跟我说这个奇迹吧。"

现在，读者就有可能再次完全赞同克内希特曼的观点。

罗伯特·詹姆斯·沃勒1996年创作的长篇小说《廊桥遗梦》尽管写作手法低劣，却大受欢迎。其中有一段话是这样的：男人说，那个女人脱靴子的样子是如此性感迷人，他无法用语言或者他的反应来描述。

好吧，读者想，作者真懒，算了吧。

这部小说写得多么糟糕啊，但人们却那么买账，这让我很反感，所以我让跟我学小说写作的学生写一段话，尽可能用最撩人的方式来描述这件事。在5分钟内，所有人都有效地做到了——他们朗读自己写的描述时，大家的呼吸都急促起来，这就是证明。

然而，沃勒所做的很好地证明了这一观点：如果你有一个读者可能会反对的人物声音，在虚构作品中你是能够逍遥法外的。

行　动

在生活和小说中，性格和行动相互作用。

一个人固有的性格塑造了他的选择。反之亦然：性格源于选择和行动。

一个既定人格和一个出现的冲突情境之间的互动，从而激发选择和行动——进而揭示、改变或深化一个角色——这就是讲故事。

《茫茫黑夜》中，记录了一个女人和主角霍华德·坎贝尔的对话。

"'你变了好多。'

"'人应该被世界大战所改变，'我说，'不然世界大战还有什么意义？'"

海明威曾劝告他的朋友玛琳·黛德丽："永远不要把移动

和行动混为一谈。”

身为小说作者的你也不应该这样。

想象一个孩子在地板上跑来跑去，发脾气。那就是移动。

追捕抢劫犯的警察。这更是移动。

真正的行动结合了领悟——也就是角色被“打动”的时候——以及角色由此产生的行动，这种行动会对角色自己或他人的生活造成影响。

创造角色

在爱荷华，库尔特告诉我们，如果我们不能凭空召唤出一个角色，那就以某个电影明星为基础来进行改编。

这是一个多么匠气的建议啊，我们很震惊。

事实上，你可以根据任何人来塑造一个角色。一旦灵感涌现，再加上反复修改，你的角色就会变得个性化。花功夫就行。

有时角色确实是凭空出现的。或者说看似如此。冯内古特创造了许多古怪的角色和生物：科尔霍里教派的布拉普赫的沙阿、和音人、特拉法玛多人，科科波诺派等。甚至机器也变成了角色——艾皮卡克、高酷比和曼达拉克斯等。

他是怎么做到的？

我不知道。但我知道想象力是可以培养的，任由其驰骋，再加上练习，就可以培养。很明显，冯内古特一直任由他的想象力飞驰。

不过，冯内古特的大多主角都是以某个人为原型的。

在他的第一部未发表的小说《基础训练》中，核心人物“将军”的“原型是冯内古特父亲的表亲，他在第一次世界大战期间曾在彩虹师担任上尉，对他的家庭和农场实行军事化管理”，据库尔特的朋友马杰·费利说。

《自动钢琴》付梓后，他在通用电气的同事们都在激烈谈论书中人物的原型是公司里的谁。很多角色都对应了他认识的那些人，尤其是主要“人物”——GM。

他以前的学生——作家约翰·凯西，在早期的采访中问冯内古特:“《泰坦星的海妖》里的温斯顿·奈尔斯·拉姆福德是不是罗斯福的文字版画像?”

“事实是，罗斯福是书中的关键人物，尽管我当时的冲动是写罗斯福对经历了大萧条和第二次世界大战等事件的年轻时候的我的影响。然而，在书中占主导地位的是罗斯福，而不是我……”

罗斯福在冯内古特10岁到26岁期间担任总统，是冯内古特童年时期“最伟大的人物之一”。冯内古特告诉凯西，角色拉姆福德和罗斯福的相似之处在于“他们都怀有做出改变的巨大希望……甚至是幼稚的希望”。

引用《泰坦星的海妖》中的一句话：

“他（拉姆福德）希望通过火星伟大而难忘的自杀来改变世界，让世界变得更好。”

冯内古特被问及还有哪些角色源自现实生活时回答说：

“嗯，例如《上帝保佑你，罗斯瓦特先生》里的艾略特·罗斯瓦特——真的有那么善良的一个人。只不过他很穷，是一家酒肆的会计。我们曾共用一间办公室，我能听到他安慰那些收入很少的人，对每个人的称呼都是‘亲爱的’，他予人爱和理解，而不是金钱。我听到他在给别人提供婚姻咨询，我就问他情况，他说，人们一旦告诉你他们赚的钱有多少，就会觉得他们必须把一切都告诉你。我以这个非常暖心的男人为原型，在一本书里给了他几百万，任由他随便花。”

“(《猫的摇篮》里）心不在焉的科学家费利克斯·霍尼克博士是对通用电气研究实验室的明星欧文·朗缪尔博士进行的滑稽化处理。我对他有所耳闻。我哥哥跟他是同事。

朗缪尔非常心不在焉。有一次，他大声说他想知道，当海龟把头缩进去的时候，它们的脊椎是弯曲的还是收缩的。我把这写进书里了。有一次，他妻子在家给他端来早餐后，他在盘子下面放了小费。这段我也用进了书里。然而，他最重要的贡献是让我想到了我称之为‘九号冰’的东西，这是一种在室温下保持稳定的冷冻水。不是他直接告诉我的。这是关于他的实验室的一个传说……很早以前就传开了。”

《五号屠场》中的比利·皮尔格林等角色是以冯内古特的战友以及跟他关在一起的战俘为原型的。他在非虚构性的第一章里写到了其中一些人。一个名叫吉福德·博伊斯·多克斯的人，跟冯内古特囚在“同一个战俘营（IVB号营）”，他证实，“《五号屠场》中描述的有关当时历史事件的部分，就我个人对当时的记忆而言，是非常准确的，尽管当然冯内古特改动了人物的名字，并将不同人的个性并置在一起……”《五号屠场》的一份初稿中用的就是住所的实际名称：“我们在夜里到达IVB号营。”

冯内古特承认基尔戈·特劳特是以科幻作家西奥多·斯特金为原型的：

“事实上，在《（纽约）时报》上刊登的（斯特金的）讣告中就是这么说的……我只是很高兴，讣告在中间位置提到，他是库尔特·冯内古特笔下的角色基尔戈·特劳特的灵感来源。”

在短篇《漫漫路直到永远》中，冯内古特把自己用作模子。对于任何非常了解他的人来说，就目前而言，这是一张准确的自画像。

“‘你能来散个步吗？’他说。即便和凯瑟琳在一起的时候，他也是一个害羞的人。他通过心不在焉地说话来掩饰自己的羞怯，仿佛他真正担心的事情离他很远——仿佛他是一个正进行着一项任务的特务，在美丽、遥远和险恶的节点之间短暂地停留。这种说话方式一直是纽特的风格，就算是谈到他极其关心的事情时也不例外。”

在《在羞怯与廷巴克图之间》（1972年的一部糅合了他的几个短篇的电视作品的剧本）的序言中，冯内古特透露了为什么停笔去钻研了一段时间的戏剧电影后，他又回归了写作：

“我又成了印刷物的热衷者。我必须这样，我现在明白了，因为我想在我所有作品中都扮演一个角色。在印刷物中就可以做到。在电影里不知何故，作者总是消失。到目前为止，我所有拍成电影的东西都少了一个角色，这个角色就是我。

“我不是说我是一个光辉的角色。我只是说，不管好坏，我总是给我的故事动点手脚，把我自己放进去，我现在不能停下来。像大多数长篇小说家一样，我十分狡猾地做着这件事，所以作者不能被放到电影里。”

无论动不动手脚，一个人的自我及其各个方面都会在他笔下的角色身上表现出来。你越能涵盖和表达这些方面，你就成长得越强大，成为越好的小说作家。这么说吧，你会在河流里遇见自己。

第二十七章

散文即音效

“是的，这是塑造每个故事的前提，但作者必须提供语言和情绪。”

慵懒或尖锐，妖娆或极简：通过声音，我们可以学习和感受一篇文章的时间、地点、人物和意义。

小说作者还必须要提供对话。对话蕴含着真正的艺术。要是有人录下了别人讲的话，然后试图逐字翻译成智慧的散文，就会发现真实的对话是多么的循环、重复、犹豫，充斥着各种语气词，多么依赖音调变化和手势的使用。

纵然库尔特·冯内古特把他的印第安纳州方言形容成“带锯切割镀锌铁皮罐的声音”，但他的耳朵确实不错。

你可能也一样。要加以培养。

冯内古特过去经常大声朗读他的散文。他的成年子女记得在他位于巴恩斯坦布尔的书房里听到过他朗读。“他不断重写、重写、再重写，反复嘟囔着他刚刚写出来的东西，头时而前倾，时而后仰，做着手势，不断调整词语的音高和节奏。”他的儿子马克回忆道。

“在好望角的时候，我的确时常自言自语，我现在已经不这么干了，我也不太清楚为什么。我想，也许是害怕有人听到了然后把我送到疯人院吧。但我年轻的时候确实试过把各种对话念出来，也确实试过把一些句子念出来，听听是什么感觉的，是不是容易说出来。”

另外一些以散文风格著称的作家——例如格蕾丝·佩雷[1]——也会这么做。朗读时你听到的东西不同于你在心里默读的声音。

1 格蕾丝·佩雷（1922—2007）：美国作家，代表作有《人的小小烦恼》《最后一刻的巨变》《当天晚些时候》。——译注作为一个小说作家，你有可能会用声音做实验。根据你所讲述的故事，你可以模仿不同人物的话语，玩叙事风格，抑或改变语气。即便如此，作品里仍然可以识别出属于你自己的声音。

这是库尔特写给我和我来自南非的同学、友人斯蒂芬·格雷的一封信的一部分，他在信中提出了关于尊重自己的声音的建议。那是库尔特离开爱荷华大学作家工作坊后的那年夏天，我和斯蒂芬计划去科德角拜访他和他的妻子简。斯蒂芬有明显的约翰内斯堡口音，他写信给库尔特说，他们不能来，因为他急需看牙医。在第三段——也就是在他这封很棒的回信的中间——库尔特提到了一个极好的写作技巧：

对斯蒂芬·格雷是这样，对你来说亦是如此：不管你是谁，无论你来自何处，试着做自己，看看会发生什么。[1]

在语言方面，冯内古特没有太多要说的，但他要展示的可不少。下文是他对自己与语言的关系和用法的一点小研究，供你了解和参考。

库尔特·冯内古特的乐感不错。他经常提到音乐，总说音乐是灿烂的，是生命神奇的证据。

1 信中第三段冯内古特建议格雷“尝试做一个南非人，看看会发生什么（Try being a South African and see what happens）”。——译注

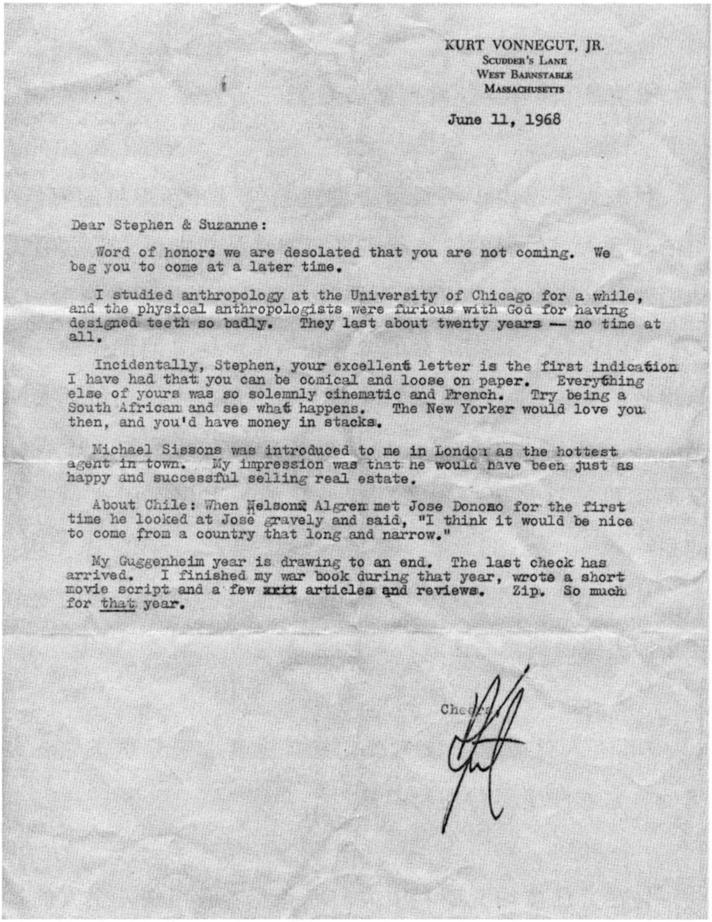

KURT VONNEGUT, JR.
SCUDDER'S LANE
WEST BARNSTABLE
MASSACHUSETTS

June 11, 1968

Dear Stephen & Suzanne:

Word of honor: we are desolated that you are not coming. We beg you to come at a later time.

I studied anthropology at the University of Chicago for a while, and the physical anthropologists were furious with God for having designed teeth so badly. They last about twenty years — no time at all.

Incidentally, Stephen, your excellent letter is the first indication I have had that you can be comical and loose on paper. Everything else of yours was so solemnly cinematic and French. Try being a South African and see what happens. The New Yorker would love you then, and you'd have money in stacks.

Michael Sissons was introduced to me in London as the hottest agent in town. My impression was that he would have been just as happy and successful selling real estate.

About Chile: When Nelson Algren met Jose Donoso for the first time he looked at José gravely and said, "I think it would be nice to come from a country that long and narrow."

My Guggenheim year is drawing to an end. The last check has arrived. I finished my war book during that year, wrote a short movie script and a few ~~xxit~~ articles and reviews. Zip. So much for <u>that</u> year.

Chee…

库尔特·冯内古特写给斯蒂芬·格雷和苏珊娜·麦康奈尔的信

“请上帝保佑，等我死了，我要有这样的墓志铭：

要证明上帝的存在，

他所需的证据，

唯有音乐。”（《没有国家的人》）

我敢说，冯内古特最可爱的造物便是《泰坦星的海妖》里的和音人。他们的“星球水星宛如水晶高脚杯一般歌唱”。他们“紧贴着他们洞穴的唱歌墙”，“振动给予他们滋养”。

冯内古特本人会演奏单簧管和钢琴。他早期创作的、并未出版的小说《基础训练》的青少年主角是一位抱负远大的钢琴师。在他出版的第一部长篇《自动钢琴》中，还有什么能比机械钢琴更好地象征工业化的去人化作用这一观点的呢？

是在《茫茫黑夜》中写得比摇篮曲变为震撼人心的变节还更加尖锐的纳粹的诛杀？

“总有人低吟着一段宣告，宛若童谣。一天中，它多次唱响。它在呼唤‘特别指挥队’。”

是在《加拉帕戈斯》中人们埋葬死者时用来安慰人的这个黑色幽默的说法？

“‘哦，好吧——反正他也不会写出贝多芬的《第九交响曲》。’”

在《没有国家的人》中，冯内古特写道：

音乐“……几乎让每个人都比没有音乐时更热爱生活。虽然我是和平主义者，但即使是军乐队也总会让我精神振作”。

“……非裔美国人还在遭受奴役时就送给了全世界一份无价的礼物，那就是……布鲁斯。所有的流行音乐……都源于布鲁斯……这是给世界的礼物吗？我听过的最好的节奏布鲁斯乐团之一是来自芬兰的三个男孩和一个女孩的组合，他们在波兰克拉科夫的一家夜店演奏。”

冯内古特多次在他的小说中提到他十几岁时喜爱的爵士乐。《咒语》的主角宣称：

“假如有一个完美的世界，那我真正想成为的是一名爵士钢琴家。”

不过，他弹“……鲁兹钟琴——放置在学院图书馆塔楼顶部的一大组钟……毫无疑问，我一生中最快乐的时光是我在每天的伊始和结尾演奏鲁兹钟琴的时候”。

在《欢迎来到猴子馆》中，有这样一段对一位钢琴家的描述：

“突然他挥手叩击，一阵粗俗、下流、华丽的爵士乐震动空气，那是20年代炽热而铿锵作息的鬼魅。”

重点在于：

语言是一种音乐。是静默与声音的嬉戏。是节奏、节拍、重音和音调。

声带、喉咙、舌头、鼻子、嘴唇：这些奇妙的器官，既用于说话，也用于歌唱。

库尔特·冯内古特从“镀锌铁皮罐”中创造出了自己的雷格泰姆乐、节奏布鲁斯，以及爵士乐。通过将声音转化成拟声词，他创造出了美妙迷人的音乐。他编造了语言、时髦词汇，以及稀奇古怪而又富有洞见的定义。以下是《自动钢琴》中的两个例子：

“保罗停顿了一会儿，为了听58号楼的音乐。……车床组是男高音：‘法拉噢噢噢噢噢克！叮！法拉噢噢……’焊工们则是男中音：‘哇啊啊啊啊啊嘿哈！哇啊啊啊啊啊！’冲床有地下室作为共鸣室，唱的便是低音：‘嗷咯噜呼！唐咔唐咔。嗷咯噜呼！唐咔唐咔……’”

“沙阿说：‘普卡·帕拉·科科，普卡·埃布·科科，尼博·阿基·科科。’

“‘这位外国绅士想要什么？’理发店的老板荷马·比格利问道。

“‘他想两侧都剪一点，后脑勺剪一点，头顶不要剪，’哈什达赫尔·迈阿斯玛咕哝着，他坐在沙阿旁边的理发椅子上，脸上盖着一条热气腾腾的毛巾。”

冯内古特会傻傻地加韵脚。以下是《猫的摇篮》和《囚鸟》中的两个例子：

“你要是想研究格兰法龙，不妨剥掉玩具气球的皮囊。”(《猫的摇篮》)

“我死无所谓，
死了就当睡，
就爱让果汁起飞，
果汁起飞，果汁起飞！”(《囚鸟》)

《猫的摇篮》中一半的笑料和智慧是通过古鲁独裁者博克侬那些欢快的宗教词汇传递的。“卡拉斯”“格兰法龙”“朗-朗”“斯图帕”“达夫勒”“普尔-帕”等。

博克侬人翁吧-帕-帕斯！

博克侬人翁吧-帕-帕！

"'有时候普尔-帕，'博克侬告诉我们，'超出了人类可以评论的范畴。'博克侬在《博克侬之书》的某处把普尔-帕译成'谎言风暴'，另一处则译为'神之怒'。"

虽然音乐和语言携手并进，亲如兄弟，但冯内古特对语言的崇敬甚至超过了他对音乐的热爱。

20世纪80年代，冯内古特和他的妻子——摄影师吉尔·克莱门茨一起观赏了一首创作于1570年左右的安魂曲的演奏，由凭借《万世巨星》和《猫》成名的作曲家安德鲁·洛伊德·韦伯设计了新的音乐场景。

"似乎没有人知道或在乎拉丁词的含义和出处。我们都是去听音乐的。"但是节目单上的英文翻译引起了冯内古特的注意："太可怕了！"译文承诺会呈现"一个与西班牙宗教法庭难以区分的天堂"。

所以他进行了改写。原始词句和冯内古特的词句节选如下，便于比较：

“我的祈祷不值得；
但是你，你因善良而对我慷慨以待，
让我不会在永恒烈焰中灼烧。”

“我的祷告无人听，
但你崇高的漠然确定，
我不会于烈焰中焚烧无尽。”

冯内古特找了一名拉丁学者把他的英语翻译成拉丁语，找了作曲家来谱曲，找了音乐家制作，还找了一个演出的场地。在当陪审员的时候，他结识了作曲家埃德加·格拉纳，埃德加花了一年时间为冯内古特的新词创作音乐。

“我会说，这音乐像是一种后现代、多重跨界、半古典的比波普柠檬酱。”

在听完原曲后的三年，据冯内古特说，“全国最好的一神普救主义合唱团”于1988年3月13日在布法罗上演了由他修改过的安魂曲。

“然而，等到一切都结束了，我却连一个字也没有听清。这就是音乐的压倒性力量……作曲家和表演者大获成功……只有我一个人感到失望，我是一个关注语言的怪人。

“我之所以试图为一首安魂弥撒创作新的语言而不是新的音乐，是为了表达一个观点：太初有言。”

“问题在于，地球是整个已知的宇宙中唯一使用语言的地方。这是地球人独有的发明，”冯内古特在《上帝保佑你，罗斯瓦特先生》中写道，“因为其他人用的都是心灵感应，所以地球人可以在任何地方找到一份相当不错的语言教师的工作。”

“生物想使用语言、弃用心灵感应的原因是，他们发现，有了语言，他们可以完成的事情多了不少。语言让他们变得活跃了不少。而心灵感应则是每个人不断地把一切都告诉别人，从而使他们产生了一种对一切信息的普遍冷漠。但是语言呢，其缓慢、狭窄的意义使得一次只思考一件事成为可能——他们开始从项目的角度思考。”

冯内古特的作品中遍布他创造和暗示的词汇。

“医生为西尔维娅的疾病创造了一个新词‘善心萎缩症’，他说这个词的意思是‘对运势不如自己的人的麻烦呈现歇斯底里式的漠不关心’。”（《上帝保佑你，罗斯瓦特先生》）

“德国人和狗一起进行了一场军事行动，这场行动的名字不言自明、令人捧腹。作为一项很少被详细描述的人类事业，单单是它的名字在新闻或历史记载中被提及时，都会给许多战争爱好者一种性交后的满足感。在战争迷的想象中，那是在胜利的高潮之后的一场神圣的、百无聊赖的性爱游戏。名曰‘扫荡’。”(《五号屠场》)

他关注“精准的炼字”。

选择对的词并不仅仅意味着选择一个含义最为准确的单词。艾灵顿公爵[1]所言非虚：“节奏至上。”下面是冯内古特更为精致的一段节奏：

“枪发出撕裂之声，仿佛全能的上帝拉开裤链。”(《五号屠场》)

下面有一些精彩的选词：

鲁迪·赫兹……“把一枚镍币砰的一声弹进自动钢琴里(popped a nickel into the player piano)”。(《自动钢琴》)

1 即爱德华·肯尼迪·艾灵顿(1899—1974)：美国作曲家、钢琴家。曾获得13次格莱美奖。——译注听听那头韵：p、p、p！听那“砰砰”的爆破音。

“‘所有这些人都在吹嘘他们是幸存者，仿佛这是一件非常特别的事情似的。但唯独死尸才没法说这话（But the only kind of person who can’t say that is a corpse）。’”(《加拉帕戈斯》)

由“is a”铺垫出节奏，然后落在“corpse”这个词上——拖得很长的“corrrr”音节，最后落在两个不甚分明的辅音上——这就是它的魅力所在。

炼字精准，说的就是在意义、声音和节奏方面正中靶心。

以及，关于“正中靶心”：还记得在讨论情节的章节里提到的冯内古特的箴言——在用你的故事刺激读者的同时，也别忘放一些熟悉的道具来安慰读者吗？冯内古特通过在他的散文中使用人们熟悉的话来提供这种安慰。

在《茫茫黑夜》中，他给出了识别双重间谍的密码：“一个理想主义的美国女孩组织——女童子军——经常唱的一首歌：

结交新朋，
不忘旧友。

一者是银，

一者是金。”

在《加拉帕戈斯》里探索扑朔迷离的未来的旅程中，翻译机器曼达拉克斯吐出了一些熟悉的引语。

“世间哀伤，或诉之口舌，或凝于笔墨，

其中悲极，莫过于‘假如可以从头来过！’”

——约翰·格林里夫·惠蒂埃（1807—1892）

“结局好，就一切都好。”

——约翰·海伍德（1497？—1580？）

正如他信仰基督教的朋友丹·韦克菲尔德指出的那样，身为无神论者的库尔特·冯内古特使用了大量的《圣经》典故。《圣经》曾经为广大读者所熟知，我们在历史上和现在都是一个以基督教为主导的国家。他将读者引向基督教中那些最能强化灵魂的价值观。

他让《加拉帕戈斯》中的曼达拉克斯提出：

“一个人为朋友舍命，大爱莫过于此。”

——圣约翰（公元前4？—30？）

他以这句墓志铭作为《冠军早餐》的开篇：

"他试炼我之后，我必如精金。"

——《约伯记》

他在《泰坦星的海妖》中化用了《圣经》里耳熟能详的话：

"原始太初，上帝化为天地……上帝说：'让我变成光！'于是，他就成了光。"

——温斯顿·奈尔斯·拉姆福德《钦定修正版圣经》

你如何给角色命名？

冯内古特经常给他的角色起相似的名字。为什么呢？据他说：

"不去翻上一本书只是一种倔强罢了。我就不会去翻上一本书。我想，这只是一种多年写作带来的倔强吧。去他妈的，他们叫什么真的不重要。你看看以前的几本《作家文摘》，里面关于如何为角色挑名字的文章登了一篇又一篇。"

不过很明显，他在《五号屠场》中小心地选择了比利·皮尔格林这个名字。他在早期的书稿中选过许多别的名字。“比利”是个很美国的名字。是个昵称，是个男孩的名字。还有别的国家历史上有过清教徒先祖移民吗？我们是从小学开始画着他们长大的，每年感恩节，他们和火鸡都是必不可少的。“皮尔格林”（Pilgrim）就是清教徒先祖移民的意思。

冯内古特的其他角色也有将读音与意义相结合的名字。《上帝保佑你》中的“罗斯瓦特”（Rosewater）：罗斯瓦特先生不仅让人联想到透过玫瑰色[1]的眼镜去看这个概念，还让人回忆起女人们轻敷玫瑰水的那个更为优雅的时代。《泰坦星的海妖》中的“拉姆福德”（Rumfoord）听上去仿佛是一个古老富庶的荷兰家族，类似于“罗斯福”这个姓。《囚鸟》中的“玛丽·奥鲁尼”（Mary O'Looney）听起来就疯疯癫癫的[2]。类似的例子还有许多。

在选择名字时跟随冯内古特的脚步吧。选择那些能让读者有意无意地产生你所希望的联想的名字，以及那些与角色的背景、地位、时代等相匹配的名字。换句话说，找到视觉和听觉上的“精确措辞”。

有时，冯内古特也会调皮地使用他认识的人的名字。很

---

1 “Rosewater”字面意思是玫瑰水。——译注
2 “Looney”有疯子的意思。——译注

多作家都这么干。例如，“斯塔巴克”是冯内古特在作家工作坊任教时的负责人，诗人乔治·斯塔巴克的姓氏。

在《加拉帕戈斯》中，他几乎不加掩饰地使用朋友、熟人，乃至名人的名字：“奥纳西斯夫人”就是奥纳西斯夫人[1]，“特奥多罗·多诺索博士”的姓氏和特点都跟他的朋友、在工作坊上教书的智利作家约瑟夫·多诺索一致，“二等兵热拉尔多·德尔加多”跟他的前女婿杰拉尔多·瑞弗拉几乎完全一样，而“玛丽·赫本”让人想到凯瑟琳·赫本以及他以前笔下各种名叫玛丽的角色、他战友的妻子玛丽·奥黑尔，以及他的学生玛丽·凯思琳·奥唐奈。

他成名之后便可以用内部消息来调戏读者了。他创造了自己的世界，重复使用角色的名字，给人一种亲切感。

等你写了很多小说并且成名之后，你也可以这样做。

在我初中的一次睡衣派对上，我们偷偷把朋友父母的性爱指南带到了她的卧室，然后大声朗读部分内容。“这会给你带来极致的愉悦。”书上在描述完某个性交方式后如是说。我们紧张地窃笑着。我们翻过这一页。下面是对另一个体位的描述。“这会给你带来极致的愉悦。”书上说。另一页，又一

1 即杰奎琳·肯尼迪（1929—1994）：美国第35任总统约翰·肯尼迪的夫人。——译注

个体位。“这会给你带来极致的愉悦。”

我们紧张的窃笑开始指向这段文本。接下来的一生中，我们一说到“会给你带来极致的愉悦”甚至是“极致……”都激起火山爆发般的大笑。

避免重复是好文章的基本原则。这已经是写作这行里的老生常谈。

理查德·耶茨在课堂上告诉我们，他曾经在报纸上看过一篇关于香蕉的文章。“香蕉”没什么替换词。香蕉就是香蕉。所以，耶茨说，那个记者重复了一遍又一遍——“香蕉”这个的，“香蕉”那个的——然后，在最后，他写道：“这个长长的黄色水果。”

通常，不管同一个单词或短语多么精妙，一遍又一遍地读到它，确实会令人生厌。这是懒惰的证据，这很可笑。

但有意为之的重复也可以异常有效。

在《五号屠场》中，主角和其他刚被俘的士兵一起待在德军的运输列车上。

“比利车上的大多数士兵都很年轻——还是些小孩子。但和比利挤在角落里的是一个40岁的人，以前是个流浪汉。”

“‘我曾经比现在还饿，’流浪汉告诉比利，‘我去过比这更糟的地方。这还不算太坏。’”

"'这还不坏,' 流浪汉第二天告诉比利,'这不算啥。'"

"这还不坏。"流浪汉在圣诞节那天,在第八天、第九天又说了同样的话。流浪汉一出现,读者便开始畏缩:他又要再说一遍。每一次都让人愈加心碎。

重复可以强化主题。"他们什么也不懂。"在《加拉帕戈斯》中,冯内古特的叙述者一次又一次地说道。他也经常提到"通往来世的蓝色隧道"。你不用翻开这本小说就能从这些反反复复、不断出现的句子中对它有所了解。

这种重复可以让读者感到舒适和期待,觉得自己参与到了文本中。

"就这样吧。"

这句话在《五号屠场》中出现了多少次?猜猜看。次数如此之多,都成了一句流行语,就像"第二十二条军规"一样。出现的次数如此之多,以至于无数讨论冯内古特作品的书籍乃至相关文章都把它用在了标题里。太多了,如果你在谷歌上搜这个短语,你会找到各种文身、歌曲,甚至还有一本杂志。

这是一个在英语中已经司空见惯的短语。光靠重复就能蓄势。

事实上,它是通过重复来颠倒意义。

最初,比利·皮尔格林解释说,他用这些词,是借鉴了特拉法玛多人对死亡的反应:

“一个人死去时，他只是看起来死了。他仍然活在过去、现在和未来，他存在过，并将永远存在……”

“当一个特拉法玛多人看到一具尸体时，他想的只是死者在那一时刻状况不佳，但这个人在其他很多时刻都还不错。现在，要是我听说有人死了，我只会耸耸肩，然后提到特拉法玛多人对死人的看法——‘就这样吧。’”

比利说，这种对待死亡的态度是他在特拉法玛多星球学到的最重要的东西。但由于每当有人死去时“就这样吧”就会重复一次，而特拉法玛多人的解读只出现了一次，所以在我看来，这句话承载着死神降临、末日审判一般的沉重，而不是特拉法玛多人教导的那种不可思议的轻盈。

声音和节奏本身可以传递意义，而音律的重复更是如此。

“So it goes”（就这样吧）是分三步走的舌头之旅。第三步是下降并略微拉长，跟“resignation”“so it sounds”异曲同工。

在《泰坦星的海妖》中，军鼓和着士兵的行军声吟唱，这种声效作用于耳朵，超越了文字逻辑。

“租了个帐篷、帐篷、帐篷；

租了个帐篷、帐篷、帐篷；

租了个帐篷！

租了个帐篷！

租了个帐篷、帐篷、帐篷。”

这段军鼓吟开启了“帐篷出租”一章，这一章在平装版本里有9页，而这段吟唱重复出现了4次。正如评论家杰罗姆·克林科维茨所写：“在这一章的结尾，这段无意义的话比任何演说都更加完美地诠释了自由和束缚。”

在同一部小说中，和音人在一段呆板的重复中用有限的词汇对耳朵施加了截然相反的魔力：

“他们只可能有两条信息。第一条是对第二条的自动反应，第二条也是对第一条的自动反应。

“第一条是‘我来了，我来了，我来了。’

“第二条是‘很高兴你来了，很高兴你来了，很高兴你来了’。”

如果他们说的话只有一句：“我来了”和“很高兴你来了”，那么，他们就不会产生这样童谣一般的、迷人的、音乐性的、有意义的冲击力。

在《冠军早餐》中：

“特劳特……塑造了……一个关于一颗星球的故事，在这颗星球上，语言会不断变成纯音乐，因为那里的生物为声音着迷。字词变成了音符。句子变成了旋律。作为信息的载体，字词已毫无用处，因为已经没人知晓和在乎单词的含义。

“因此，政商界的领袖为了发挥作用就不得不一直发明新的、更丑陋的词汇和句型——从而抵御音乐化。”

第二十八章
散文即视效

书面语言是一种视觉艺术。

我们称之为标点符号的视觉工具指引读者何时暂停或停止，提醒你什么是最重要的（以及次要的）。引号告诉你有人在说话，分段则告诉你一个新的思路在生发，在一个段落后空出一行则说明主题、时间或视角发生了变化。

等等。

如果你读到没有标点或分段的印刷品，你会很快意识到视觉线索在多大程度上辅助了对文本的解析。

我在教写作辅导班的时候发现，学生如果把自己的文章朗读出来，他们不一定会照着他们实际写的念，而是把自己想说的念出来，一边读一边像进行拼写检查般自我纠正。他们没有看页面上实际写了什么。因而，散文的图像性给我留下了深刻的印象。

查一下这个词，你就会得到有关散文视觉性的进一步证据：

乱序阅读现象

难以置信，我竟能然看懂前眼的东西。人脑的量力真是非凡。根据剑桥学大的一项究研，单词部内母字的序排并不重要，重要的是第一个和最后一个母字的置位是对的。其他的序顺都可以乱打，你然仍可以易轻看懂。这是因为，人脑身本并不会去每读一个母字，而是把语词当做体整。是不是很讶惊？[1]

库尔特·冯内古特在作家工作坊上课时会信手涂鸦。他的父亲和祖父是建筑师，他的姐姐是天才艺术家，他的女儿是画家，他身兼医生与作家的儿子也画画。库尔特孩提时代

1 此段作者故意打乱了字母顺序，故在翻译时汉字顺序也相应作了调整。——译注

的家是他的父亲设计的一栋美轮美奂的房子。所以，显而易见，冯内古特受到了视觉和听觉方面的熏陶和训练。

冯内古特在《五号屠场》中通过虚构的特拉法玛多人展现了他的风格：

“比利当然看不懂特拉法玛多语，但他至少能看到这些书的排版——由星号隔开的短小符号丛。比利评论说，这些符号丛也许是电报。

“‘说的没错。’那个声音说道。

“‘它们是电报吗？’

“‘特拉法玛多星上没有电报。但你是对的：每一丛符号都是一条急促的信息——描述一种情况、一个场景。’”

在一次采访中，冯内古特解释了他是如何形成这种风格的：

“《康奈尔太阳报》（康奈尔大学校刊）的前辈们给了我很多建议……他们认为，大篇幅、蔓延无度的段落往往会让读者望而却步，而且也会让报纸显得难看。他们的策略主要是视觉性的——也就是，使用简短的段落，常常一句话就是一段。效果看上去很好，对我和读者都不错，所以在我决定要靠写小说为生时，我便一直坚持了这个原则。”

跟其他作家和艺术家一样，冯内古特的风格发生了演变。

你也会的。

在他没有出版的处女作《基础训练》中，偶有些许气质独特的散文暗示了他未来的风格。接下来，在他一开始出版的两部长篇小说中，他在文字中召唤出新的世界和词汇，插入诗句、吟唱和戏剧。

但直到他的第三部小说《茫茫黑夜》，才是每一章都如同电报般发出了一条"急促的信息"。

库尔特在课堂上告诉我们，《猫的摇篮》是以笑话的形式创作的。可以说，笑话、电报和诗歌有许多共同之处。

文本的形状就像衣服：它们是内容穿的衣服。广告商们都知道。

冯内古特十几岁时从事过写青少年服装广告文案的工作。

"我不得不穿上我夸赞的衣服。这是工作的一部分。"

尽管库尔特把衣服穿得皱皱巴巴，但他知道外表的重要性。《茫茫黑夜》的主角谈道：

"小霍华德·坎贝尔正在讨论第二次世界大战期间入伍的美国军人的制服：历史上的每一支军队，不论富足与否，都会试图给士兵——即便是最底层的士兵——穿上制服，让他们在饮酒、交配、抢劫和猝死时如同时尚专家，给他们自己和其他人留下深刻印象。”

20世纪80年代，我在布拉格的一家共产主义文化史博物馆里看到了正在展出的一件纳粹军官制服，然后瞬间明白了一件我此前从未想到的事情：纳粹知道如何让他们的士兵感受到自己能够非常有力地“给自己和他人留下深刻印象”。

相比之下，《五号屠场》中的比利·皮尔格林被俘时的穿着是这样的：

“他没戴头盔，没穿大衣，没带武器，也没有靴子。他脚上穿着一双开口很低的廉价便鞋……一只鞋的脚跟已经没了，这使他走路颠簸，忽上忽下，忽上忽下……

“他看起来一点也不像个士兵。他看起来像一只脏兮兮的火烈鸟。”

作者虚构了一名在比利到这儿前就已经在德累斯顿被囚禁了几个月的英国人，他给比利以及其他新人的生存建议是：

“‘要是你失去了对自己外表的骄傲，那你很快就会死的。’他说，他看到几个人都是这样死的：‘他们不再站直，不再刮胡子洗脸，不再下床，然后不再说话，然后死去。'”

《如何写出风格》是受国际纸业公司赞助的系列文章的其中一篇，发表在《纽约时报》上，本书的第一章讲的就是这篇文章中提出的规则。冯内古特的《圣枝主日》逐字转载了全文，但没把图片放进去。

没了图像，娱乐性便大打折扣。

失去了竖栏、数字、缩进、粗体、卡通画和照片，冯内古特的写作窍门的影响力也减弱了，因为它们不能愉悦读者的眼球。

真是讽刺啊，《如何写出风格》在失去其视觉风格后被转载。

总而言之：

外表很重要。页面的外表和身体的外表一样重要。

冯内古特经常使用一些另类的印刷形式——比如戏剧、诗歌、引言——来打散大块的叙事。形状的转变和声音的变化给了读者舒缓的气口，起到了调速装置的作用。

“我试验过把食谱放进《神枪手迪克》这本书里，这是一本极其阴郁的书。我突然觉得这个想法非常有趣。我已经有了这样一个角色，一个很棒的厨师，我和他一起实验，让他告诉我一个他引以为豪的食谱，这在书页上看起来很有趣，而且令人胃口大开。我意识到，这跟一些戏剧作品中的音乐效果一样好，听到旋律然后舒缓下来的感觉很妙，食谱也有这种效果，因为几乎每个人都对食物着迷。”

冯内古特在一些书里玩得不亦乐乎，到处插入图画，尤其是《冠军早餐》这本书。他在其他作品中则使用了更加稳重的图形。

“出于这样或那样的原因，我觉得写一些小插曲、小短文，然后用一些排印手法把它们加以分隔，很合我的心意。”

例如“_____”和“***”等。

在《咒语》中，他故意把某些小写的单词大写，并决定“让数字代表自己”，例如使用“2”，而不是单词“two”。在《囚鸟》中，他会把1975年用单词拼写出来（Nineteen-hundred and Seventy-five）。在《加拉帕戈斯》中，他把星号放在注定要死亡的人物旁边。

这一切都是为了“旋律和舒缓”以及“在书页上”呈现的效果。

“……而且，我喜欢笑话，所以我的书有一种镶嵌画的倾向，它们是喜剧小说，而不是悲剧小说。”

一些读者觉得重复出现的“就这样吧”令人恼火。

一些人对这些制造图像性的把戏也有类似的反应。

我偶尔也会有。

评论家有时会因为冯内古特的这些花招和通俗易懂的文字而低估了他的作品。不仅是评论家，普通读者也会。有时人们会说，自己是在大学或高中读冯内古特的书，好像只有在这些阶段人们才会认真对待他。约翰·欧文在《新共和》上发文回应了一位文学评论家的评论，他断定“冯内古特明晰的文风是他艰苦努力、勇敢追求的结果”，抨击了“如果作品佶屈聱牙，异常难读，便一定是严肃作品”这一谬论。

冯内古特的顽皮还会导致人们误以为冯内古特在语法和标点符号的使用上粗心大意。哥伦比亚大学的一名研究生上周向我暗示了这一点。实际情况恰恰相反。他是使用语法和标点的大师。

他可以经常戏玩，因为他可以把语言和写作的技术细节和整体架构信手拈来。随心嬉戏的自由源于精通。

冯内古特在爱荷华工作坊教过的学生巴里·卡普兰交了

一篇3页长的故事，全篇只有一段话："一个计算统计概率的数学公式。冯内古特问我以前是不是学数学专业的。我告诉他，这个公式是我编的，因为我只是想看看在保证语法意义的前提下我能写多长的句子。冯内古特说喜欢。"

可以对冯内古特分段的有效性做一整套研究。可能有人已经做过了。

段与段之间留出的空间刚好足以让人的眼睛和大脑暂停，从而微妙地强调上一段的末句和下一段的首句。看看这个出自《咒语》的段落：

"文件夹里有一份报告，是怀尔德雇来调查我性生活的私家侦探写的。

"我和祖祖第二学期做的事，他一件也没有漏掉。只有一件事被误会了：当我走上马厩的阁楼时——那是塔楼建好以前存放鲁兹钟琴的地方，也是两年前特克斯·约翰逊被狠狠修理的地方——我是和一个学生的姑姑一起去的。她是一名建筑师，想看看那里的梁柱结构的木工活。那位密探以为我们在那里做爱了。我们并没有。

"我们做爱是在那天下午晚些时候，日暮西斜时分，在毛瑟山的阴影里，在马厩旁的工具房里。"

冯内古特从节奏的角度解释了《泰坦星的海妖》中写和音人的一章为什么出奇地讨喜。他在一次采访中告诉约翰·凯西，它们可以“暂时活跃一下气氛”，说他过去常常思考此类事物。

“嗯，我不再这样想了。曾经有一段时间，我是一个非常诚恳的学生作家，我还有个老师，叫肯尼斯·利特尔，他是老一辈的杂志编辑，也是一名代理人和一位非常棒的老绅士。我们会谈论这类事情，也就是说，在黑暗的段落之后，来一个轻松的段落……人们跑步时，句子里要用短词，人们睡觉时，句子里则用长词。这些都没错，我从利特尔那里学到的关于节奏和视角的东西，在《作家文摘》中讨论过的东西，都是值得了解的体面光荣的事情。”

而证据显示，他确实是一直这样想的，可能他根本不用去想。冯内古特非常老练，他本能地在轻松和黑暗之间、在听觉和视觉的节奏之间游弋。

对话是普通散文最具图像性的成分。即使是资深作家也必须在对话的技术细节上下功夫。

在书页上，一段好的对话可能看起来就像一场网球比赛。

一人挥拍，另一人把球打回去。

没有说话人的归属。只是对话的球来回跳跃。

诀窍在于，以最少的干预写清楚谁是谁。

“谈一下创意写作的门道。第一条法则：不要使用分号。分号是雌雄同体的异装癖，什么也不能代表。就一个作用：表明你上过大学。”

请注意，《自动钢琴》的第一页上就漂亮地落着两个分号，而作者不是别人，正是库尔特·冯内古特：

“西北部住着经理、工程师、公务员和少数专业人士；东北部放着机器；在南部，穿过易洛魁河，是当地被称为家园的地区，几乎所有老百姓都住在这里。”

雌雄同体的异装癖有什么问题？他们很独特啊。

他们很好啊。

只要他们知道自己的位置。

第二十九章
讲笑话

“作家要是具备了开玩笑的能力，便有了一个优势：倘若要写真的很搞笑的事情，他就可以做到非常搞笑。”

作为家里最年幼的孩子，库尔特发现他可以通过搞笑来获得家人的关注。他偏好滑稽的事物，也有发展它的动机。如果你也一样的话，那么这些章节也许对你特别有价值。无论如何，要是一本以冯内古特的写作建议为主题的书不研究冯内古特如何创造幽默、谈论幽默，那这本书就是不完整的。

除了被公认为“比大多数同行更擅长在纸上开玩笑”以外，冯内古特也比大多数人更擅长开即兴玩笑。西德尼·奥菲特说，一天下午他和库尔特决定去看一部火爆的色情电影，去瞧瞧到底是怎么回事。影片以一场狂欢开始。大约过了半个小时，库尔特站起来，走了出去。西德尼紧随其后。“好东西太多了，适得其反。”库尔特喃喃道。

“我的职责是写笑话，它是一种次要的艺术形式。我在这方面有一些与生俱来的天赋。就像捕鼠器一样。你把陷阱搭起来，扣好，触发，然后就是砰的一声！我的书本质上是由一大堆微小碎块组成的拼贴画，每个碎块都是一个笑话。长度可能有5行，也可能有11行。我写得这么慢的原因之一是，我试图让每个笑话都奏效。你真的必须这样做，否则这些书就没意思了。”

你如何制作捕鼠器？

诱导转向的惊喜是冯内古特使用的一个策略。现在请参考上一章中《咒语》的分段示例。段首那句关于叙述者的性生活正在被调查的单行俏皮话诱导你去期待接下来会看到色情爽文。这个段落引诱着你。你跟那个调查者一样，都认为风流成性的叙述者和被他带到阁楼餐馆的女建筑师已经做爱了。但段末说：“我们没有。”

不想看下去了。有点令人失望。

然后出现了转向和惊喜，点睛之笔来了："那天下午晚些时候我们做爱了……"如此开启一个新的段落绝佳地突出了重点——同时也制造了喜感。

下面给你看一个更精巧的捕鼠器，长达21行的俏皮话。在《上帝保佑你，罗斯瓦特先生》中，主角艾略特·罗斯瓦特正在和他的参议员父亲说话：

"'你知道——'艾略特说，'基尔戈·特劳特曾经用一整本书来写一个致力于消除异味的国家。那是一个国家层面的目标。那里没有任何疾病，没有任何犯罪，也没有任何战争，所以他们把火力对准了异味。'

"'这个国家，'艾略特说，'有致力于对抗气味的庞大研究项目……但后来有一位英雄——也是这个国家的独裁者——取得了一项了不起的科研突破，尽管他并不是科学家。所以，人们就不再需要这些科研项目了。他直接抓住了问题的根源。'

"'啊哈，'参议员说道，他不能忍受基尔戈·特劳特的故事，他为自己的儿子感到尴尬，'他发现了一种可以除掉所有气味的化学物质吗？'他暗示道，想快点儿让这个故事讲完。

"'不，正如我所说，这个英雄是独裁者，他只是把人们的鼻子除掉了。'"

除了建构笑话之外，幽默还遍布冯内古特作品的字里行间，我们透过他的喜剧镜头可以瞥见现实的碎片。

他会对视觉和语言的隐喻进行解构和戏耍。

"……他把夫妻同为一体这个概念想象成一种生理的畸形，一对可悲、怪异、无助的连体双胞胎。"(《自动钢琴》)

"'那边那个女孩。'

"'那不是一个女孩。那是一张纸。'

"'在我看来像个女孩。'弗雷德·罗斯瓦特色眯眯地看着。

"'那你上当了，'哈利说，'那是涂在纸上的墨水。那个女孩并没有躺在柜台上。她远在千里之外，甚至都不知道我们是活人……'"(《上帝保佑你，罗斯瓦特先生》)

"主啊，赐其永恒的安息，予其永恒的光耀吧"。冯内古特修订的安魂曲是这样开头的。他顺带评论道：

"一个容易轻信他人、缺乏想象力的人可能会由此得出一个结论：赫胥黎、肯尼迪、塞利纳、海明威、我的姐姐和我的第一任妻子简以及所有死者现在都在尝试开灯睡觉。”

语言实际所说的东西会让读者从公认的隐喻中惊醒，陷入文字的荒谬。

冯内古特还有一种写单行俏皮话的方式，也是他所受的化学和人类学教育里的不可或缺的部分，是将事物进行科技加人类学拟人化：

“洗脸盆上有一只鞋子，鞋里袜子上的吊带有一端泡在水里。通过毛细作用的魔力，吊带浸透了自己和袜子。”（《上帝保佑你，罗斯瓦特先生》）

“德韦恩体内的有害化学物质让他从枕头下拿出一把装了子弹的.38口径左轮手枪，然后把枪塞进嘴里。这种工具的唯一目的就是在人类身上打洞。”（《冠军早餐》）

“顺便说一句，我们所有人都依附在一个球的表面。这个星球是球形的。没人知道为什么我们没有掉下来，尽管每个人都假装有点明白。

“真正聪明的人明白，有一个最好的致富方法：拥有人们必须依附的地表的一部分。”（《冠军早餐》）

库尔特和他的姐姐爱丽丝都喜欢闹剧。

“我们都爱劳莱和哈代[1]。”他在接受《巴黎评论》采访时告诉乔治·普林普顿。

“但我和我姐姐最喜欢的是，电影里的某一个人把所有人骂了一通，然后大摇大摆地离开，却走进衣橱里。当然，他不得不再出来一次，浑身缠满了衣架和围巾。”

冯内古特在《囚鸟》中写了一段感情，两人的亲密关系跟傻乎乎的问答式玩笑密不可分。莎拉是一名护士，是叙述人沃尔特的初恋女友，他们曾经在一起7年。多年后，沃尔特回忆道：

“我对莎拉有什么温柔的回忆呢？我们常常讨论人类的苦难以及应对的方式——然后再用婴孩般的傻里傻气来舒缓沉重。我们互相收集笑话，在需要舒缓的时候使用。我们沉迷于煲几个小时的电话粥。那些闲聊是据我所知最令人愉悦的致幻剂。我们变得没有了实体——就像维柯纳星球上自由漂浮的灵魂。如果出现长时间的沉默，我们之间总有一个人会用一个笑话来终结沉默。

“‘酶和激素有什么区别？’她可能会问我。

1 美国著名的喜剧双人组合。

"'我不知道。'我会说。

"'你听不到酶的声音[1]。'她会说，这种傻乎乎的笑话可以一直讲下去——就算她那天可能在医院目睹了什么可怕的事情。"

几十年过去了。沃尔特出狱后不久，他们就重新发现了彼此——两人都年过花甲。他们的第一次谈话是在电话里。他们聊了聊彼此的近况，然后因为一段回忆大笑。

"她说，尽管我们都经历了这么多的事情，但我们仍然可以开怀大笑，真好。她说：'至少我们还有幽默感'……

"'是的——至少还有这个。'我同意道。

"'服务员，'她说，'这只苍蝇在我的汤里做什么？'

"'什么？'我说。

"'这只苍蝇在我的汤里做什么？'她坚持这么说。

"然后我想起来了：这是我们过去通话时互相讲的一连串笑话的开场白。我闭上了双眼。我说出了对应的下一句，然后电话就成了我的时光机。它让我可以逃离1977年，进入第四维度。

1 激素的英文"hormone"发音与"whore moan（妓女呻吟）"接近。——译注

“‘我认为它是在仰泳，夫人。’我说。

“‘服务员，’她说，‘我的汤里还有一颗螺丝。’

“‘对不起，夫人，’我说，‘那是印刷错误，应该是螺蛳。’”

后面是一连串这样的应答式笑话，占了3页多。

要在小说中成功地运用这些老掉牙的笑话需要一个真材实料的指挥。但冯内古特不受这个限制，因为他把这些笑话用作表现莎拉和沃尔特的情感关系的素材。

不仅如此，他珍惜与姐姐的这种纽带，并给予他的读者类似的安慰、愉悦和联结。

冯内古特讲了以下几例老笑话，同时评论了老笑话的持久性。

“是的，在我那四壁都装上了软垫的牢房里，我给自己讲了一个我大一时在《哈佛讽刺文社杂志》上读到的笑话。那时候我很惊讶，因为这个笑话看起来很脏。当我成为总统的青年事务特别顾问后，我不得不再次阅读大学生的幽默，我发现这个笑话仍然每年再版多次——一字不改。笑话是这样的：

“她：‘你竟敢那样吻我？’

“他：‘我只是试图把那个吃光了所有马卡龙的人揪出

来。’”(《囚鸟》)

“……全县说话风趣的人都泰然自若地讲述关于消防队长查利·沃默格兰的笑话，尽管内容陈腐且并不真实：

查利在消防站旁有一家保险公司。‘一定把查利·沃默格兰从他秘书身体里吓出来了一半。’”(《上帝保佑你，罗斯瓦特先生》)

冯内古特在金·哈伯德[1]的影响下长大，

“……他是一位印第安纳波利斯的幽默作家，在我年轻的时候，他每天都写一个笑话登在报纸上。

“在我看来，金·哈伯德和奥斯卡·王尔德一样机智风趣。”

冯内古特在《上帝保佑你，罗斯瓦特先生》和《五号屠场》中两度向哈伯德最有名的笑话致敬。

“‘呃，’一个人终于说道，‘贫穷并不丢人。’这句话是印第安纳州幽默作家金·哈伯德的一个经典笑话的前半部分。

1　即弗兰克·麦金尼·哈伯德（1868—1930）：美国漫画家、记者。

“‘是的，’另一个人说，笑话由此结尾，‘但它可能让人感觉如此。’”（《上帝保佑你，罗斯瓦特先生》）

“美国是地球上最富庶的国家，但美国人民大部分都是穷人，贫穷的美国人被怂恿去憎恨自己。引用美国幽默作家金·哈伯德的话：‘贫穷并不丢人，但它可能让人感觉如此。’”（《五号屠场》）

在《时震》中，他引用了这样一句话：

“印第安纳波利斯幽默作家金·哈伯德谈到禁酒令时说，这‘总比没有酒好吧’。”

哈伯德的妙语已成为我们集体文化智慧的一部分。我第一次是从父亲那里听到这两句话的，他在禁酒令时期还是个十几岁的孩子，在大萧条时期还是个坐着火车去找农活干的年轻人。直到读了冯内古特的作品，我才知道了这两句话的出处。

马克·吐温也以类似的眼光看待他那个时代的美国图景，为美国人民提供了类似的抚慰和幽默。冯内古特非常崇拜吐温，甚至给自己的儿子取了同样的名字。

毫无疑问，现在美国一定有一个名叫“库尔特”的孩子或成年人。

第三十章
黑色幽默

“我曾让她非常不开心，以至于她产生了一种和我结婚时肯定没有的幽默感。”

这句出自《蓝胡子》叙述者的话是在谈论另一种幽默——冯内古特最广为人知的黑色幽默。源于无助和绝望。他解释道：

“一个人无能为力时要么笑，要么哭。”

就像冯内古特的所有作品一样，《猫的摇篮》中也有一幕对这一观点进行了说明。角色菲利普·卡塞尔正在跟另一个人讲述关于虚构的圣洛伦佐岛上的悲惨海难的故事。海难中一大堆人被冲到了岸上。

"'在父亲的医院里，十天就死了1 400人。你见过人得了黑死病死去的样子吗?'（他描述变黑的身躯、肿胀的腺体和'一堆堆的尸体'）……

"'父亲连续工作，好几天不睡觉，尽管如此，他也并没有救回多少人的生命。'

"'总之，在一个不眠之夜里，我陪着父亲工作。我们所能做的就是去找一个活着的病人救治。在一张又一张病床上，我们只发现了死人。'

"'父亲开始大笑起来。'卡塞尔继续说道。

"'他停不下来。他带着手电筒走进了黑夜。他还在笑。他让手电筒的光束在所有堆在外面的死人身上飞舞。他把手放在我头上，你知道那个了不起的人对我说了什么吗?'卡塞尔问。

"'不知道。'

"'儿子，'我父亲对我说，'总有一天这一切都是你的。'"

这种典型的冯内古特式捕鼠器——漆黑一片，滑稽至极——为冯内古特的粉丝们熟知。让我告诉你其中一个粉丝是如何运用它的。

乔恩·斯图尔特在《每日秀》中介绍库尔特说:“他让我的青春期生活变得可以忍受。”无独有偶，约书亚在纽约的一个新创立的冯内古特书友会上吐露说，冯内古特的书拯救了十几岁时的他。当他得知冯内古特主修人类学后，他也选择了这个专业。

他用那个学位做了什么?

他在全球各地为非政府组织工作。从斯里兰卡内战时期开始，他先是为援助冲突中某一方受害者的组织工作，然后又为援助另一方的组织工作。这确实是一件很有冯内古特风格的事情!库尔特会喜欢的。他会感到骄傲。他还会笑。

那时,约书亚正在努力为遭到飓风桑迪重创的人们重建家园。

大约一年后，他发了下面这封邮件:

“我正从有争议的俄乌边境写信。我在丹麦难民委员会工作，牵头为因这次冲突而流离失所的乌克兰难民规划和建造收容所……

“今天我引用冯内古特的话时，我想到了你。我在给一个新来的援助人员介绍情况。我告诉他:‘总有一天这一切都是你的。’”

“黑色幽默”一词是由作家布鲁斯·杰·弗里德曼[1]创造的，他在1965年编撰了一本当代作家文选，名为《黑色幽默》。

---

1 布鲁斯·杰·弗里德曼(1930—2020):美国小说家、剧作家、演员。——译注

冯内古特起初反对这种分类，因为作家是多种多样的。但最终，针对这一话题，他想说的东西不少。

“在现代文库版的《弗洛伊德作品集》中，你会看到一个关于幽默的章节，作者谈到了中欧的‘绞刑架上的幽默’。而弗里德曼所说的‘黑色幽默’恰好很像德国、奥地利、波兰的‘绞刑架上的幽默’。

“……弗洛伊德举了一个例子：一个人就要被绞死了，绞刑吏说：‘你有什么要说的吗？’死刑犯回答：‘改天吧。’

“这个国家为‘绞刑架上的幽默’做出了巨大贡献，事情发生在库克郡监狱……”库尔特说道，纳尔逊·阿尔格伦告诉了他这件事。一个人被绑在电椅上，他对目击者说：‘这肯定会给我一个教训的。’”

“……笑是对挫败的回应，就像眼泪一样，它解决不了任何问题，正如眼泪解决不了任何问题……弗洛伊德举的例子是一条无法穿过一扇门去咬一个人或跟另一条狗打架的狗。所以他只能刨土。这解决不了任何问题，但他必须做点什么。哭或笑便是人类在这种情况下的做法。

“……我最搞笑的时候是在巴黎圣母院举办的一个文学节上。在一个巨大的礼堂里，观众们的注意力非常集中，以至于我说的每一句话都显得很好笑。我只需要咳嗽一声或清清嗓子，整个场子就炸了……马丁·路德·金两天前被枪杀了……人们极度需要欢笑或哭泣，这是唯一可以调节自己的方式。你没办法让金起死回生。所以，最畅快的大笑是基于最大的失望和最大的恐惧。

“我最喜欢的动画片之一——应该是谢尔·希尔弗斯坦的片子——展示了几个被锁在一堵高18英尺的牢房墙壁上的家伙，他们被从手腕处吊了起来，脚踝上也戴着枷锁。在他们上方有一个很小窗口，装了铁条，连老鼠都无法爬过去。其中一个人对另一个人说：‘我的计划是这样的……’

“让一个人陷入他无法摆脱的境地是违背美国人讲故事的传统的，但我认为这在生活中很常见……在我们的文化中，我们期望一个人总是能解决他的问题，这让我觉得既可怕又滑稽。这种期待的潜台词是，如果你多一点精力，多一点斗志的话，问题总是能解决的。但这太不真实了，乃至于让我想哭——或者笑。”

吉姆·西格曼，一个“小金块”——这是冯内古特在哈佛的学生起的绰号——讲述了一件关于库尔特的幽默的逸事：

“库尔特在课上告诉我们，死亡是世界上最大的笑话，可以说是最终极的关键句、最后的大笑。我写了一个模仿当年风靡一时的《爱情故事》的短篇，并在课堂上展示。主人公西德尼是哈佛大学的新生，他爱上了身材苗条的拉德克里夫学院的大四学生莱斯利，后者因汞中毒病入膏肓。但我的故事里真正的关键句出现在性交后的反思时刻：

“‘我跟父母之间没有交流。’西德尼说。

“‘那是谁的错呢？’莱斯利问。

“‘谁的错也不是，’他说，‘他们都死了。’”

西格曼说：“这让库尔特乐坏了。我从未见过有人笑得这么厉害。”

在爱荷华工作坊，冯内古特有时会在课堂上和我们开玩笑。有一天，他告诉我们，耶稣受难的故事并不是教人同情的。这个故事真正说明的是，谋杀一个人是可以的：只要确保他没有什么背景。他说完后笑得气喘吁吁。我们也笑得很开心。

他说，在一个经过修改的、更道德的故事里，一个无名小卒将被钉在十字架上。就在他死前，上帝会收养他。这个故事告诉我们，任何不起眼的人都可以成为上帝之子。我们认为这个笑话和想法棒极了。

你看《五号屠场》的第五章里就有。

库尔特从未在我们身上尝试过的一件事，就是用他的机智来嘲弄我们。要是有什么事情惹恼或激怒了他，他会直接说出来，直言不讳。

事实上，我们是动物，我们会意识到自己还活着，同时也意识到自己逃不过一死，这为绞刑架上的幽默提供了沃土。这就是无奈呀！是悲剧呀！当然，库尔特认为死亡是世界上最大的笑话。

他甚至在最不可能的地方拿死亡开玩笑。在《猫的摇篮》中，一个男人正在制作一幅巨大的美女画像。叙述人想给这位艺术家拍照。但是他没带相机。下面是他们的对话：

"'好吧，看在上帝的分上，你去拿吧！你不是会相信自己记忆的那种人吧？'

"'我想我不会很快忘记你正在拼出的那张脸的。'

"'你死了就忘了，我也一样，我死了就什么都忘了——建议你也这么做。'"

冯内古特在2004年跟一个毕业班说：

"顺便说一句，我是美国人道主义者协会的名誉主席……我们人文主义者尽可能体面地行事，从不期望来世能得到什么奖励或惩罚。我们尽最大努力服务于我们真正熟悉的唯一的抽象概念，那就是我们的社区。

“要是我死了，上帝保佑，我希望你们中的一些人会说：‘库尔特此刻在天堂。’这是我最喜欢的笑话。”

《时震》创作于冯内古特离他并不相信的天堂最近的时候，他多次在这本书中使用了这句话。

“奥黑尔（他的战友伯纳德·奥黑尔）在晚年成了控辩双方的律师，现在他已经去了天堂。”

“我儿时的朋友，威廉·‘斯基普’·费利，四个月前去世了，现在在天堂……”

摄入尼古丁的习惯纠缠了冯内古特一生。

在《囚鸟》中，叙述者沃尔特承认他曾经“一天抽4包无滤嘴的长红牌香烟”。但他戒烟了。他出狱的时候已经多年不抽烟，那天他做了一个噩梦。

“在梦里，我那潮湿、清白、粉红色的肺瘪成了两片黑色葡萄干。棕色的苦焦油从我的耳朵和鼻孔里渗出。

“但最糟糕的是羞耻感。”

冯内古特自己也戒过几次烟。但没有一次坚持下来了。

他认为吸烟是一种自杀，就像他在《欢迎来到猴子馆》的序言中所说的那样。晚年间，他把这种持续一生的挣扎以及吸烟式自杀的自责变成了一个笑话。

“我要起诉长红香烟的生产商布朗&威廉姆森烟草公司，要他们赔我10亿美元！从我年仅12岁的时候开始，我就把没有滤嘴的长红抽个不停。过了这么多年以后，现在布朗和威廉姆森在包裹上承诺，抽烟有可能置我于死地。

“但我已经82岁了。非常感谢，你们这些肮脏的老鼠。”

不过，他也并非安然无恙。他患有肺气肿，心里常怀内疚，也因烟蒂引起火灾、吸入过多烟尘入院。

你应当如何掌握黑色幽默的诀窍？同样，这在一定程度上是与生俱来的天赋。据库尔特的女儿伊迪说，他在年轻时就展现了这种感受力。

黑色幽默也是可以培养的。你只需透过黑色幽默的镜片环顾四周。在我写这本书的时候，我们正在进行一场足以让你哭或笑的政治运动。

几个月后，当我修订手稿时，我们遇上了一个扬言要把我们国家的大多数公民变成黑色幽默家的总统。它成功地激发了最优秀的《周六夜现场》，以及约翰·奥利弗、史蒂文·科尔伯特等喜剧演员。

你不必去经受一场灾难或战争。但这也许会有所帮助。下面这件逸事可能表明了这一点。

比夫拉[1]是伊博民族的新生国家——作家钦努阿·阿契贝[2]就是这个民族的——比夫拉出于多种原因于1967年宣布从尼日利亚独立出来，战争随之爆发。封锁导致了大规模的饥荒。饥民的图像在美国引起了轰动。1970年，在那个国家灭亡之际，著名精神分析学家西奥多·赖克的女儿米丽娅姆·赖克邀请库尔特·冯内古特和万斯·布尔贾利这两位二战老兵去那里做见证人，并就此进行写作。

“这就像是在火烧得正旺的时候来一趟免费的奥斯威辛之旅。

“最惨的受难者是难民的孩子。到了最后，水加上稀薄的空气就成了他们非常常见的饮食。

“所以孩子们患上了夸希奥科病……（一种由于缺乏蛋白质而引起的罕见病）。

“这个孩子的头发变红了。他的皮肤像成熟番茄的表皮

1 即比夫拉共和国，是尼日利亚东南部一个由分离主义者建立的国家，于1967年成立，1970年灭亡。——译注

2 钦努阿·阿契贝（1930—2013）：尼日利亚小说家，被誉为“非洲现代文学之父”。——译注

一样皲裂。他的直肠突出。他的胳膊和腿像是棒棒糖的签子。

“我和万斯、米丽娅姆在跟阿沃-奥马马那儿一样的、浅滩一般的孩子群中间费力地行进。我们发现，如果我们把手放下来，悬荡在孩子们中间，一个孩子便会抓住一根手指——5个孩子一起抓着我们的一只手。一根来自陌生人的手指便可以奇迹般地让孩子停止哭泣片刻。

“当小孩子们抓住他的手指、停止哭泣时，万斯突然崩溃大哭。”

“我们三个人（与比夫拉总统奥杜梅古乌·奥朱克武将军）一起度过了3个小时。

“最后，他同我们握手，感谢我们的到来。‘如果我们前进，我们会死，’他说，‘如果我们后退，我们也会死。所以我们前进。’

“他的幽默是绞刑架上的幽默，因为在他的感召力和平静自信的气场周围，其他的一切都在崩坏。他的幽默好极了。

“后来，当我们遇到他的二把手菲利普·艾芬昂将军时，他也变成了一个绞刑架上的幽默家。万斯说：‘艾芬昂就该是第二号人物。他是比夫拉第二好笑的人。’”

这些人现在都去了天堂：库尔特、万斯、米丽娅姆。奥朱克武和艾芬昂。

冯内古特特别提到，在比夫拉时，“米丽娅姆有一次被我惹烦了，她轻蔑地说：‘你要是不开玩笑就张不了嘴。’说的没错。开玩笑是我对我无能为力的苦难的回应。”

库尔特专门提到了米丽娅姆的评论，不乏感伤之情。他说，他在那里不能自已地开玩笑。

“当然，正如俄亥俄州哥伦布市的詹姆斯·瑟伯多年前在一篇文章中指出的那样，作家具备开玩笑能力的最大的缺点是：无论在讨论什么，开玩笑的人每次都会朝最后那句妙语奔去。

“某个聪明的年轻评论家很快就会引用上面那句话来反驳我，在他的想象中，我太……愚钝了，甚至一不小心道出了我自己身上的坏毛病。”

这有什么“坏毛病”可言？从写作的角度，冯内古特如是说：

“但开玩笑已经成了我调节生活的关键，所以我一开始写任何题材的故事，就会从中发现好笑的东西，不然我就会停笔。”

“问题是，用笑话来表达观点的效率太高了，以至于在给出妙语之后几乎没有什么可说的了。是时候想个新主意了——再来一个不错的笑话吧。”

就生活而言，心理治疗师可能会说，不停开玩笑是为了逃避你的真实感受，而接受和表达你的真实感受是自我实现的首要目标。

“不管出于什么原因，美国的幽默作家或讽刺作家——不管你怎么称呼他们——也就是那些选择在面对令人痛心的消息时发笑而不是哭泣的人，他们在活到某个年纪后就会变成无趣到难以忍受的悲观主义者。”

这是真的。随着年龄的增长，库尔特变得愈发悲观，愈发不喜欢拿一切事物开玩笑了。

这是为什么？

也许原因之一是：开玩笑也逃不过衰老吧。

据他当医生的儿子马克说，原因在于大脑化学物质受损。

下面是库尔特的解释，他在1979年以一个壮年的身份说道：

“宗教怀疑论者往往在接近终点时变得非常愤懑，马克·吐温也是如此，我现在不打算猜测他为什么变得如此愤懑。我知道我为什么会变得愤懑。我最终会意识到，我一直都是对的：我不会见到上帝，世界上也不存在天堂或审判日。”

无论出于多么复杂的原因，冯内古特后来的小说《咒语》里有这样一个清醒的爱开玩笑的人：

“一切，我是说一切，对他来说都是一个笑话，或者他是这么说的。直到最后，他最喜欢的表达都是‘我只好笑得死去活来。’要是巴顿中校去了天堂，我想许多真正的职业军人都不会期望去天堂，至少最近不会，此刻他可能正在讲述他的生命是如何戛然而止，然后甚至不带微笑地加上一句：‘我只好笑得死去活来。’关键就在这里：巴顿会讲述一些本应严肃、美丽、危险或神圣的、让他笑得死去活来的事情，但他并没有真正笑出来。他后来再次讲述时，他也一直板着个脸。在他的一生中，我想没有人听到他做过他一直说自己不得不做的事情——笑得死去活来。”

第三十一章
重新审视与修改，才能产出更好的故事

在冯内古特的作品中，关于修改的论述随处可见。在这本书里，这样的论述也贯穿始终。然而，修改与冯内古特的写作建议密切相关，值得专门辟出一章来讨论。

"'《丑小鸭》的故事'讲的是一只被鸭子养大的小鸟，鸭子们认为这是它们见过长相最滑稽的鸭子。但是它长大后竟然变成了一只天鹅。

"我记得，伊莱扎说，她认为如果那只小鸟……变成了一头犀牛，那个故事就更好了。"（《闹剧，或者不再寂寞》）

“我是一个多么野蛮的技术统治论者呀，”冯内古特宣称，“我相信（故事）可以像福特T型汽车一样被摆弄。”

冯内古特在《此心不移》的序言中写道：

“《此心不移》中收录的《花花公子》的采访，是我应该说出的话，而不是我真正说过的话。《花花公子》给我看了我对着他们的录音机说的话的文字转写稿，很明显，我和约瑟夫·康拉德至少有一个共同点：英语是我的第二语言。但与康拉德不同，我没有第一语言，所以我用笔、铅笔、剪刀和浆糊来处理那篇转写稿，让说母语和思考重要的事情显得对我来说很容易。”

同样，《巴黎评论》对冯内古特的采访也是以这样一句颇有教益的自白作为开场：

“这次对库尔特·冯内古特的采访原本是由该作者在过去10年间接受的4次采访汇总而成。这份汇总稿经过了当事人本人的大量加工，他带着相当大的疑虑审视了撰写到纸面上的他自己的话……确实可以把下文看成是他的一次自我访谈。”

冯内古特把这一事件重新创作成一个章节，放到他的非虚构作品《圣枝主日》中，标题定为《自访》。

“我发现，这是写作行业最鼓舞人心的地方。耐心而勤奋的庸人可以修正他们的愚蠢，把自己编辑成聪慧的样子。写作行业还允许疯子看起来比正常人还正常。”

这段引文揭示了冯内古特珍视的信念：故事传达的东西对于人民和文化至关重要，而聪明、有效的写作源于投入血汗的修改。

“他的长篇小说、短篇小说、演讲稿乃至护封上的书评，无一不经过精心构思，”他的儿子马克·冯内古特证明，“任何认为库尔特的笑话或文章来得很容易或者是即兴创作的人根本就没有尝试过写作。”

在一个关于以幽默书写痛苦经历的写作会议的讨论小组上，哈里森·斯科特·基博士读了他关于曾对他施虐的父亲的回忆录——《世界上最大的男人》。信不信由你，我们这些观众都笑得前仰后合。在问答环节，有人提问：“你写的东西一开始在初稿里就很好笑吗？”

他用了一个笑话来回答。大家都笑了。然后他让人把麦克风再递回给他。“说真的，第三稿才做到。”他说第一稿写得很痛苦，但最不好笑。每一稿都让他可以抽离得更远，运用更多的技巧，这就意味着，对他来说——就像对冯内古特一样——故事更有幽默的形态了。

两顶帽子

作为一名作家，你必须成为自己的编辑。

这就是第三方——那些外界的声音——和你自己的批评声音派上用场的时候。事实上，它们是不可或缺的。

据我当接生员的侄女说："新皮层位于我们大脑前部，用来说话和决策。新皮质在使用时会减少有益分娩的激素的分泌。这就是大多数雌性哺乳动物都会找一个黑暗、安静的地方独自分娩的原因。"

但是在分娩和新生儿诞生之后，就有了看护的需求。这就需要许多决策和协助。需要一个村子的人。

这个村庄起始于你。

把刚诞生的稿子放到一旁。让它休息一段时间，直到你再次看到它时能产生新鲜感。放几个小时、几天、几周、几个月，甚至几年。产后休息势在必行。然后，实施以下三个步骤：

（一）用新鲜的眼光阅读，仿佛它不是你自己的孩子；（二）评估；（三）修改。

多次重复这三个步骤，直到你已经尽可能将这篇稿子完善。然后打电话给"编辑助手"寻求反馈——可以是同行互助写作小组，也可以是你信任的、会给予诚实回应的朋友，你的老师或以前的老师，或者编辑。

考虑下反馈意见。做出相应修改，直至满意。

无论你是“快手”——这是冯内古特给在修改前从头到尾一气呵成的作家起的绰号——抑或他自诩的边写边改的“慢手”，上述步骤都适用。

西德尼·奥菲特评论说：“（库尔特）白天大部分时间写作，有时写到晚上。他也是一个持续作战的作家。他会不断推进，笔耕不辍。我知道他是一个完美主义者，因为他的废纸篓总是满得溢出来……”

重新审视

让我们把“修改”这个词分成两类。

第一种是一种真正的再次审视[1]，重新看见，是经过艰苦卓绝的实验后发现，或者忽然领悟到还可以用与你已经想到或得到的完全不同的方式来处理素材，随之不由得呼出一声“啊哈”。这关乎大局。关于这种颠覆性的过程，下文给出两个例子。

1971年1月，理查德·托德在《纽约时报杂志》上写道：

“在《五号屠场》之后，冯内古特开始着手创作一部名为

1 此处是将“revision”一词拆解为前缀“re”（再次）和单词“vision”（眼力、视野）。——译注

《冠军早餐》的小说，讲述了一个除了一位男子——也就是叙述者——以外所有人都是机器人的世界。然而，他放弃了，书一直没有写完。我问他为什么，他说：‘因为这本书烂透了。’后来我又提到‘那本进展不太好的书’，他说：‘进展还行。这本书烂透了，仅此而已。它会卖出很多本，成为月度推荐书目。人们会爱上它的。’

“仿佛在征求相反意见一般，冯内古特今年秋天给哈佛的观众读了这部小说的一部分，并附上了同样的免责声明：‘它永远不会出版；它让我厌烦透了。’他读的那个段落是这么开头的：‘我是宇宙造物主的实验品。’它描述了一个时刻：叙述者在那一刻意识到，他周围都是不由自主地做着自己手头的事情的人（耶稣基督：‘他是一个为我的罪孽而死的机器人’）。”

如果你读过《冠军早餐》，你就会知道这跟他读给哈佛的观众们听的那本书不一样。那篇文章发表1个月后，也就是1970年秋季朗读会后的几个月，库尔特写了这样一封信给他的出版商：

“1971年2月26日

纽约市

致萨姆·劳伦斯：

……的确，我又开始写《冠军早餐》了，从一开始就进展缓慢而痛苦。我会花很长的时间去弄清楚我的书要写什么主题，这样我才能动笔。如果我之前继续推进这本书，不管三七二十一就写完了，那就是滥竽充数。但它可能会让我们挣一大笔钱。

快来看看我吧……我已经不那么胡闹了。我现在已经见过乔治·普林普顿了，所以我已经达到了我交际花事业的巅峰。我回去工作了。

告辞

小库尔特·冯内古特”

1973年，《冠军早餐》出版后不久，他告诉《花花公子》的采访者：

“《五号屠场》和《冠军早餐》曾经是一本书。但是后来完全分开了。这就像一杯彩虹酒，就像油和水——根本无法混合。所以我只能把《五号屠场》轻轻倒出来，剩下的就是《冠军早餐》。”

你也许发现了，最后一句话很大程度上过于简单化了。

以下内容出自冯内古特写德累斯顿的小说的早期书稿中的一个场景，描述了被装在一节车厢里运送的被俘士兵。

“至于休息，我们必须轮流躺下。我们人太多了，地板空间又那么小。睡觉的人依偎在一起，而醒着的人的腿就像许多篱笆桩，被扎进由相拥而眠的人构成的土地里，蠕动着，叹息着，放着屁，依偎在一起。有些人擅长依偎，有些人不擅长。因此，寻找一个理想的‘三明治’一般的夹层位，并在每次睡觉时再造出这样的位置，很快就变成了一件令人渴求的事情。任何一个对自己以前的‘三明治’不满的人，都会面对越来越多的清楚知道自己位置的人。随着时间的推移，就出现了安于现状的牢不可破的集群，他们觉得外来者和实验者令人无法忍受，有一小群疯狂的外来者，不老实靠着不动，反而动来动去，号叫，打滚，挥拳，踢腿，磨牙，他们可以选择一整天都不睡，或者和那些跟他们完全一样不能安静躺着的人在一起。我已经忘记了很多细节，但我仍然记得我的‘三明治’是如何在我车厢的角落里做出来的。显然我的头脑仍然认为这些信息是有价值的，怀疑我可能不得不再一次躺在那节车厢里。我前面有一个叫纽博尔德·赛勒斯的厨师，我后面有一个叫罗伯特·沙米尔的反坦克炮手。你可能会说，这像是《皮埃尔历险记》。这句话人们在车厢里说过很多次，直到我们都对说话没了兴趣。我现在还会收到赛勒斯寄来的圣诞贺卡……”（《五号屠场》草稿）

这段后面继续讲曾靠在一起睡觉的赛勒斯和沙米尔的现

状，以及他们对过去的看法，写了另一整页，没有分段。

在最终版本的《五号屠场》中，冯内古特将车厢这段经历穿插在两个章节中。他将其融入角色内心，通过比较和具体的细节来加以强化，并聚焦了一段尤其令人心碎的关系，从而丰富了这种相拥而眠的情谊。它是这样开始的：

“比利·皮尔格林和许多其他士兵一道被塞进了一个车厢。他和罗兰·韦利被分开了。韦利被塞进同一列火车的另一节车厢。

“车厢四角，檐下有狭窄的通风口。比利站在其中一个通风口旁边，然后，当人群向他挤过来时，他爬上一根斜角撑，爬到一半，这样就能腾出更多的空间。在这个位置上，他的眼睛与通风口保持水平，因此他可以看到约10码开外的另一列火车。”

比利看到的是守卫的车厢，闪烁着温馨的烛光，与囚犯的车厢天差地别。在这一章的结尾，冯内古特以独特的人类学视角来看待囚犯的车厢，然后再次轻盈地落到比利的经历上：

“尽管比利的火车没有开动，所有的车厢也都锁得紧紧的。在到达最终目的地之前，任何人都不得下车。对于在外面走来走去的警卫来说，每个车厢都变成了一个独立有机体，通过通风口进食、饮水和排泄。它也会通过通风口说话，有时还会大喊大叫。水、一条条黑面包、香肠和奶酪从通风口进去，屎、尿和语言从那里出来。

“里面的人类正对着钢盔排泄，再把钢盔传到通风口附近的人手中，由他们倾倒。比利就是负责倾倒的。人类也会传递水壶，守卫会往里面倒满水。当食物送进来时，人类是安静的，彼此信任的，美丽的。他们会分享。

“里面的人类轮流站起或躺下。那些站着的人的腿就像栅栏柱，插入一片温暖的、蠕动着的、放着屁、叹息着的土地。这篇奇怪的土地是一幅拼贴画，由如同勺子般紧紧贴在一起的睡觉的人组成。

“现在火车开始向东爬行。

“圣诞节到了。圣诞之夜，比利·皮尔格林像勺子一样依偎在流浪汉身边，他睡着了，他又回到了1967年——他被特拉法玛多的飞碟绑架的那一晚。”

修　改

“Revision”这个词的第二种用法是指逐行编辑的特写细节。这意味着重新研究句子的声音与意义的难题。

“揭示性格或推进行动，每个句子都必须要做到这两者之一。”

这是冯内古特的创意写作法则第四条，适用于短篇小说的简练形式。

如果你每写一个句子时都考虑到这一点，你可能会一直停滞不前。

每一句话都要为它的生命而战，但你必须知道它为之奋斗的是怎样的生命。当你弄清你的故事真正的内核以后，你会更懂得什么该保留，什么该完善，什么该抛弃。

然后，注意逐行编辑的小细节：

（一）为了清晰易懂而修改。

（二）使用更准确、具体、生动的单词。

（三）修改句子，让句子的声音和结构为你想要的东西产生最大的撞击声。

（四）校对标点符号、打字排版、拼写错误等。

在大多数关于写作的书里，以及在这本书中引用冯内古特的地方，都会出现进行此类微调的建议。这是因为它们经过了验证，确实是对的。经得起重复。

“你读过亚里士多德的《诗学》吗？”冯内古特在1954年给他的朋友、时任编辑的诺克斯·伯格写信说，“我读了，我在那本书里看到了任何编辑或作家告诉我的关于如何写故事的一切。针对这些公元前322年的发现，我想不出任何可以修正的地方。它写得很清晰，而且也不是太长——你不妨把它推荐给有前途的年轻人。比如我这样的。”

勇于倾吐

要是一则故事让读者迷惑不解，感到故事和人物失衡或不够充分，有时是因为作者回避或隐去了很难写的情感部分。即便你是通过小说的媒介将你的经历转化为一个“掉包婴儿”，你也需要挖掘自传的源头，挖掘你的真相的内核，并从中汲取养分。冯内古特显然做到了这一点。冯内古特的重要建议是，如果不透过触动了你的事物，你怎么会对某个主题充满热情呢?

即使作为虚构化的“掉包婴儿”，真相也可能很可怕。

你可以吮吸你的拇指或握住某人的手来寻求帮助，但无论如何，你得说出来。

勇于删减

作品中的枯枝有以下两种含义：(一)不必要的字词、段落、人物、场景、事件;(二)减缓或模糊了最重要的言语和行为的表述。

“你的枯枝就是我的枝叶。”我的私人写作客户杰伊·格林菲尔德曾经对我说。

没错，这两者很难区分，尤其是在你自己的作品里。枝叶是美丽的，可以衬托花朵。而枯枝是过度的，不必要的，具有模糊效果。

简而言之：枝叶增益，枯枝遮蔽。

正如冯内古特在他的文章《如何写出风格》中指出的那样，辨别这两者的差异是任何作家都必备的最重要的编辑技能之一。如何培养这种技能？老话说得好，不断练习，熟能生巧。

如果你告诉自己，你要写出了不起的作品，那么就更容易挖出了不起的东西。不要小看自己！你的潜力超出自己的想象！

提醒自己，修剪是为整体服务的！

冯内古特在爱荷华教过的一个学生丹·格里森写道：“……我从库尔特·冯内古特那儿学到的最重要的两条经验是：（一）删掉人们不喜欢读的部分；（二）让读者快速翻页……”枯枝是人们不喜欢读的部分。没有它，读者就会更快地翻页。

看看下面这个美妙的章节，它在正式出版的《猫的摇篮》里已经无处可寻。如果这是我写的，我可没有勇气把它删掉。但是——这个章节是否推进了情节或人物塑造呢？显然，冯内古特并不这么认为。

顺便说一句，《猫的摇篮》的原名是《猫的呼唤》。这本书花了他十年时间。在1962年的一封信中，他这样说：

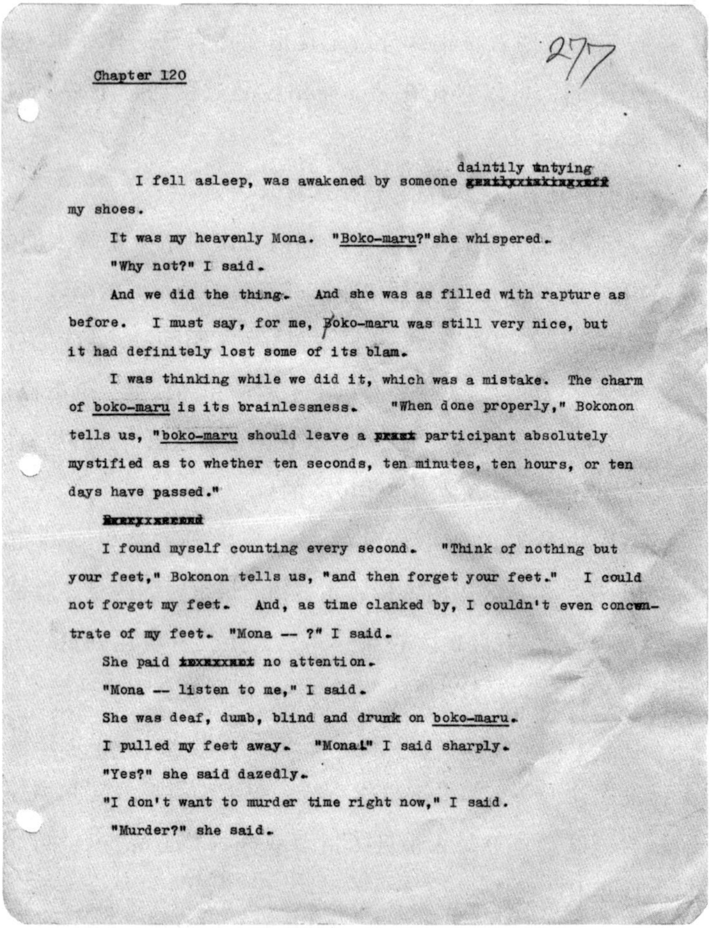

Chapter 120

277

daintily untying

I fell asleep, was awakened by someone ~~gentlyxxtakingxoff~~ my shoes.

It was my heavenly Mona. "<u>Boko-maru</u>?"she whispered.

"Why not?" I said.

And we did the thing. And she was as filled with rapture as before. I must say, for me, Boko-maru was still very nice, but it had definitely lost some of its blam.

I was thinking while we did it, which was a mistake. The charm of <u>boko-maru</u> is its brainlessness. "When done properly," Bokonon tells us, "<u>boko-maru</u> should leave a ~~prest~~ participant absolutely mystified as to whether ten seconds, ten minutes, ten hours, or ten days have passed."

~~Everyxxsecond~~

I found myself counting every second. "Think of nothing but your feet," Bokonon tells us, "and then forget your feet." I could not forget my feet. And, as time clanked by, I couldn't even concentrate of my feet. "Mona -- ?" I said.

She paid ~~texxxxxxt~~ no attention.

"Mona -- listen to me," I said.

She was deaf, dumb, blind and drunk on <u>boko-maru</u>.

I pulled my feet away. "Mona!" I said sharply.

"Yes?" she said dazedly.

"I don't want to murder time right now," I said.

"Murder?" she said.

《猫的摇篮》草稿（1）

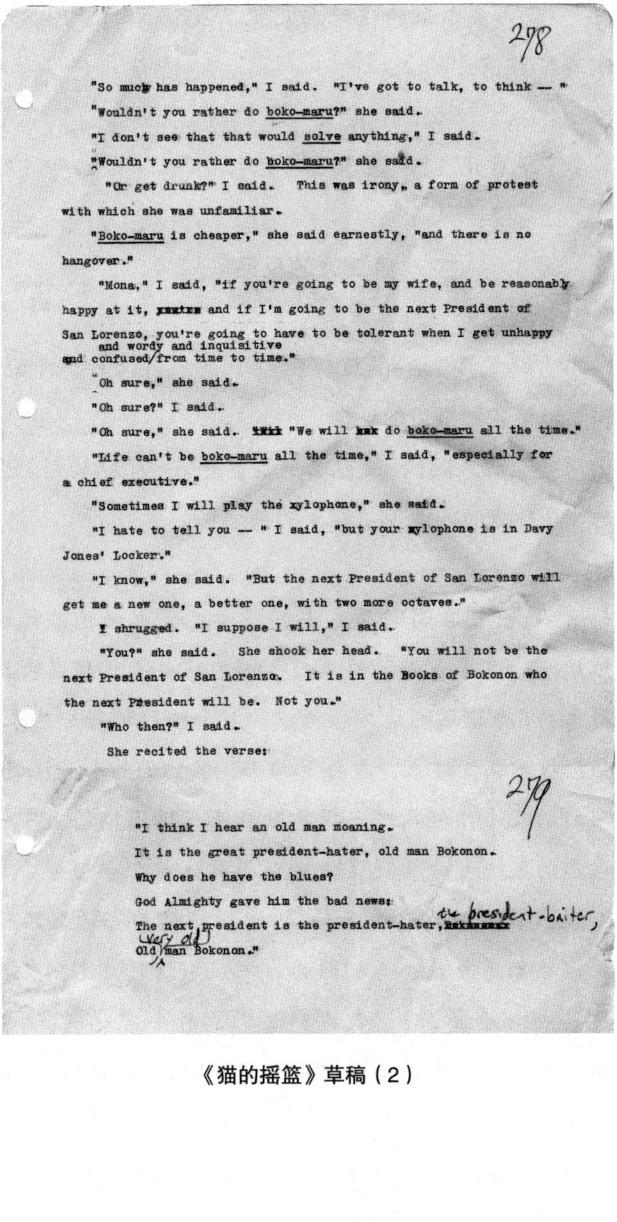

278

"So much has happened," I said. "I've got to talk, to think — "

"Wouldn't you rather do *boko-maru*?" she said.

"I don't see that that would *solve* anything," I said.

"Wouldn't you rather do *boko-maru*?" she said.

"Or get drunk?" I said. This was irony, a form of protest with which she was unfamiliar.

"*Boko-maru* is cheaper," she said earnestly, "and there is no hangover."

"Mona," I said, "if you're going to be my wife, and be reasonably happy at it, and if I'm going to be the next President of San Lorenzo, you're going to have to be tolerant when I get unhappy and confused and wordy and inquisitive from time to time."

"Oh sure," she said.

"Oh sure?" I said.

"Oh sure," she said. "We will do *boko-maru* all the time."

"Life can't be *boko-maru* all the time," I said, "especially for a chief executive."

"Sometimes I will play the xylophone," she said.

"I hate to tell you — " I said, "but your xylophone is in Davy Jones' Locker."

"I know," she said. "But the next President of San Lorenzo will get me a new one, a better one, with two more octaves."

I shrugged. "I suppose I will," I said.

"You?" she said. She shook her head. "You will not be the next President of San Lorenzo. It is in the Books of Bokonon who the next President will be. Not you."

"Who then?" I said.

She recited the verse:

279

"I think I hear an old man moaning.
It is the great president-hater, old man Bokonon.
Why does he have the blues?
God Almighty gave him the bad news:
The next president is the president-hater, the president-baiter,
Old very old man Bokonon."

《猫的摇篮》草稿（2）

“……我为戴尔做的这玩意儿花了我10年的时间，尽管它根本不值10年。”

某个“玩意儿”！不值得的十来年！

第三方的反馈

冯内古特关注人们的反应。以下是来自读者、评论家、演员和编辑等各种渠道的证据：

1974年，有人问他：“《冠军早餐》的另一个结局是怎么回事——你在什么时候改掉了原来的结局？”

“呃，我一直在写啊写啊写，终于，我说好了，就这样吧，然后……有很多寄送的工作，因为这些天我住在离我的出版商大约6个街区的地方。所以，我会给他们寄一些手稿，他们会把校对稿发过来，我再寄回去，靠他们的人手动送达。制作部门的几个年轻人——很抱歉我不知道他们的名字——带着文本的某一部分出现了，我忘了具体是哪个部分，其中一个人说：‘我不喜欢这个结局。’我说：‘结局有什么问题？’他们说：‘我们不喜欢，我们认为，不应该这样结束的。我们只是觉得应该告诉你。’我说：‘好的，我会考虑的。’然后我感谢了他们。我应该知道他们的名字的，因为——他们是对的！”

冯内古特后来写道，在创作戏剧《旺达·琼生日快乐》的早期阶段里“大约有60段说教意味浓厚的话”，评论家们注意到了他的说教，“所以我们删掉了半个小时的内容”。

“我们学会了去信任观众。我们在删减方面如此成功，以至于我们想写一部正在消失的剧。每天晚上，我们都会拿掉一个词，不断重复，直到所有演员只能够出来谢幕。”

冯内古特的出版社的一名资深编辑给他寄来了10页关于《神枪手迪克》草稿的批注，分为“一般”和“具体”两部分：单倍行距的2页上写了6条关于人物塑造和情节的建议，8页上写着115处校改意见。其中只有5处没有打上勾，显然库尔特在处理完成后还逐一核对过了。

但是，在编辑关于强化或弱化某些人物或情节的评论中，冯内古特只勾画了其中两处编辑意见。这里列举一处，是关于散文的：“运用戏剧片段的手法——也就是把场景当成戏剧场景来写——在文体上是相当戏剧化或者激进的。我必须承认，当我第一次读到这些场景时，我有些不舒服和反感。我考虑了一下，我有两个矛盾的念头：……我想你可以考虑将一些以这种风格写完的场景改写成直接叙述的、戏剧性的、直截了当的场景，同时只保留几处戏剧片段。这可能会让你保留的那些场景更有效。”

小说成品显示，冯内古特处理了这一条批评。他只有三次让身为剧作家的叙述者把可能用散文形式书写的东西转换成了剧本的形式，并且在第一次这样做之前，他解释了背后的原因。不过，在编辑提出的6条实质性建议中，冯内古特只接受了2条。

也就是说，从冯内古特的例子来看：你不必接受任何人的建议。你是最终的编辑。

如果你追随每一个提供建议的声音，迎合了一个又一个，那你可能会发现自己迷失了方向，不知所措。特别要小心那些暗藏的名利承诺（“如果你把这个改了，它就会更像畅销书之类的……”）。也许有一天你会意识到你写的不再是你自己想写的那本书了。你甚至可能不再享受你曾经热爱的写作过程。所以要小心。你必须听第三方的建议。你也必须最仔细地倾听自己的心声。

下面是库尔特给我写的一封信，他在信中强调要满足自己的——在这个语境下也就是我本人的——艺术愿景。“割断我的喉咙”那句话令人悚然，在我摇摆不定之际增强了我的信心。[1]

---

1 信中冯内古特赞赏了麦康奈尔的作品，并表示虽然几乎没有杂志会出版这种作品，但他“宁愿割断喉咙，也不愿建议她迎合市场（... rather slit my throat than tell you to write more commercially）”。——译注

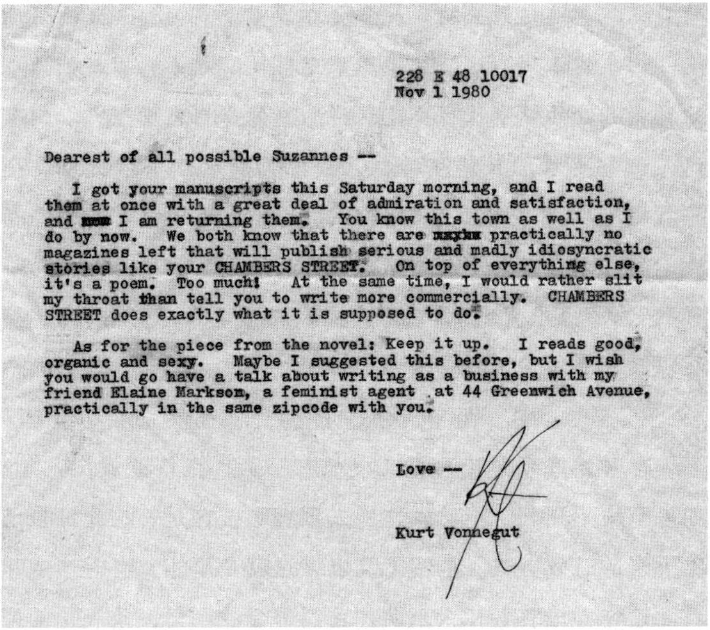

228 E 48 10017
Nov 1 1980

Dearest of all possible Suzannes --

I got your manuscripts this Saturday morning, and I read them at once with a great deal of admiration and satisfaction, and I am returning them. You know this town as well as I do by now. We both know that there are practically no magazines left that will publish serious and madly idiosyncratic stories like your CHAMBERS STREET. On top of everything else, it's a poem. Too much! At the same time, I would rather slit my throat than tell you to write more commercially. CHAMBERS STREET does exactly what it is supposed to do.

As for the piece from the novel: Keep it up. I reads good, organic and sexy. Maybe I suggested this before, but I wish you would go have a talk about writing as a business with my friend Elaine Markson, a feminist agent at 44 Greenwich Avenue, practically in the same zipcode with you.

Love --

Kurt Vonnegut

库尔特·冯内古特写给苏珊娜·麦康奈尔的信，1980年11月1日

勇于放弃

冯内古特做到了。

“我放弃过整本整本的书……”他在一部纪录片中说。

他在《囚鸟》的序言中说：“我曾试图写一个关于我和父亲在天堂重逢的故事。事实上，《神枪手迪克》早期版本

的书稿就是这样开头的。我希望在故事中成为他真正的好朋友。但事实证明，这个故事后来变得反常起来，写我们熟悉的真实人物的故事往往都是这样的。似乎在天堂里，人们可以是他们喜欢的任何年龄，只要他们在地球上经历过这个年龄就行……作为故事的作者，让我很沮丧的是，我身在天堂的父亲选择的年龄只有9岁……他成了一个‘奇怪的小男孩’，而且很苛刻。‘它非要变成一个非常不友好的故事，所以我放弃写它了。’”

有时候放弃意味着把文稿放在一旁，也许要放个几年。如果事情不顺利，不妨就这样去理解吧，这是一种允许自己停下来的有效方式。事实上，也许这就是事实。有时这意味着无论你心里装着什么东西，它们都会找到另一条表达的渠道，有时候则意味着告别。

把你的书稿留好！用清晰的眼光去看待你的工作是件棘手的事。总有一天，你认为的天才之作会看起来如同白痴。某天晚上你判定为垃圾的东西，第二天早上可能会让你意识到它雄辩的力量。

遇到棘手的问题，不管是放手还是继续都是可行的。倘若你正在纠结，检查下你的心理健康。倘若你在走下坡路，不妨停笔休息一下。写点完全不一样的东西。

勇于不懈奋斗

稍事休息后，再看看让你卡住的手稿吧。看看你的感觉如何，稿子读起来怎么样。可能只是因为你离得太近了，或者一时力竭。重读一下第八章里库尔特·冯内古特写给约瑟夫·多诺索的话吧。从你尊敬的作家、了解你和作品的人那里获得一些关于你自己和稿子的建议。

然后做出决定吧。履行你的决定。

不管是放弃还是继续都需要勇气。

不管怎样，你都在你的写作实践上走得更远了。

以下内容出自《猫的摇篮》：

"'父亲需要某种可以读给将死或极度痛苦的人听的书。我想你没有写过这样的东西。'

"'还没有过。'

"'我认为这能赚钱。再告诉你一个有价值的点子。'

"'我想我可以把《第二十三首赞美诗》彻底改造一遍，换换改改，这样就没人会意识到它不是我原创的了。'

"'博克侬曾试图彻底改造它，'他告诉我，'博克侬发现他一个字也改不了。'"

第三十二章
点兵点将

在接受《巴黎评论》的采访时，冯内古特透露了他在和姐姐爱丽丝的谈话中获得的一个颠覆性认知：

“(爱丽丝)本来可以成为一位杰出的雕塑家……有一次，我痛骂她没有好好发挥自己的才华。她回答说，有才华并不意味着你有义务用它来做点什么。这个观点令我震惊。我本以为人们应该抓住自己的才华，尽可能跑得又远又快。”

“你现在怎么看?”采访者追问道。

“呃——现在看来我姐姐说的话是一种特别的女性智慧。

我有两个女儿，她们和我姐姐一样有才华，如果为了抓住自己的才华，拼命跑得越快越远越好，她们就会失去风度和幽默感，那她们可就惨了。她们看到我尽可能地跑得又远又快——在她们眼中，这一定是一场相当疯狂的表演吧。而且这是最糟糕的隐喻，因为他们实际上看到的是一个静坐了几十年的人。”

“坐在打字机前。”采访者说。

“没错，而且同时还在疯狂地抽烟。”

他总结道，虽然他感觉自己是被迫为之，但事实上，正如爱丽丝指出的，他确实是自己选择了这条路。你并不是一定要发挥你的才能。你不必带着它奔跑。正如，假如你是一名有天赋的游泳运动员，你不必努力成为一名奥运会游泳选手，假如你热爱动物，你也不必努力成为一名动物学家，等等。

冯内古特几次提到这种跟姐姐之间的交流，它充满启迪。在他的小说中，他一直在把玩“目的性”这一概念。《闹剧，或者不再寂寞》中的一个角色说：

“我们本来可以养鸡的，我们本来可以有一个小菜园。我们本来可以用我们不断增长的智慧自娱自乐，丝毫不在乎它潜在的用处。”

另一方面，在冯内古特的全部作品中，自由意志——甚至是成为作家的选择——总是令人怀疑的。

对冯内古特的作家身份最大的家庭影响来自于他的母亲——伊迪丝·利伯·冯内古特，一个受过良好教育的、聪慧而有教养的女人。在大萧条时期，冯内古特的父母因投资庞氏骗局损失惨重，母亲靠着为杂志撰稿来赚钱。

“结果，她竟是一个不错的作家，但她没有通俗杂志所需要的创作粗俗内容的天赋。幸运的是，我身上充满了粗俗，所以，长大后，我能够让她的梦想成真。为《科利尔杂志》、《周六晚邮报》、《大都会》和《妇女之家》等杂志写作对我来说就是小菜一碟。我只希望她能活着看到这一切。我只希望她能活着看到她所有的孙子孙女。她有十个。她却连第一个都没看到。我也实现了她的另一个梦想：我在科德角生活了很多年。她一直想住在科德角。**也许儿子试图实现母亲不可能成真的梦想是件很常见的事**。我姐姐去世后，我收养了她的儿子，看着他们试图让她不可能实现的梦想成真，真令人悚然。”

他在《比死亡更糟的命运》中评论说，就连他姐姐决定不使用自己的天赋这件事也可能比表面上更受局限：

“爱丽丝只是一个女孩……而且……她受到的创伤主要

是，她制作的每一件雕塑或每一幅画，父亲都会把它夸上天，仿佛是米开朗基罗的《圣母怜子图》或西斯廷教堂的天顶画一样。在她后来的岁月里（时间不长，只持续到41岁），这使她变成了一个怠惰的艺术家。”

《自动钢琴》的主角保罗说：“人类的主要职责是好好做人……而不是充当机器、机构和系统的附属物。”

如果以一种竞争性、集体性的狭窄视野看待作家生活——艺术学硕士项目、会议、在线论坛、同行团体、为出版付出的努力等——人们就很容易忘记，写作只是你表达感性的众多可能性之一。以下是关于我自己的一件趣闻，我忽然有所领悟，值得一提：

我在1968年离开爱荷华大学作家工作坊，两年半后，我全职教书。有生以来第一次，我在从事自己热爱的事情的同时获得了有报酬的工作，这使得我以完全不同于写作本身的角度全身心地投入了写作和文学。一个周末，在离开工作坊的温室里一年多后，我回到爱荷华市参观，我走进了爱荷华大学的书店——爱荷华大学图书及教育用品商店。书架上放着一部我的熟人汤姆写的小说，白色封面上印着一张他和妻子贾尼斯的照片，生气勃勃，却又有些不真切。我在爱荷华的第一年就介绍他们认识了，然后他们相爱、结婚。我看了护封上的文字。这部小说改编自他们的爱情故事。我查看了价格，然后大笑起来。

所以，成为一名作家只不过是把你的经历放在花哨醒目的封皮之间，然后以7.95美元的价格出售！

这看起来很滑稽吧。我在密歇根州种族隔离的萨吉诺给工人阶级学生和老兵上课一年后，越南战争肆虐，而附近的米德兰市的一家陶氏化学工厂正生产着凝固汽油。此时此刻，写作，这种我们许多人如此认真地对待乃至于单独用它来衡量自身价值的努力，看起来如此荒谬、可笑、滑稽！

汤姆的小说没有以扣人心弦的社会问题为中心，也并没有这种打算。尽管如此，不管他的小说书写了怎样的人生，它现在都被压缩在封皮之间的静态印刷品中。

就在我恍然大悟的时候，工作坊的另一个朋友霍华德·麦克米兰走了进来。他来到爱荷华大学图书及教育用品商店，想看看自己的小说摆上书架的样子。他问我在笑什么。我向他解释了一遍。他看上去有些疑惑。他找店员查了汤姆的销售额。他找到了他的书摆放的位置。查了他自己的销售额。我们各自离开了。

我永远不会忘记这件事。

另一方面，我会一次又一次地忘记它。

你应该记住，你可以做出选择。

“特劳特在42号街上吓呆了。我（虚构的作者）给了他

（特劳特）一个不值得过下去的生活，但我也给了他一种活下去的钢铁意志。这两者在地球上是个常见的组合。”（《冠军早餐》）

如果写作给了你不值得过下去的生活，那就考虑把写作的钢铁意志松懈一下吧。

陷入作家生活——以及“成为作家”的想法——之中，你写作的初衷可能会变得模糊。

如果发生这种情况，就考虑放松一下吧。做一些你非做不可的事情。

休息一会儿再回来。回归到写作的基础：那种倾吐和塑造你要说的内容的激情和快乐。

“……就像他的书一样，库尔特的话让我神魂颠倒地爱上了我的想象力，”库尔特在哈佛教过的学生吉姆·西格曼回忆道，“然而，在学期结束时，我告诉他，从我听到的一切来看，我不认为我会喜欢作家的生活。”他的回答并算不上是强行推销：

“不要当作家，”库尔特说，“如果你可能做不到的话。”

冯内古特的作品中，叙述者以奇妙的鸟瞰视角观察生活。以下是两个例子：

"'我看不出你是不是认真的。'"司机说。

"'在我弄清楚生活是不是认真的之前，我是不会了解自己的，'特劳特说，'生活很危险，我知道，甚至还很伤人。这并不一定意味着生活也是认真的。'"(《冠军早餐》)

"我在西莉亚的葬礼上做了白日梦。我们没有理由去期待会有人说出任何真正令人兴奋或慰藉的话。就连查尔斯·哈雷尔牧师也不相信天堂或地狱。就连那位牧师也不认为每一个生命都有意义，每一次死亡都会让我们惊愕，从而去学习一些重要的东西，等等。尸体是一个不一会儿就崩坏的平庸之物，而哀悼者们则是不一会儿就崩溃的平庸之辈。

"城市自身正在崩溃……

"地球自身正在崩溃……

"我坐在教堂的后面，做了一个白日梦，梦到了一个关于生活是什么的理论。我告诉自己，母亲、菲利克斯、哈雷尔牧师、德韦恩·胡佛等人都是一个巨型动物的细胞。没有理由认真地对待我们这些个体。西莉亚躺在她的棺材里，浑身注射着通乐和安非他明，她也许是一个跟银河系一样大小的胰腺脱落的一个死细胞。

"而我，一个单细胞，竟然如此认真地对待我的生活，这多可笑啊！"(《神枪手迪克》)

第三十三章
谋生

靠写作谋生

“我曾经任教于一个作家工作坊……我在每学期的一开始会说：‘这门课的榜样是文森特·梵高——他把两幅画卖给了他哥哥。’”

对于任何类型的严肃作家或艺术家来说，如果你没有含着金汤匙出生的话，最棘手、最根本的问题是如何支撑你的写作习惯。

你不仅必须要支撑这个习惯。像其他人一样，艺术家首先必须为自己和家属提供衣食住行。所以艺术家有两个首要任务。其中之一（这可能涉及多个任务）就是必须养家糊口。

在被问及对那些有志于以写作为业的年轻作家有什么建议时，冯内古特回答说：

“现在，年轻作家起步时要难得多了，对现在的年轻人来说，很多事情的起步都……要难多了……很不幸，现在穷人没有办法一开始就走作家这条路。”

冯内古特在1973年就说过这话了！近45年间有什么变化？靠写作挣钱甚至变得更难了。打消以此为生的念头吧。统计数据反映出了普遍的收入差距：那一小部分获得了经济成功的作家占“1%”，剩下的是其他人。各种类型的作家都是如此。

迅速在网上搜索一下作家的收入，就会弹出以下标题：《不要辞掉你的主业——写科幻和奇幻小说的经济现实》《作家的收入——文化迷思》《我的亚马逊畅销书没给我赚一分钱》。最后一篇出自帕特里克·温西克之手，它最鲜明地直击要害：

“即便写作可以挣钱，也不会有很多。

“从经济角度来说，这就好比是你有年度最佳的独立图书宣传故事，并且快要登上畅销书排行榜榜首。

“开场鼓响起。

“一万两千美元。

“这本书卖了4 000册左右。”

为什么会这样？冯内古特总结道：

“我们不缺优秀的作家。我们缺的是可靠的读者群体。”

根据皮尤研究中心的一项调查，成年美国人每年平均阅读12本书，年幼和年迈的读者占的权重较大。有多少人读小说？只有上帝知道。

客观起见，还要考虑这种说法：

“有一回，我有幸听到比尔·施蒂伦的一次演讲，他指出，那些伟大的俄罗斯小说——这些小说对美国作家的影响甚至超过了霍桑、吐温或任何你愿意提起的美国作家——它们是为极少数的读者写的，因为在一个文盲数量庞大的帝国中，识字的人非常少。”

库尔特·冯内古特开始写短篇小说，是为了赚钱。试想一下，现在这还可能吗！

“我有家庭，而我赚的钱完全不够养家糊口，所以我开始在周末写短篇小说。当时，杂志行业体量巨大，他们会给短篇开非常高的价格，他们需要很多短篇。”

“1949年10月28日

亲爱的爸爸：

我把我的第一篇故事卖给了《矿工杂志》。昨天中午收到了我的支票（750美元，再减去10%的代理佣金）。现在看来，我还有两部作品很有希望在不久的将来售出。

我想，我找到方向了。我已经把我的第一张支票存入了一个储蓄账户，如果我卖了更多的短篇，我会继续存钱，直到存下相当于在通用电气上一年班的工资。再卖四个短篇就够了，而且还会有余钱（我们以前从未有过）。然后我会辞掉这该死的鬼工作，只要我还能活下去，就再也不上班了，上帝保佑我。

我比过去很多年都更快乐了。

爱你的

K”

当年的750美元相当于现在的7 481美元。

两年后，也就是1951年，他辞去了他的主业。

然后，冯内古特不得不疲于奔命，他确实挺劳碌的。他的家庭扩大了。他的收入状况发生了逆转：现在他不得不靠其他工作来补充写作的收入，才能收支平衡。他教过书，还尝试过卖萨博汽车。他想出了一些荒唐的计划。

他向他的朋友米勒·哈里斯推荐了其中一个计划，哈里斯是一名兽医，兼《康奈尔太阳报》的记者，也是一名有抱负的作家，刚刚在《哈珀斯》杂志上发表了一个短篇，当时正在从事家族的衬衫制造生意。

"1950年2月28日

纽约州阿尔普劳斯

亲爱的米勒：

好吧，我承认，想以写作为生的人注定会失败。除此之外，我这封信还有一些别的想法要说。

这封信是写给衬衫制造商哈里斯的。我对一个能制造和销售领结的人有个建议。可以吗？我对服装贸易一无所知，所以也许这整个念头都很荒谬。

我有一个关于领结的主意。要是你听了，我想你会同意，它会在几周内疯狂发展，成为轰动一时的青少年潮流，非常有利可图。

你对这种事情感兴趣吗？这种领结几乎没有任何生产成本——没有机械小工具，没有电线，没有电子管。只是一个普通的领结（它在黑暗中不会发光，该死），像其他领结的装配方式一样。但有一点会让它天生就适合促销。

你有兴趣吗？如果有，如果这个想法还不错，你会怎么报答我？”

与短篇小说相比，写长篇的报酬十分微薄。

“双日出版社想让我把《巴恩豪斯效应报告》扩展成一部完整的长篇。这样，我可以再赚750美元。”他写给哈里斯的信里有这段充满讽刺意味的话。

然而，只有以小说的形式，他才能不受流行杂志市场的束缚，拥有自己的发言权。

“我有一个项目，我认为一定会有回报……”他在同一封信中透露，“我希望给自己打造一个科幻作家的名声。”

一方面想冒险去做自己想做的事情，对公司苦差事充满厌恶，但另一方面又认识到自己有养家糊口的义务，这种冲突在他那些年的小说中浮现，在短篇《工厂里的鹿》和长篇《自动钢琴》中尤为明显。

面对这些冲突的并不只有他一人。许多二战老兵回国后，都只能到郊区的公司上班，这让他们感到沮丧。20世纪50年代中期，威廉·怀特[1]的《组织人》和斯隆·威尔逊[2]的小说《穿灰色法兰绒套装的男人》都批评了企业界墨守成规的心态，畅销一时。

重点在于事情表面上发生了变化，但本质上保持不变。是的，冯内古特靠写短篇赚了钱，变成了成熟的小说家，但现在这是不可能的了。即便他辞去了通用电气的工作去全职写作，从根本上来说，他只是把一份全职工作换成了好几份别的工作。大多数时间，尽管他在学着如何去构建出一个能大卖的好故事，但他并没有写他想写的东西。

而今，你可以一边写自己真正想写的任何东西，一边学习怎么写好。你只是赚不到钱。事实上，你很可能还会花钱去学怎么写。但是自由职业和稳定的朝九晚五之间的冲突依然存在。

“从心理角度来说，”库尔特承认，“一旦我注意到科幻小说作家有多穷，而我当时就是他们中的一员，并且我跟他们中的任何一个一样穷，我就想我可能会变成基尔戈·特劳特。”

1　威廉·怀特（1917—1999）：美国社会学家、记者。
2　斯隆·威尔逊（1920—2003）：美国作家。

“我10岁的时候，”马克·冯内古特回忆道，“库尔特问我能不能借走我靠送报纸攒下来的300美元。”

“‘我只希望基尔戈·特劳特在这里，’艾略特说，‘这样我就可以和他握手，告诉他，他是当今在世的最伟大的作家。我刚刚被告知，他不能来，因为他请不起假！这个社会给了最伟大的先知什么工作？’艾略特哽咽了，有那么一会儿，他无法说出特劳特的工作，‘他们让他在海恩尼斯一家赠券兑货中心当仓库管理员！’”（《上帝保佑你，罗斯瓦特先生》）

好消息是：

冯内古特曾经挣扎过。如果你是一名作家，你可能也会有经济方面的挣扎。但是挣扎并不是件坏事。挣扎意味着你在投入，你在学习，在奋斗。真正糟糕的是无精打采、漠不关心、没有决心。

听听这句话：库尔特在经济上最窘迫的时候也是他最高产的时候。

“我的大部分作品都是在科德角写的，我从1950年到1970年住在那里……那可能是我创作生涯的巅峰……到1970年我最终离开科德角时，我会很满足于我创作出了我所创作的一切。我常常在那儿的大盐沼上散步，大雁会从我前面飞起，我会走4个小时回家，一路上感觉既健康又开心……”

关于你的主业

“一个生活在大萧条时期的孩子丢了工作，就像丢了一个钱夹或前门的钥匙。再去弄一个就是。”

有时候，“再去弄一个”会产生惊人的结果。

“库尔特·冯内古特曾写道：‘只有疯子才想当总统。’但在他的帮助下，我成了一名白宫演讲撰稿人，”罗伯特·莱曼在《纽约时报》上刊登的一篇文章开头如是说，“1965年，冯内古特是我在爱荷华大学作家工作坊的导师，我在那里学习小说创作。有一天，他说他可以帮我拿到一个助教职位，但是我必须教演讲。

“‘我对演讲一无所知。’我说。

“他大概说的是：‘去学。有1 800美元呢。’”

鲍勃照做了。他发现自己热爱说话的艺术。我记得，他曾积极参与反战运动，并且经常站上演讲台。政治的吸引力与他在撰写演讲稿方面日益精进的专业实力相结合，最终让他在1993年至1995年间成为副总统阿尔·戈尔的首席演讲撰稿人。在全职做演讲撰稿人的同时，他还发表了四部小说和一百篇非虚构类的文章。华盛顿政坛为短篇小说的创作提供了燃料，而他干了一辈子的“主业”则催生了一本谈演技的书，并且广受好评——《政治演讲撰稿人手册：作家及演讲者指南》，于2009年出版。现在他仍然在教演讲，并且，对于作为评论员和演讲撰稿人的他，商业需求持续火爆。

理想的“主业”是一份你喜欢的工作，可以促进你的小说创作，并且有体面的薪酬。这份工作还能满足你写作之外的东西——例如，你的身体、协作或互动等。更好的情况是，它还有着可以激起读者好奇心的不同寻常的专长、情境或环境，而且它本身可以为故事提供素材。许多医学和法律行业的从业者都成了以自己的职业为题材的著名作家。

如果你还年轻，才刚刚起步，那你可以考虑选择另一个你满意的、能赚大钱的职业作为你踏上创作之路的第一个目标。如果你积极性强，高度自律，有家人的支持和充沛的精力，你就会开始写作。也许你可以兼职或者推迟写作，直到你攒够钱辞职。

另一方面，出于许多原因，你可能不会选择或不想拥有两份全职职业。或者你可能没有上面列出的同时做两份职业所需的种种条件。大多数人都没有。不必担心。这跟你的身份、你的境遇或者你的风格都没有关系。

应对你并不特别偏好的工作的方法是：在这份工作里找到你确实在乎的某些东西。

例如，冯内古特非常在乎他在通用电气并肩工作的伙伴们。其中有几个跟他做了一辈子的朋友。

在《上帝保佑你，罗斯瓦特先生》中，他写了一名实践了所谓的“义务性关怀”的保险推销员。

“可怜、悲惨的弗雷德每天早上都去药店和报刊店寻找保险业务，前者是富人的咖啡屋，而后者是穷人的咖啡屋。他是镇上唯一一个在这两个地方都喝过咖啡的人。”

“可怜的弗雷德为了偶尔带回家的一点碎银子拼命工作。他现在正在工作，对着报刊店里的一个木匠和两个水管工眉开眼笑。

“他与他们谈论他们的妻子。‘我能做的，都已经为她（我的妻子）做了，’弗雷德宣称，‘天知道这还不够。做再多都不够。’真的有什么东西哽在他的喉头。他知道，必须有什么东西哽在他的喉头，那必须是真实的，否则他才不会卖什么保险。然而，保险是一件即便是一个穷人也能为他的新娘子做的事情。”

我是这样发觉“义务性关怀”的：在作为自由撰稿人为富兰克林图书馆出版公司撰写纪传体序言时，我曾经被分配了一本我认为挺平庸的小说，我一度写不下去，直到一位资深自由撰稿人建议我不要试图写假话，而是找到我关心的东西并抓住它。我钦佩作者约翰·赫西，我只是不喜欢他那部小说。这种钦佩使我坚持了下来。

尽管冯内古特厌恶通用电气的工作，但这份工作为他的第一部长篇小说提供了激情和主题，以及公关方面的宝贵指导。

一切工作都是小说的金矿。

冯内古特鼓励我们写工作。他说，人们在这方面写得不够多。大多数人花很多时间在工作上，工作场所在冲突、人物刻画和社会评论方面的潜力巨大。

非专业性的工作给了你体验阶级、权力和工作场所的内在机制和薄弱之处的途径，要不是因为要上班，你在情感上是很难接近这些东西的。

“倘若你是任何一类艺术家的话，处于边缘是一个巨大的优势，因为你能比处在中心的人做出更好的评论。”冯内古特说。

二战时，他是一名二等兵，而不是军官。

有一天，库尔特告诉我们，他的一个作家朋友决定给房子刷漆，他认为自己可以整天机械地刷油，而他的心则专注于写作。但实际发生的是，冯内古特一边说一边爆笑起来，笑到上气不接下气，他的朋友就只是刷了一整天的漆而已。

同样，20世纪70年代我在一家爵士俱乐部当服务生，觉得自己既能挣钱，又能听音乐。结果，大部分顾客也是爵士音乐家，穷得给不起像样的小费，而且你不能同时接待顾客和听音乐。半夜在地铁上听音乐也很危险。但这段经历成了一个短篇的素材，我以此写了不少东西。

工作就是工作。你必须出勤。

“我7：30起床，每天工作4个小时，”1983年，冯内古特在一部纪录片中说道，“早上从9点到12点，傍晚从5点到6点。要是商人们研究了人体的新陈代谢，他们就会取得更好的业绩。一天工作8小时，没人能够把工作干好。没有任何人应该工作4小时以上。”

你很容易怨恨你的工作过多占据了你的时间，认为只有当你有了更多的时间，才能妙笔生花。我熟识的一位小说家曾经在一家周刊的编辑部全职上班，然后等到她的第一部小说大卖，她便辞职了。几年后，她向我倾吐：“你不知道我有多怨恨《新闻周刊》。”然而，她发现，拥有大把的时间并没有像她想象的那样大幅改变她和写作的关系。

有充裕的时间来让你自己的节奏引导你，摆脱从生活必需中挤出时间写作的感觉中，这是多么美妙。时间的礼物可不是闹着玩的。它很重要。但是，时间的使用和质量更加重要。

事实上，这种挤出时间的压力可以让你的写作时间更加神圣和富有成效。

对于商业写作活儿让人失去才气的观点，冯内古特如是说：

“只有言情小说那种作品会伤害作家的灵魂。在爱荷华，我和迪克·耶茨[1]每年都会做一场关于作家和自由职业的讲座。学生们讨厌这场讲座。我们会谈论可以接到的各种写手活儿，以维持生计，或者想要积累足够的资本作为一本书的创作经费。由于出版商已经不再会投钱给长篇小说处女作，由于杂志已经死亡，由于电视不再找年轻的自由职业者购买作品，由于基金会只会给像我这样的老家伙拨款，所以年轻作家将不得不充当无耻的写手，才能养活自己。否则，我们很快就会发现，我们已经没有当代文学了。对作家而言，写手活儿只有一个真正的可怕之处，那就是浪费他们宝贵的时间。”

1 即前文提到的理查德·耶茨，“迪克”是“理查德”的昵称。——译注我不讨厌那场讲座。我很感激。我觉得似乎终于有人从根本上真正担心我们和我们的未来了。我自己也刚刚开始担心。

我记得，是库尔特策划了这个论坛。它不在课程的范围内，而是一个惊喜，一份礼物。

在那次务实的演讲中，他和耶茨邀请我们敞开心中通往各种赚钱可能性的那道门。技术写作、医学写作、拨款申请写作、工业电影写作——各种各样的途径都包含在提议之中。他们建议，不妨也考虑从事广告业来挣工资。我简直不敢相信自己的耳朵。广告啊，作为建制的核心的核心，在那反建制的60年代遭受了多少批判。广告只求把东西卖光！

冯内古特了解其他人对于“必要事物”的轻蔑。

“当我为了维持自由作家的身份为《周六晚邮报》和《科利尔杂志》撰写短篇时，我遭到了嘲笑！我是说，曾经有一段时间，给流行杂志当写手是一件令人厌恶的事情，好比卖淫一样。没有为流行杂志写稿的人显然不需要那份钱。我很想成为那样的人，但我不是。我是一家之主，我以一种至少对我来说看似体面的方式来支撑这鬼东西。”

如果库尔特·冯内古特对工作过于敏感或过分讲究，那他也许不会成功。他可能不屑于为《纽约时报》撰写《兰登书屋足本辞书》的书评——这份书评吸引了他日后的出版商萨姆·劳伦斯的目光。“从表面上看，”他的传记作者查尔斯·希尔兹评论道，“写字典书评是一个糟透了的差事”，是当年那些书评肥差的“边角料”。此外，他可能还被他收到那本词典给冒犯了。他把字典给了巴里·卡普兰——他在爱荷华的研究生助理。巴里称，他们寄来的是一份销售专用的样书。只有A和B的条目。但是很厚。库尔特没有生气。他觉得很好笑。

看看收录在《欢迎来到猴子馆》里的书评吧。真是令人拍案叫绝。冯内古特做到了口语化、充满想象力、信息量大，而且还阐述了他的政治议题，赞扬了他喜欢的作家，倡导了某些社会政治态度，所有这一切，都是他在对一本平平无奇的字典的评论里完成的。

无论你写什么，它都会增加你与文字缠斗的技巧。

商业写手活儿的另一个“可怕之处”在于：它让你重复体验写作的桎梏。谁会愿意在盯着电脑屏幕看了几个小时后还盯着它看呢？谁会愿意在为了薪水码了好几个小时的字后再舞文弄墨呢？

为了避免这种重复，你可以手写，偷偷写，或者在酒吧写——在任何明显不一样的地方，在比你日常工作所需更有趣的场所。

在那场关于接活儿以及如何多接活的讲座最后，库尔特如是说：

“找我们。”

他指的是那些当我们老师的资深作家。

我清楚地记得他说这句话时的样子。他直直地看着我们，然后垂下眼睛，从嘴里滑出这句话。在我看来，他所传达的，是生活必需的底线。

冯内古特的学生罗尼·桑德罗夫讲述了一件关于这一概念的逸事：

“我写了一个名为《过时服装女王》的短篇，讲的是爱荷华市的一场返校节游行。冯内古特喜欢《过时服装女王》，主动提出帮我给《红皮书》杂志投稿，但我拒绝了。拜托，老妈，我宁愿自己来。这个故事被录稿了——这是我的第一份有偿出版的作品——直到十多年后，我才得知，冯内古特给《红皮书》寄了一封信，请他们密切关注这则故事，编辑们收到他的信后激动坏了。这真是太尴尬了：多年来，我一直告诉人们，我是活生生的证据，证明你可以从废稿堆里挑一个故事卖出去。我想要相信：在这个世界上，优秀的品质比人脉更管用。

“当我的处女作——两部中篇小说的合集——《派对和闺蜜》准备出版时，我愿意直面不公，找冯内古特给我写一句短评。他写道：‘强大、想象力卓然、坦率得令人悚然。’他还把我比作J. D.塞林格，但编辑删掉了那部分。”

冯内古特告诉采访者，在全国任何一个班的二十名学生中，有六名会变得“才华横溢”，有两名有可能会发表点儿东西。那么，是什么让那两个可以发表作品的人区别于其他同样有才华的人？

“他们脑子里装着的不只有文学，还有别的。他们也可能是骗子。我的意思是，他们不想被动地等待别人来发现他们。他们会力图让自己的作品被人阅读。”

冯内古特欣赏某种特定的放肆。

“1967年的冬天，”作家丹·格里森回忆道，“我身处那些有着不结实铁皮屋顶的活动房屋的其中一间，瑟瑟发抖……不耐烦地等待着伟大的库尔特·冯内古特给我上的第一堂、也是唯一一堂课。”他是一名新闻专业的本科生，没有报上这门课的名，希望去旁听。但教室里只有站着的位置了。冯内古特告诉他在下学期之前来见他，就可以把他注册进去。

“我实际上是打算照办的，但当我再次走进他的课堂后……我从另一间小屋里抽来一把椅子，带到冯内古特的教室里，扑通一声坐了下来……我引起了他的注意，他愣了一下，问我是不是该来上这门课。

“我说：‘是啊，你不记得我上节课来了吗？’

“他疑惑地看了我一眼，停顿了几秒，然后点点头。‘哦，是的……那好吧。’

“几周后，他在学生会看到了我，便叫我坐下。‘你不是交了一个关于三个躲在妓院里的少年的故事吗？’

“我说是的。

“‘我真的很喜欢这个故事，’他说，‘但跟我说实话。你不该来上那门课的，是吗？’

“‘是不该吧。’

“他的脸上皱起沟壑，咧开嘴，绽出一个像西瓜一般大的笑容。‘见鬼，我就知道。但是我让你留下来是因为我喜欢你的勇气。在这个世界上，没有勇气，你是走不远的。’

“我（丹·格里森）从冯内古特那里学到的（第三）重要经验是：勇气会为你开门。”

有些作家愤世嫉俗地认为人脉是成功出版的唯一的钥匙，这样的作家太天真。

出版商是做生意的。他们希望生意兴隆。他们不会出版他们认为卖不出去的、前景堪忧的、损害自己声誉的东西。如果桑德罗夫的故事写得不好，或者没有满足读者需求，那《红皮书》就不会买他的作品。

人脉有时候管用，是因为这个“项目”——这是他们出版界的行话——非常合适。如果两个作品各方面都旗鼓相当，一个有关系的人得到的背书肯定会使得他的作品被选上，打败竞争者。工作也是如此。所以，没错，人脉是有帮助的。时而有益，时而有害。不管有没有人脉，你都要尽最大努力。

下面举两个冯内古特职业生涯里的例子：库尔特在康奈尔大学认识了诺克斯·伯格，后来，他向诺克斯担任助理编辑的《科利尔》杂志提交了一篇故事，两人重新建立了联系。诺克斯拒绝了这则故事，他的评价是："这对我们来说有点儿说教了。"

最终，诺克斯·伯格成了冯内古特早期出版生涯中的一名编辑和朋友，出版了冯内古特的第一部短篇，并在一家出版社担任编辑，出版了冯内古特的第一部短篇小说集《猫屋里的金丝雀》，还编辑了《茫茫黑夜》。

出版商萨姆·劳伦斯受到冯内古特写的词典书评的影响，所以才向库尔特·冯内古特开出了一份三本书的合约。冯内古特在书评中碰巧提到了劳伦斯的前老板贝内特·瑟夫，可能这也有所帮助——尽管这不属于"人脉"的范畴，甚至谈不上有意为之，只是事后再回过头看的巧合罢了。倘若库尔特的书评写得笨拙，提到瑟夫也没有什么意义。

文学杂志界也是如此。在《贝尔维尤文学评论》，我们对那种不当行为避之不及，如同瘟疫。有时这种回避甚至是对我们不利的。在我们拒绝发表一个知名、富有的赞助商的文

Collier's
THE NATIONAL WEEKLY
THE CROWELL-COLLIER PUBLISHING COMPANY
250 PARK AVENUE
New York

Thank you for sending us the accompanying manuscript. We have read it carefully and regret that it does not meet the present needs of Collier's.

We shall be glad to receive other contributions which you think suitable to Collier's and promise a thorough reading and a prompt decision.

Sincerely,

THE EDITORS

This is a little sententious for us. You're not the Kurt Vonnegut who worked on The Cornell Sun in 1942, are you?

Knox Burger
Assoc Editor

《科利尔》杂志的退稿信

章后，一大笔奖金被收了回去。我们甚至拒绝过曾经为我们担任竞赛评委的人提交的作品。作为编辑，对我们来说重要的只有一件事：文章与我们当前考虑的问题之间的平衡。

勇气是有极限的。人脉亨通亦如是。

冯内古特的长篇小说《茫茫黑夜》中，身为剧作家的叙述者在监狱院子里被纳粹杀人犯阿道夫·艾希曼塞了一张纸条，纸条上写着一个问题。

“‘你认为文学代理人是绝对必要的吗？’纸条上有艾希曼的签名。

“我的回答是这样的：‘对于美国的书友会和电影票房来说，绝对有必要。’”

马克·冯内古特写道，距离那次借他送报攒下的钱十年后，他的父亲“……一眨眼就从穷人变成了名利双收”。在这一眨眼的工夫，库尔特告诉采访者：

“坦率地说，这笔钱让我感到尴尬。获得成功会让你觉得整个世界都疯了。在你成功的时候，你会发现你几乎可以发表任何东西，而我对此的反应是：干脆停止写作。这就是我正在寻找新工作的原因。”

从相对默默无闻突然跃迁到举世瞩目、光芒夺目，这确实令人不安。名气会让人不稳。约翰·欧文在20世纪80年代初露头角时，库尔特就吐露了他的担忧："至少这件事发生在我身上时，我已经40多岁了。"

人们会将你的人格和人设搞混。他们惧怕你，对你有所要求，有所预测，有所期待。

有一次，在某个大学举行的一场朗读会后，有一场特地为冯内古特办的聚会。会上，他告诉我，没有人走过来和他或他的妻子吉尔说话。大家都太胆怯了。

在最近某一年的9月，当我在布鲁克林书展上给冯内古特纪念图书馆的展位帮忙时，印第安纳波利斯的一个本地人——约瑟夫·希普利——提起了这件逸事。当他还是一名高二学生时，一个秋日里，他读完了《猫的摇篮》和《五号屠场》，然后在印第安纳波利斯市中心的街上与库尔特·冯内古特擦肩而过。

"我认识你！"乔脱口而出。

"不，你不认识我。"库尔特回答。

一开始，库尔特还在课堂上羞于启齿地承认，自己在努力提升社交技巧，而几年后，他突飞猛进，和其他知名作家一同跻身受邀到白宫的行列。

这样的飞跃对朋友和家人来说是难以接受的。你的爸爸、丈夫、叔叔——甚至你的老师——突然变成了另一个人，一个显贵要人，一个粉丝们认为自己认识的人，一个留给你的时间少了很多的人。

“我从小一直认为，如果我们家能再多一点钱，一切就都完美了。然而，这笔钱把一切都毁了，”马克说，“他出名以后，人们立马像饥饿的孔雀鱼围着一块面包似的围着我父亲。库尔特再也没有足够的时间跟我们在一起了。”

各方都花了很长时间才习惯这件事。

库尔特晚年告诉马克，他为恢复家族财产而感到自豪。

于是，库尔特实现了他母亲最大的梦想。

成功让冯内古特能够创造性地扩展，要是他没有那个位置的力量，他就不能以这种种方式来介入和影响社会——发表演讲，为社会事业发声。他实现了当一个好公民的目标，以及一些其他的目标。

别担心。也许你用不着忍受名利的消极影响。

但是你可以效仿其积极效用。

第三十四章

关心你的身体健康

“我认为，我对于生活的主要反对意见在于：人活着的时候，太容易酿成彻头彻尾的大错。”(《神枪手迪克》)

你的安康是首要的。你的思想和身体——也就是你——是你在这场广阔的游戏中所栖居和使用的东西。作为作家，你是你自己的装备。所以一定要注意自己的健康和保养。

冯内古特告诉采访者：“有两件事毁了我早年的生活：人寿保险和嫉妒。”他说离开通用电气成为一名全职作家是

“一件骇人的事”。

“我非常害怕我的家人会出事，所以我买了一大堆人寿保险。我赚的每一分钱都花在了这上面，直到明显可以看出我只要死掉就能赚很多钱我才罢休。我被这个想法迷住了。”

他问了一位冶金学家朋友买了多少人寿保险。这位朋友一份也没买。他告诉库尔特，他不担心他死后会发生什么，因为反正都已经死了。于是库尔特的保险期满终止后，他没有再续。因此，他建议：

“你的朋友里面要有一些科学家——他们思路清晰。”

“至于嫉妒，嗯，”他继续道，“我几乎被它吞噬，就像浑身被注射了硫酸。我现在已经很好地战胜了它。”

在一个工作坊上，我们目睹了他的一次情绪爆发，至少部分是由嫉妒引起的。一个叫大卫·米尔奇的学生讲述了一个嘲弄商人的故事。当时的热门话题包括：代沟、“不要相信任何超过30岁的人”，以及对军事及工业综合体、企业，还有它们的管理者的愤怒。嘲弄商人并不算罕见的做法。

但是库尔特猛烈抨击了米尔奇。“那些男人是我的同事！

我和这样的人共事过！”他说，他们供养家庭，努力工作，值得被尊重。

大卫·米尔奇魅力四射，刚以最优异的成绩从耶鲁大学毕业，还获得了文学大奖，是作家罗伯特·佩·沃伦的得意门生。

“冯内古特不喜欢常春藤盟校，不喜欢我的出身。”米尔奇回忆道。他“出于叛逆，对风雅不屑一顾。我的证书反而使我变得不够格”。然而，我们之中也有其他来自常春藤盟校的文人。甚至在这一幕发生之前，在课堂上就已经可以很清楚地看出，冯内古特对于米尔奇有些不爽。

米尔奇说，通过理查德·耶茨的调解，加上他与库尔特女儿伊迪的交情不错，而且他和库尔特都在镇上一家名叫唐纳利的酒吧“畅饮过鸡尾酒”，所以他们的争端有所缓和。

讽刺的是，米尔奇在获得文学硕士学位后，辞去了他在耶鲁大学的教职，转而为洛杉矶电视台的《希尔街的布鲁斯》编剧，然后创作了《纽约警局》和《枯木》，远离了文学的圣殿。

这种真诚的情感反应使得我们的写作教师——尤其是库尔特——与大多数教师不同，而且给学生带来成长。米尔奇从这次事件中认识到，“学生和老师以及不同背景的人之间的鸿沟比我意识到的还要突出得多”。尽管我忠于库尔特的写作观——写作是对生活观点的热情回应，而不是对文学的回应，但我了解到，那种立场可能是不公平的，由于自己感受到失去了某种权利而心生嫉妒，那种嫉妒可能会对以正当方式获得了成功的人产生破坏性影响。

关于嫉妒这个恶魔，我已经写了很多。它就是“硫酸”。它如同收缩薄膜般封住你的灵魂。它让你感觉糟透了。它是偏狭的。它引诱你对自己的选择推卸责任，让你斜视他人，而不是盯着自己的战利品。它假设你了解另一个人的灵魂和命运。它否定你自己的灵魂和命运。

每个人都体会过。

后来，冯内古特名利双收，与社会名流为伍，这段时间跟他穷困的时间一样长。他在《咒语》中写道：

“我同意伟大的社会主义作家乔治·奥威尔的观点，他认为富人就是有钱的穷人。”

1997年，他对一届毕业班说：

“我们可能永远不会劝阻我们国家或任何其他国家的领导人对每一次侮辱或伤害做出报复性的、暴力的回应……但在我们的个人生活中，至少在我们的内心世界里，我们可以学会脱离那种病态的兴奋去生活，脱离跟某个特定的人、某一群人、某个特定的机构、种族或国家算账的冲动去生活。然后，我们可以合情合理地请求他人原谅我们的冒犯，因为我们会原谅那些冒犯我们的人。”

库尔特·冯内古特曾与抑郁作斗争。这并没有在他生动的、反应热烈的教学中体现出来。直到有一次我对安德烈·德布斯的妻子帕特说我有多崇拜冯内古特时，我才意识到这一点，她回答说:“是的，但我不会想要嫁给他。”

“为什么?”我问。

“他太抑郁了。”

然后我想象他在家里写《五号屠场》的样子，多年来，他都背负着这个故事、它的书写，以及我当时只是隐隐有所察觉的家庭责任。

爱荷华大学医学中心的南希·安德里森博士一辈子都在研究一个课题——用冯内古特的话来说就是——“我们的神经官能症是否与普通人的神经官能症无法区分。”

冯内古特在《圣枝主日》中写道:

“爱荷华大学医院的精神科……利用了前来爱荷华市的著名作家数量庞大这一优势……他们问到我们的精神健康状况，也问到我们的祖先和兄弟姐妹的精神健康状况。

“我听说，他们觉得很明显的一点是……我们绝大多数都是抑郁的，而且从心理学的角度来说，我们的祖先在阴郁中度过的时间比任何甚至心智正常的人都要多。”

倘若这是真的——尽管我严重怀疑——那么应该是境遇使然。以下有一些例子，按时间顺序排列。

“写作意味着孤独地工作，日复一日地静坐。偶尔我会对自己说：‘这他妈是对生命的侮辱。’”

“我的朋友万斯·布尔贾利想出了一个我觉得挺可行的计划，”冯内古特在谈到写作对身体的伤害时告诉采访者，“他想打造一个巨大的打字机键盘，每个键大约有餐盘那么大，再把这些键安装在书房的墙上。每天早上，他都会起床，洗澡，吃小麦干、冠军早餐，然后穿着运动服，戴着拳击手套，一整个早上都敲击这些按键。这样他就可以减肥，他的血液循环会很漂亮，他可以吃一顿丰盛的午餐，感觉状态好极了。他是把这个主意当成一个笑话来讲的，但他觉得不太好笑，我也觉得不太好笑。我想我们其中一人会把这玩意儿造出来的。”

如今，许多人日复一日地久坐。此外，我们用的设备不需要调动太多肌肉。试试手动打字机吧，你会发现你的肩膀、手臂和手指都用到了！

如果你打算坚持写作，同时远离痛苦，那你必须注意人体工学。

创建一个符合人体工学的工作站。听从健康专家的所有建议：经常站起来活动，拉伸，锻炼。安康101法则：照顾好你的身体。

在短篇小说《灵魂出窍》中，库尔特直击全人类共有的肉体性。小说开篇写道：

> “我只是认为，（人类）为了照顾自己的身体必须要做的事情是一种奇耻大辱。”

库尔特弓着长长的身子伏在矮桌上的打字机前，违反了良好体态的每条基本原则。

至于孤独，库尔特在给约瑟夫·多诺索的信中写道：

> “我现在已经遇到了很多作家，他们无论走到哪里都扛着20英亩的撒哈拉沙漠。我不知道怎么解释，只能说那是因为，他们的组织构架必须是小的。”

独自一人承载着一件其他人穷年累月都没有见过或不甚理解的漫长艺术作品的全部愿景与创作，确实是一个沉重的负担。

在其他大多数的艺术中，作品更具有公共性，或者至少更显而易见。舞者、演员、剧作家、建筑师和音乐家都是互动型的。视觉艺术家的作品，即便还没完成，也可以很容易被看到，从而被分享。

另一方面，整个组织构架——包括它可爱的、保护性的隐私——全都归你。

“我一直对电影、戏剧和电视很感兴趣，”库尔特1971年给盖尔·戈德温写信说，“现在我明白了，别人对我的工作帮不了多少忙。所以又回到了书和短篇。”

不确定性。拒绝。这些事情无疑会让人时不时地感到沮丧。

在1951年给朋友米勒·哈里斯的信中，库尔特附上了一张《纽约客》的退稿单：

“亲爱的米勒：

我已经有几百张这玩意儿了，我把它们装订成了便笺簿。”

下图是他的档案馆里的一个佳品：

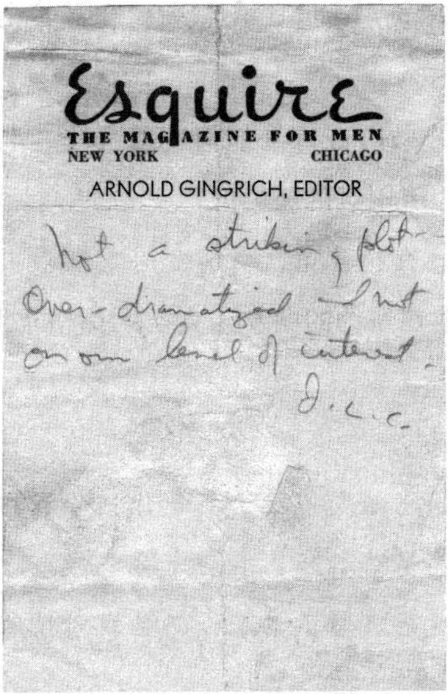
Esquire
THE MAGAZINE FOR MEN
NEW YORK CHICAGO
ARNOLD GINGRICH, EDITOR

Not a striking plot.
Over-dramatized and not
on our level of interest.

《时尚先生》杂志的退稿信

即使一件作品被录稿了，也可能跟作者最初的设想不符。

“我自己怎么看这本书？”冯内古特在《冠军早餐》的序言中发问，“我觉得它挺差劲的，但我总是觉得我的书挺差劲的。我的朋友诺克斯·伯格曾说过，某本冗长的小说‘……读起来好像是菲尔博伊德·斯图奇[1]写的’。当我在写

1 在《冠军早餐》的序言中，冯内古特称自己为“菲尔博伊德·斯图奇（Philboyd Studge）”。——译注

我似乎注定要写的东西时，我想我就变成了他。”

初出茅庐的冯内古特是如何应对静坐、与世隔绝、不确定性、拒稿和经济困难的压力的?

1953年冬，在科德角，事情变得太棘手了，于是30岁的库尔特写信给他在纽约的朋友诺克斯·伯格求助。

“哥们儿：

我的精神状态越发不佳，要是你把你在纽约城听到的任何关于治疗的事情告诉我，我会十分感激。

问题的关键是我写不动了，而且我对待家人的脾气也不好了。

——所以，你要做一个好人，要是你认识从心理治疗中得到了帮助的人，就告诉我，好吗？作家的病案是最好不过了。

库尔特”

不久后，他又给诺克斯写信：

“我让两个10岁的孩子给我铲干净了80英尺长的车道，这样我就可以去丹尼斯的一个精神医生那里检查我的头了。人们应该对这种事情守口如瓶吗?”

当我的写作精神坠入深渊时，我也再次向冯内古特求助。这一年间，我新婚却保持禁欲，我们自己建了个公寓，我还在教书，此时，我绝望地回到了写小说的路上，尽管没有任何证据能证明它的价值。我给他写了一封信，恳求他："不要放弃我。"他回复道："我从来没有想过要放弃你……当你完成你的作品时，一定会让你的丈夫回心转意的。"

"抑郁"这个词经常用来——这么说吧——形容各种忧郁情绪的围攻。而被称为"抑郁症"的精神疾病完全是另一种东西。那是一种衰竭性疾病。

冯内古特在他的一生和他的一切写作中都在艰难地去理解精神疾病，因为他和他的许多家人——他的母亲、妻子、儿子——都受其影响。

"早在马克（冯内古特的儿子）发疯前，我就认为精神疾病是由化学物质引起的，我在我的故事里也是这么说的。我从来没有在任何一个故事中让一个事件或另一个人把一个角色逼疯。早在我还是个孩子的时候，我就认为疯狂的源头是化学性的，因为我们家有一位密友，名叫沃尔特·布鲁特施，他是个聪明、善良、自怜自艾的人，他是那所州立的庞大骇人的精神病医院的负责人，他曾经说过，他的病人的问题是化学性的，在人们可以更好地理解这种化学之前，他们对于这些病人几乎无能为力。"

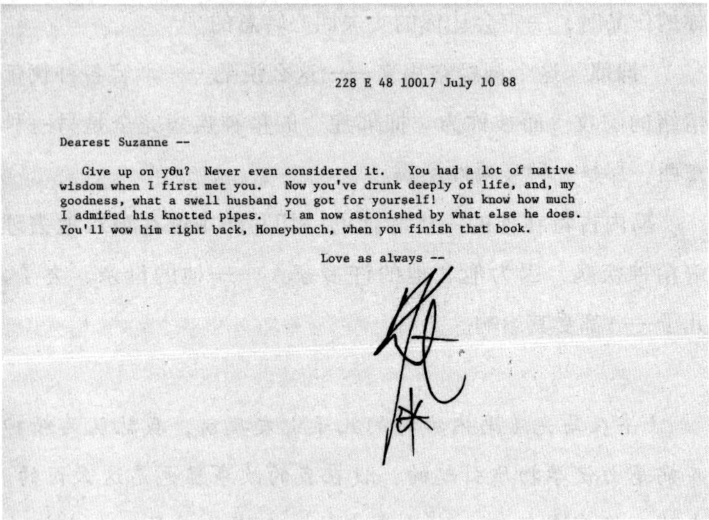

228 E 48 10017 July 10 88

Dearest Suzanne --

Give up on you? Never even considered it. You had a lot of native wisdom when I first met you. Now you've drunk deeply of life, and, my goodness, what a swell husband you got for yourself! You know how much I admired his knotted pipes. I am now astonished by what else he does. You'll wow him right back, Honeybunch, when you finish that book.

Love as always --

库尔特·冯内古特写给苏珊娜·麦康奈尔的信，1988年7月10日库尔特过了一段时间才明白，这种化学成因观也适用于他自己的精神状态。《花花公子》的采访者问到了他的抑郁症，说:“你试过靠药物来解决问题吗?”

“没有——虽然我确实吃了医生开的安非他明，因为我睡得太多了……这是抑郁症的一种常见反应。我打盹儿的时间太长了，我觉得这是浪费时间。所以我跟医生说了，她就给我开了利他林。效果还不错。这真让我诧异。我没有吃太多，但让我很困惑的是，我竟然会抑郁，而只要吃下这个针头大小的小玩意儿，我就会感觉好多了。我曾经认为我是在对阿提卡事件或者海防市的轰炸作出反应。但并非如此。我显然是对我的内部化学做出反应。我只需吃一粒小药丸。我现在已经不吃了，但我太感兴趣了，我的情绪竟然可以被一粒药丸改变。

“大约每二十天，我就会发一次火，直到最近才停止。很久以来，我都认为我有很好的理由来解释这些周期性的情绪失控，我本以为是我身边的人让我发火。但直到最近，我才意识到，从我六岁开始，这种情况就一直在定期发生。我周围的人对此无能为力。他们可能会不理我一两天，但这确实是一个相当稳定的规律……我每周去看一次医生。不是做精神分析，是做一件更肤浅的事。我在和她谈论抑郁症，试图了解它的本质。它很大程度上是生理性的。在我刚刚完成的《冠军早餐》这本书中，所有角色的动机都是从身体化学的角度来解释的。”

12年后出版的《加拉帕戈斯》设定在环境危机超过临界点之后的未来，书中，冯内古特再度与大脑化学交锋。这一次，大脑本身几乎就变成了一个角色。

“那时几乎每个成年人都有一颗3公斤左右重的大脑！”……“这是一颗非常天真的星球，如果排除掉那些巨型大脑的话。”

“按照过去的情况，人类做得不错的一点是：越来越多的人在说，他们的大脑不负责任、不可靠、极其危险、完全不切实际——简直一无是处。”

“每个人说的话里都有大量为暂时的大脑故障致歉的内容：‘哎呀’，‘不好意思’，‘没伤到你吧’，‘我不敢相信我做了这样的事’，‘事情发生得太快了，我都没有时间去想’，‘我有应对这种事情的保障’，‘我怎么能原谅自己呢？’还有‘我不知道它上膛了’等等。”

他表现出，我们的大脑就像一种群体傻瓜。文化灾难随之引发。

“关于100万年前那种将人类活动尽可能多地交给机器的令人费解的热情——除了人们又一次承认自己的大脑一无是处以外，还能是什么呢？”

他的角色呈现荒谬的常识性故障。玛丽·赫本曾经是一名生物老师，曾经相信“人类的大脑是迄今为止进化产生的最令人钦佩的生存装置”，而如今，她饱受大脑催促她自杀的声音的折磨。

“（二等兵热拉尔多·德尔加多）年仅18岁，患有偏执型精神分裂症。从来就不应该把实弹发给他。

“他的大脑袋告诉他各种不实的事情……（他）认为他带着小型收音机的敌人会给他制造大麻烦。”

叙述者承认他经常“从我自己的大脑袋里得到一些建议。而这些建议呢——就我自己的生存而言，或者就人类的生存而言——可以仁慈地说，是有问题的”。（《加拉帕戈斯》）

顺便说一句，研究人员已经发现，人类微生物群——也就是居住在我们身体里的“微生物集群”——在功能上好比是一个器官，而且更重要的是，它们的重量相当于大脑。我

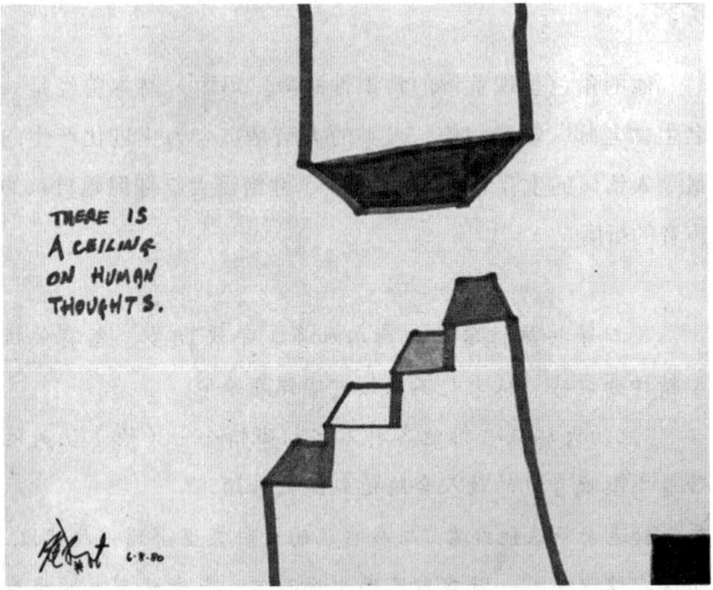

库尔特·冯内古特作品《有一个天花板》，1980年6月8日

们的细菌比得上我们大脑袋的重量。想想看！

目前研究大脑机制的学者支持冯内古特在这个问题上的一些贡献。他们已经开始精确定位引起抑郁和躁郁等精神状态的确切位置，并且正在探究如何减轻患者的痛苦，有时是通过类似于重塑大脑的方法。

身体和精神是令人惊叹的，但是它们即使没有生病，也可能会暂时出错。冯内古特通过实例建议说，援助是有益的。因为在任何人的人生中，都会发生糟糕的事。

“这个图书馆里放满了假想的胜利故事，这让我非常怀疑，”《咒语》的主角说，“阅读有关巨大成功的内容会产生误导，因为根据我的经验，即使对于中产阶级和上层阶级的白人来说，失败也是常态。这对年轻人来说是不公平的，尤其是让他们完全没有准备好就去面对可怕的纰漏，如同在吉斯通警察[1]的喜剧里担任主演，甚至还有糟糕得多的事呢。”

1 美国喜剧片创始人麦克·塞纳的电影中经常出现的滑稽、无能的警察。——译注

“在德累斯顿被拘禁和轰炸的经历有没有在某一方面改变了你?”《花花公子》的采访者问道。

“没有。我想你会这么想，因为这已经是老生常谈了。德累斯顿在我人生中的重要性被极度夸大了，因为我写它的书很畅销。倘若这本书不畅销的话，它只会是我人生中一次非常小的经历。我不认为人们的生活会被这样的短期事件所改变。德累斯顿是令人震惊的，但经历可以在令人震惊的同时并不改变你。

“亲历德累斯顿的毁灭对我性格的影响远远小于——”他后来肯定地说，“我母亲的去世，收养我姐姐的孩子，突然意识到她的孩子和我自己的孩子不再依赖我了，以及我的婚姻破裂，等等。”

事实上，整个社会都可能会遇上糟糕的事。或者换句话说，整个社会都会犯可怕的错误。

在一次面向美国精神病学协会的讲话中，库尔特评论道：

“和大多数作家一样，我家里也有许多不被允许写出来的书，只写了开头。其中一本叫做《纳粹党卫军精神病医生》。写的是一名接受过精神分析的医学博士，他驻扎在奥斯威辛。他的工作是治疗那些不喜欢自己在那里的所作所为的员工的抑郁症。

“我的观点是——也许今天我不用写完那本书就能表达这个观点——世界不同地区、不同时期的精神健康领域的从业人员必然会发现，自己的职责是让已经发疯的文化和社会中的健康人变得更快乐。我得赶紧说，我们自己国家的局势还远没有那么可怕。在我看来，现在我们这里的目标是训练聪明、受过良好教育的人说傻话，以便自己更受欢迎。”

这篇演讲被收录在《比死亡更糟的命运》中，冯内古特介绍说，这个讲话是在“布什与杜卡基斯竞选美国总统弄得一地鸡毛的时候”发表的。

冯内古特还有许多关于个人和社会成瘾的慧语。

“‘某样东西让你感觉好极了，’波阿斯在心里说，‘并不意味着它对你有好处。’”（《泰坦星的海妖》）

“已故的英国哲学家伯特兰·罗素说，他失去朋友是因为以下三种成瘾之一：酒精、宗教或象棋。基尔戈·特劳特迷上了用墨水在水平线上做出特殊排列……

“我的两任妻子——简和现任的吉尔——都曾说过，在这方面我很像特劳特。

“我母亲沉迷于金钱、仆从、没有上限的赊欠账户，沉迷于举办奢华晚宴，以及频繁乘坐头等舱去欧洲旅行。所以可以说，在整个大萧条时期，她都饱受戒断症状的折磨。”(《时震》)

“而我呢，当然是出了名的烟瘾大。我一直希望香烟这玩意儿会杀死我。一头是火，另一头是蠢货。

“但我要告诉你一件事：我曾经有过一个比嗑霹雳可卡因都爽的时候。那是在我拿到第一张驾照时——世界，当心，库尔特·冯内古特来了！

“而那时我的汽车……和今天几乎所有的交通工具以及其他机械、发电厂和熔炉一样，都是由最滥用、最易上瘾、最具破坏力的毒品——化石燃料——提供动力的。

“……我认为，真相是这样的：我们都对化石燃料上瘾了，尽管我们矢口否认。就像许多即将面临彻底戒断的瘾君子一样，我们的领导人们现在正在实施暴力的犯罪，以获取令我们上瘾的那玩意儿所剩无几的部分。”(《没有国家的人》)

“迄今为止，美国对这个星球的文化最有滋养的贡献是什么？很多人会说是爵士乐。我这个热爱爵士乐的人则会说：是匿名戒酒会。

“匿名戒酒会的计划……是第一个在处理某些人类的倾

向方面取得了可衡量成功的计划，这些人可能占你任选的某个人口样本里的10%，他们沉迷于给他们带来短暂快感的物质，但从长远来看，这种物质会让他们自己和身边人的生活变得无比可怕。

“我相信，我们当中有些人可悲地沉迷于备战。

“如果西方文明是一个人的话，那么我们就是正在把它引向匿名戒战会的最近一次集会。”(《比死亡更糟的命运》)

在面向美国精神病学协会发表的讲话中，冯内古特引用了爱荷华大学关于作家心理健康的研究，并得出了以下结论：

“我们大多数人，包括我自己，都被证明是有抑郁家族史的抑郁者。从那项研究中，我推断出，可以肯定一个大致的、非常粗略的规律：你不抑郁的话就不可能成为一个优秀的严肃小说作家。”

冯内古特是在开玩笑吗？还是他真的相信这件事，因为这是他自己的经验（即“方法论主义”在起作用）？证据是，他可能忍不住去相信这件事，但他知道这种逻辑是可疑的。因为他还指出，另一个类似的观点已经一败涂地：

“我们过去能够从文化史中推断出的一条规律，现在似乎已经行不通了，那就是，一个美国作家必须酗酒才能得诺贝尔奖——比如，辛克莱·刘易斯、尤金·奥尼尔、约翰·斯坦贝克，以及自杀的欧内斯特·海明威。”

认为酒精是一种必要的创造力燃料的说法可能与其他文化观念乃至男性身份有关。这似乎不适用于女性。戒酒后的雷蒙德·卡佛和其他康复中的从事艺术创作的酗酒者都证明了酒精是创造力的灵丹妙药这种迷思是错误的。但是这个浪漫的传说很难消逝。

同样，认为疯狂和抑郁与创造力有关的观点也可能是一种文化迷思。

2014年，在冯内古特接受采访的45年后，安德森博士在《大西洋月刊》上发表了一篇文章，讲述了她穷其一生对创造性头脑的研究，这次她把科学家也纳入了研究对象。她声称，有创造力的人患精神疾病的比例确实会更高，但她也承认他们有“共同的个性风格”，这有可能会影响她的论断：

“他们会冒险……他们必须面对怀疑和拒绝。然而，尽管如此，他们还是必须坚持下去，因为他们坚信自己所做的事情是有价值的。这会导致心灵的痛苦，可能表现为抑郁或焦虑，或者导致人们试图通过求助于酒精等止痛方式来减轻不适。”

“特别是在科学领域，”她写道，“最好的成果往往出现在前沿领域（科学家圈子里流行一句话：‘当你在尖端上工作时，你可能会流血。’)。”作家界也有一句类似的话：“写作没有什么诀窍。你只需要坐在打字机前，打开一条血管，然后流血就行。”

先有鸡还是先有蛋？

与你关心的问题进行长时间深入的搏斗——也就是获得灵魂的成长——不适合懦弱的人。在任何一个有创造力的人的生活中，让所有的轮子都保持旋转需要相当多的平衡力。甚至可能比大多数人都多。

我不相信有创造力的人天生更容易患上精神疾病。但如果这是真的，安德森博士也给了我们安慰奖。她顺便了解到，“有创造力的人比普通人工作更努力——通常这是因为他们热爱自己的工作”。她发现，“矛盾的是……虽然他们中的许多人患有情绪障碍和焦虑症，但他们的天赋会给他们带来强烈的喜悦和兴奋。”

坚持创造力伴随着精神疾病的观点会令人不安。我们应该要健健康康的。疾病是痛苦的——既无成果也不浪漫。正如冯内古特在《茫茫黑夜》中建议的那样：

“我们就是我们假装的样子，所以我们必须小心我们假装成什么样子。”

关于日常健康，这里有三条基于冯内古特观点的指导原则：

第一，怜悯你自己和他人的身心。

"'我没办法,'我说,'我的灵魂知道我的肉体在做坏事,它因此感到尴尬。但是我的肉体不断做着愚蠢的坏事。'

"'你的什么和什么?'他说。

"'我的灵魂和肉体。'我说。

"'他们是分开的吗?'他说。

"'我当然希望如此,'我笑着说道,'我可不想为我肉体做的事负责。'

"我半开玩笑地告诉他,我想象每个人的灵魂,包括我自己的在内,都是一种身体内部的柔性霓虹灯管。灯管只能接收关于肉体发生了什么的消息,而无法控制。"(《蓝胡子》)

第二,遇上麻烦时对自己好一点。接受冯内古特的《囚鸟》中的叙述者从监狱释放出来之后的那种自我安慰式的拥抱。

"倒影中,我手臂的位置有些奇怪。我思索了一番。我仿佛抱着一个婴儿。然后我明白了,这个姿势和我的心情是贴合的,我其实正怀抱着一个小小的未来,而我把它看作婴儿。我带婴儿去看了帝国大厦和克莱斯勒大厦的顶部,看了公共图书馆门前的狮子。我把它带到中央车站的一个入口处,要是我们厌倦了这个城市,我们可以在这儿买上一张车票，去哪儿都行。”

第三，练习停下来欣赏。

“我的每一场毕业打气演讲都是以我父亲的弟弟亚历克斯·冯内古特的话作为结尾，他接受过哈佛教育，在印第安纳波利斯担任保险代理人，博览群书，非常睿智。

“他发现人类令人反感的一点是，人类很少留意自己感到快乐的时候。他尽了最大的努力去认可甜蜜的时光。夏日，我们会在一棵苹果树的树荫下喝柠檬水，而亚历克斯叔叔会插话说：‘如果这都不好，还有什么才算好？’

“所以，我希望你们在接下来的人生也能如此。当岁月静好时，请停下来片刻，然后大声说：‘如果这都不好，还有什么才算好？’”

第三十五章

在生活和艺术中鬼混

冯内古特除了估量作为一名作家有哪些健康危害之外，还就如何保持健康提供了极佳的建议。

保养，也许是一个人能做的最重要的事。

把这本书其余部分里的建议想成是对身体和灵魂的“管家”技巧，可以清扫诸如作家的瓶颈、单调和恐惧等一些“灰尘魔鬼”，并让你身为作家和人类的引擎不断嗡鸣。

在《没有国家的人》中，冯内古特写道：

“起床出门，然后做点什么，这多美好啊。我们来到地球上就是为了鬼混的。别听其他人不一样的说法。”

冯内古特喜欢打网球，酷爱乒乓。他会做填字游戏，下棋，游泳。他喜欢过得开心。无论你做什么事情，只要可以让自己开心，你就去做吧。

玩玩其他领域的艺术是最能滋养灵魂、振奋人心的鬼混方式之一。敲鼓、捏黏土、表演——任何艺术都可以让你和你的作品焕发活力。你可能还会发现，正如冯内古特所做的那样，一份业余爱好可以让你灵魂的另一部分得以自我表达。

你不会遭到专业批评——包括你自己和其他人的批评——这是从事其他领域的艺术令人精神振奋的原因之一。然而，业余爱好者或初学者难免令人羞愧，所以为了做其他领域的艺术，你必须坚持你当业余人士和初学者的权利。

一位采访者对冯内古特说：“你说过，新演员面临的一个问题是，他们在和世界上最厉害的人竞争……。”冯内古特回应道：

“确实如此。这也是令人沮丧的。拿我的家乡印第安纳波利斯来打个比方吧，我们曾经有自己的拳击手、摔跤手、词曲创作者、歌手和画家。而现在全是外地来的。你觉得你很好笑吗？你一点都不好笑。我们要去看鲍勃·霍普……

“这让生活少了很多乐趣。我记得有关跳舞的事。有一次，我和我的第一任妻子在科德角跳舞，玩得很开心，一个刻薄的小孩儿正在打鼓，他斜着眼睛说：‘伙计，你可真是会跳吉特巴舞呢！’我想直接冲上去揍他个屁滚尿流。他认为我跳得不够好，便想要剥夺我跳舞的乐趣。”

库尔特·冯内古特喜欢做手工活。他甚至向《读者文摘》提出要写一篇关于这个话题的文章。

“我父亲在把手弄脏的日子里更快乐，”他的女儿南妮回忆道，“比起他平时在打字机上噼噼啪啪地敲字更快乐。”有一次，库尔特把乔伊斯的《尤利西斯》里莫莉·布鲁姆独白的最后一句话凿刻进了他们谷仓后面的大理石踏脚石里。（“……是的，我说了是的是的，我会的。”）他铲啊，搭啊，刻啊。

在《茫茫黑夜》中，沮丧的主角以这种方式找回了些许运气：

“然后在1958年的一天，在这样生活了13年后（作为一个沮丧的隐士），我买了一套木雕工具，是打仗的剩余物资……

“我把它带回家以后，就开始漫无目的地雕刻我的扫帚柄。然后我突然想到，可以做一套象棋。

“我在这里用到突然这个词，因为我吃惊地发现自己竟如此热情。我太有热情了，连续刻了12个小时，锋利的工

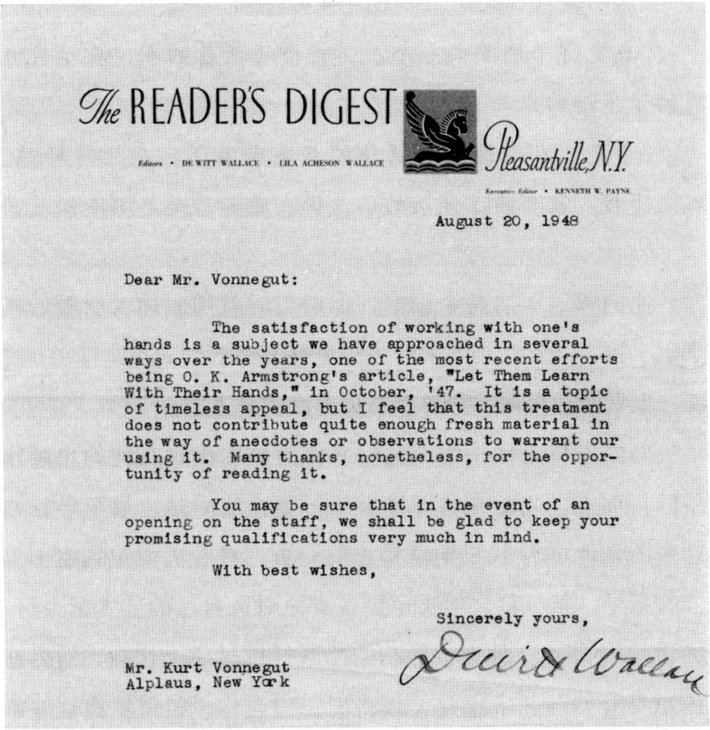

The READER'S DIGEST

Pleasantville, N.Y.

Editors • DE WITT WALLACE • LILA ACHESON WALLACE

Executive Editor • KENNETH W. PAYNE

August 20, 1948

Dear Mr. Vonnegut:

The satisfaction of working with one's hands is a subject we have approached in several ways over the years, one of the most recent efforts being O. K. Armstrong's article, "Let Them Learn With Their Hands," in October, '47. It is a topic of timeless appeal, but I feel that this treatment does not contribute quite enough fresh material in the way of anecdotes or observations to warrant our using it. Many thanks, nonetheless, for the opportunity of reading it.

You may be sure that in the event of an opening on the staff, we shall be glad to keep your promising qualifications very much in mind.

With best wishes,

Sincerely yours,

Mr. Kurt Vonnegut
Alplaus, New York

《读者文摘》创刊人德威特·华莱士写给库尔特·冯内古特的信

具往我左手掌心里戳了十几下，还是不肯停下来。等到完成时，我整个人兴高采烈，满身血污。我做成了一套漂亮的棋子，可以展示我的劳动成果啦。

“然而我内心又涌上一股奇异的冲动。

“我觉得必须要向一个人，一个还活着的人，展示我做成的了不起的东西。

“于是，在创造力和酒精的双重刺激下，我变得聒噪。我走下楼，重重捶了邻居的门，但我连邻居是谁都不知道。”

他的邻居居然是个画家。他们当时就用叙述者新雕的棋子下了棋，并且在接下来的一年里每天都下。

上课时，冯内古特靠在书页上涂鸦来鬼混。

冯内古特无休止的涂鸦后来作为插图出现在他的出版作品的页面上，先是在《五号屠场》里，然后是《冠军早餐》。这张图是他60年代早期草稿里的一页，看看页面左侧躯干上方的鼻子。某一刻，他决定更认真地对待自己的艺术家身份。20世纪80年代，他在大面积的醋酸纤维材质上作画，然后在1993年开始与艺术家乔·彼得罗三世合作，彼得罗将这些画转化成丝网印版画。他画了什么？主要是人脸。

“人脸是一切形态中最有趣的，”他告诉采访者，“因为迅速解读面孔是我们体验生活的方式。”

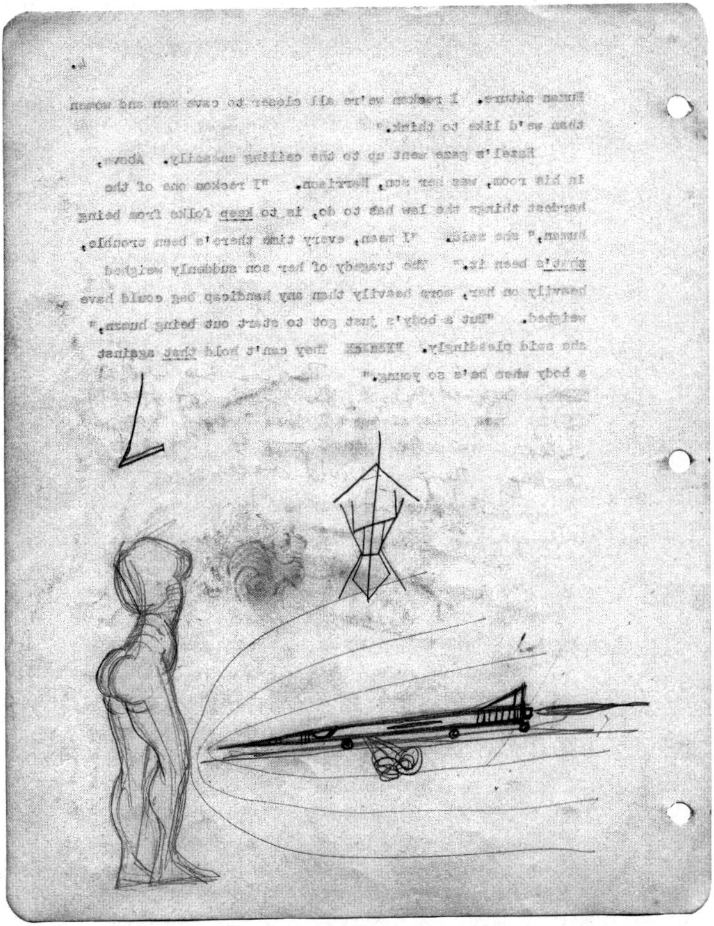

库尔特·冯内古特《哈里森 · 伯格朗》草稿上的涂鸦

1983年，他有30幅作品在纽约玛戈·费登画廊里展出，这是他的个人画展。另一场展览于2014年在他去世后举办，以庆祝由他的女儿南妮发起并编撰的一本漂亮的书——《库尔特·冯内古特的绘画》——的出版。还有一场展览于2015年9月在康奈尔大学的赫伯特·约翰逊艺术博物馆举办。他的创作装备是什么？彩色毡尖笔。

“油彩让我着迷。”他说。

这些作品看起来是什么样的？现实主义吗？不是你的生活中有的。它们是异想天开的，有时还有点吓人。惊喜吧！

有趣的是，想到冯内古特的情节图，彼得·里德在《库尔特·冯内古特的绘画》中说：“我发现冯内古特画画的时候，先画一条垂直线，然后画一条水平线，活像要画一张表。”也许冯内古特把人脸当作情节来处理。

2017年，芝加哥国家退伍军人艺术博物馆收藏了2 500多件退伍军人的作品，该博物馆拿到了31幅冯内古特的丝网版画，于当年1月至5月展览。

在作家工作坊，一位画家同学给了我亨利·米勒的小书《绘画是为了再次热爱》，书中他绘声绘色地谈论摆弄色彩以及体验另一门艺术的纯粹乐趣。“每个真材实料的艺术家都有他的爱好，”他写道，“这是常态，不是例外。”工作坊的创作者们明智地认识到了探索其他媒介的价值：艺术硕士学位要求必须学习另一门艺术。

一切艺术都涉及创作过程。然而每一门艺术都是独一无二的。深耕另一种形式的练习可以给你带来惊人的新鲜视野和洞见。冯内古特的绘画证明，无论你使用什么媒介，你都是你自己。

冯内古特和米勒一样，都会在写作不顺利的时候转向绘画，为的是让才思之井再次充盈，尤其是在死磕他最后的小说《加拉帕戈斯》和《时震》的时候。冯内古特说，写作本身是一种劳动，完成后才会有回报，而画家“……实际上在作画的同时就会愉悦至极”。

万斯·波盖里邀请工作坊的人在他那名叫“波盖里红鸟农场”的工作室里进行即兴表演。库尔特会带上他的单簧管。万斯会吹小号。一天晚上，万斯在一场表演活动上承认，要是他真的吹得好小号，他更愿意当一名小号手。

“差不多我认识的每个作家都宁愿当一名音乐家，”库尔特多年后写道，“因为音乐带给我们前所未有的快乐。”

也许他低估了人们从词句中获得的快乐。然而，就像绘画一样，演奏音乐是即时的、身体性的。

在纽约，库尔特偶尔会在伍迪·艾伦的迪克西兰爵士酒吧跟他一起演奏。他的律师朋友唐·法伯说，冯内古特是一位“技艺精湛”的音乐家。“没有多少人知道他也弹着一手漂亮钢琴。”

马克·冯内古特顺口说道，他父亲的钢琴弹得甚至比单簧管还好，他带我参观了他的房子，里面摆满了他自己的画、他做的家具，我们还经过了一架钢琴。冯内古特的所有孩子都接受了父亲对艺术的信仰。不论是涉猎者还是严肃的艺术家，每个人都专注于一种形式，同时研究其他形式。我曾经在巴恩斯坦布尔看过一场很棒的音乐剧，由主业是画家的伊迪·冯内古特自编自导自演，我相信就连服装也是他亲自负责的。当冯内古特忠告世人艺术有益灵魂时，没有什么比他为自己的后人留下的遗产更能证明他的真诚了。

“自从我开始做木工活以后，”儿科医生马克承认道，“我对小孩子们的测量就变得仔细得多，有时精确到1/32英寸。”

曾在爱荷华上课的学生迪克·康明斯回忆起他第一学期上的冯内古特的最后一堂课，那时他正等着考期末考试：

“那是在一月……风抽打着我们活动房屋的门，扬起一阵细碎的雪。……过了一刻钟，门突然打开了，冯内古特大步走了进来，身后雪花纷飞。他用脚把门关上，把他抱着的紫色盒子和胶木唱片套放在桌上。他解开铰链连着的侧扬声器，我们看到，那是一个儿童便携式留声机。他没有与人对视，而是解开了绑在他下巴上的冬帽厚耳盖的系带，把帽子上的积雪对着桌子拍掉。然后，他把一张胶木唱片从防尘罩中滑出，装到转轴上，然后把音量旋钮转到最大。最后，他抬起拾音臂，把它放到唱片上。有一个用胶带粘在顶端的镍币，以防打滑。

"'如果你想以写作为生，你就必须盖住这声音！'他对着刺耳的留声机大喊大叫。他用力把皮帽压在头上，逃回雪地里，门敞开着。放的是《1812序曲》，声音太大，以至于扬声器咯吱咯吱，嗡嗡作响。

"最后前排一个叫赫伯的伙计伸手关掉了它。

"在出门走进风暴的路上，我们嘟囔着我们可能会拿什么成绩。

"……第二学期开学时，我们查成绩，发现冯内古特给所有人的都是A。"

"无论我们的政府、企业、媒体、宗教和慈善机构变得多么腐败、贪婪和不仁，音乐都仍旧美妙。"

拥抱世界，在任何一门艺术中鬼混一番的崇高行为也同样美妙。

第三十六章

爱情、婚姻、婴儿车

一天，在爱荷华州的布莱克煤气灯村里，在我当时的住所外、邻近冯内古特家的地方，简·冯内古特和玛丽亚·皮拉尔·多诺索（作家约瑟夫·多诺索的妻子）站在人行道上，进行了一场激烈的谈话。我遇到她们便停下了脚步。她们解释说，她们在讨论男人和婚姻。简宣称："问题在于，你既不能跟他们一起过，也不能没有他们自己过。"

这次偶遇对我是一次冲击，因为我天真地认为婚姻是一种比单身更令人羡慕的状态。而事实则是，各有利弊。

但如果你要"跟他们一起过"，并且你还是一名作家或艺术家，冯内古特在这方面可以提供一些智慧和例子。

《圣枝主日》的引言里给出了选择伴侣的建议。

"'谁要是抱持自由主义的观点，还选择了一个极度迷信的配偶，那就是拿自己的幸福冒险。'"

这句话出自《道德教育》。

"……一本薄薄的书，名叫《道德教育》，出版于1900年，作者是我的曾祖父、自由思想家克莱门斯·冯内古特，当时76岁。"

如果你是一名作家或艺术家——除了像这句话所暗示的那样，你要选一个跟你在根本问题上观念一致的人，以及在结婚时考虑到种种因素——你需要一个至少尊重你的职业、最好能够积极支持你的伴侣，支持的方式无所谓，只要对你有意义就行。库尔特·冯内古特结过两次婚，在他一生中两个截然不同的时期，和两个截然不同的女人结婚。尽管方式迥异，但这两位都强化了他的作家身份。

库尔特和简·考克斯在幼儿园就认识了。正如丹·韦克菲尔德在他为冯内古特的《书信集》撰写的导语中指出，在女性解放前，妻子不仅有管家和保姆的责任，而且，一位作家的妻子还应该承担起相当于编辑助理加上公共关系专家的职责。简是斯沃斯莫尔学院的优秀毕业生。她认为她的丈夫是个天才。她竭尽全力支持他，除了打字以外都帮他打理。

要是她不愿意冒着由于他从通用电气辞职成为一名全职作家带来的经济不稳定的风险，不愿意承担起主要由她来抚养三个孩子和收养侄儿的责任，那么库尔特的写作很可能会脱轨。在她的帮助下，库尔特节约了很多时间。他们一起建立起他的事业，这也是他“欣然承认”的。

库尔特和吉尔·克莱门茨相识于1971年，当时他和简的婚姻濒临破裂，他也正处于名望的巅峰。他们在1979年结婚。吉尔比库尔特小了快20岁，是一名雄心勃勃的摄影师，已经在纽约很有名气，站稳了脚跟。作为库尔特的妻子，吉尔继续投入她自己的事业，同时也安排和处理了丈夫的社交事宜，日复一日，一直如此。她给他拍摄的迷人肖像照提升了他的书皮和其他宣传物料的档次。他们领养了一个孩子，名叫莉莉，所以冯内古特又当父亲了。

冯内古特在《欢迎来到猴子馆》的序言中写道：

“我从来不知道有哪个作家的妻子是不漂亮的。”

1969年，我住在库尔特和简位于科德角的家里，我记得

简·冯内古特

简在去车库开车到波士顿带一个孩子购物之前经过客厅，收拾起不属于客厅的东西，然后停了下来，告诉我她的持家理论。她解释说，持家就好比是瑞士奶酪：一遇到任何的“洞”，你就要立马处理好。

我自己关于婚姻的一个理论是室友论：婚姻中，你和配偶要解决的大部分事情与你和室友要解决的事情是一样的。

你的配偶是你的室友。把“室友”问题和其他问题区分开来是有用的。库尔特在写给简的契约信中就是这么干的（见第一章）。

“我的伴侣们经常被激怒的原因是：我对纸张的关注过多，对她们关注太少。

“我只能回答说，人类通过努力获得成功的秘诀就在于全神贯注。随便问一个伟大的运动员就知道。”

为了替他的伴侣说句公道的实话，他又补充道：

“换句话说：有时我认为自己不太擅长生活，所以我躲在我的职业里。”

但为了对他自己的作家身份公平起见，他接着补充道：

“我知道大利拉对参孙到底做了什么，才让他虚弱如婴孩。她没必要剪掉他的头发。她只需要分散他的注意力。”

库尔特·冯内古特在科德角和纽约都有一间用于写作的独立书房。如果你没有的话，你可以在公共空间里找到隐私，免受家庭的干扰，比如咖啡店、写作室、图书馆等等。即便你有自己的房间，人们也可以打开门，在你身后看看，打断你。但是没有人会读心术。如何设定工作需求的参数取决于你自己。让你的伴侣——你的室友——了解你的参数。这就是真正考验对方是否体贴你的工作的时候——以最平凡日常的方式。

冯内古特在《闹剧，或者不再寂寞》的导语中写道：

“我有过一些恋爱经历，或者我认为我有过，尽管我最喜欢的那些经历很容易被描述为‘基本的体面’。我有一段时间对某个人很好，甚至可能是非常长的一段时间，而那个人也对我很好。这并不一定关乎爱情。

“还有，我分不清我对人和狗的爱。

“你遇到爱，那便是爱了。我认为去寻求爱是愚蠢的做法，而且我认为这往往是有害的。

“我希望那些按照常理应该彼此相爱的人在吵架时会跟对方说：‘拜托——少一点爱，多一点基本的体面吧。’

“毫无疑问，我体会基本体面最久的时候是跟我哥哥在一起，我唯一的哥哥伯纳德——纽约州立大学奥尔巴尼分校的大气科学家。”

即便是在冯内古特未出版的小说《基础训练》中，他也质疑了用“爱”来涵盖一段关系中所有复杂性的假设。“将军”

在他女儿还在襁褓中的时候就上战场了，所以他们没有“太多的时间去了解彼此”，以下是“将军”和女儿的对话：

“‘你不喜欢我，是因为你觉得我是个恶霸，觉得我以欺压别人为乐。’

“‘不不不，’霍普含泪反驳道，‘我爱你，爸爸，我真的爱你。’

“‘我不怀疑。从来没怀疑过。可那完全是另一码事。’”

在《蓝胡子》里，他的角色讨论了爱上一个人意味着什么：

“‘人们认为我们是相爱的。’有一天我在散步时对她说。

“然后她说：‘他们说得对。’

“‘你懂我的意思。’我说。

“‘你认为爱到底是什么？’她说。

“‘我可能不知道。’我说。

“‘你懂其中的精华——’她说，‘像这样散散步，感觉一切都很好。如果你错过了剩下的部分，我当然是不会为你哭泣的。’”

冯内古特经常描绘传统上男性和女性被塑造的社会角色，并展示这些角色是如何影响婚姻的。它们也会影响作家。

在《加拉帕戈斯》中，就在一个怕狗的人求婚时，一条狗跑出来朝他吠叫。那个男人冲上了一棵树。他在树上待了一个小时。结果，他告诉那个女人：

“我不是男人。我根本不是男人。我当然不会再打扰你了。我再也不会打扰任何女人了。”

在《咒语》中，参加越战后回到家的叙述者抱怨他的妻子和丈母娘：

“……那母女对待我就像我是某种无聊但必要的电器，比如吸尘器。”

在《自动钢琴》中，妻子试图在两个男人面前坚持自己的立场。其中一位反驳说，如果她不表现出对男性隐私的更多尊重，他就会设计一台机器：

“……完全跟你一模一样，而且真的尊重人……不锈钢的，用海绵橡胶覆盖，可以电加热至37℃。”

在《冠军早餐》中：

“帕蒂·基恩故意装傻，米德兰市的大多数女性都是如此。这些女人的思路开阔……但她们并不经常用脑子，因为不寻常的想法可能会树敌，而这些女人，如果她们想要获得任何形式的安逸和安全，就需要她们所能交到的一切朋友。

“所以，为了生存，她们把自己训练成了点头机器，而不是思考机器。”

在《猫的摇篮》中，叙述者和莫娜刚刚举行了博卡玛鲁的禁忌仪式：

“‘从现在起，除了我，我不希望你和任何人做这件事，’我宣布……

“‘作为你的丈夫，我会想要你全部的爱。……

“她还在地板上，而我，现在已经穿上了鞋袜，我站立着。我感觉自己很高大，虽然我并不是很高大，我感觉自己很强壮，虽然我也并不是很强壮。感觉我自己的声音既陌生又叫人肃然起敬。我的声音里有一种新的、金属光泽般的权威感。

“当我继续用圆锤头一般的语调说话时，我才恍悟刚刚发生了什么、已经发生了什么。我已经开始统治了。”

在冯内古特的倒数第二部小说《加拉帕戈斯》中，婚姻自23011年起遭到废除。叙述者揭示了这一制度问题严重的原因：

“那个时候，婚姻之所以如此艰难，又一次是因为那个导致了许多其他类型心碎的东西：超大脑。这个笨重的计算机可以同时容纳这么多不同主题的矛盾观点，并如此迅速地从一个观点或主题切换到另一个，以至于一对受到压力的夫妻之间的讨论可能变得像是双眼被蒙住、脚穿旱冰鞋的人在打架。”

“如果曼达拉克斯（一种翻译机）还在的话，它关于婚姻要说的话大部分都是不愉快的事情吧，比如：‘婚姻：一个由一个男主人、一个女主人或者两个奴隶组成的社群，总共由两人组成。——安布罗斯·比尔斯（1842—？）’”

冯内古特的文字体现出，就算是天作之合也有缺点。《茫茫黑夜》中的双重间谍叙述者考虑写一出有关婚姻的戏剧，名为《两个人的国度》。

“这部戏会写我和妻子对彼此的爱。它将展示，在一个已经发疯的世界里，一对恋人如何靠只忠于一个由他们双方组成的国度幸存下来——一个两个人的国度：……

“上帝啊——当年轻人在数十亿人参演的政治悲剧中扮

演自己的角色时，不加批判的爱是他们唯一可以寻找的珍宝。

“两个人的国度，我和我的海尔格两个人的国度……没有超出我们美妙的双人床的范围……

“噢，我们彼此相依，我的海尔格和我——我们是多么没心没肺地彼此相依！

“我们听的不是对方的字词。我们只听得到我们声音中的旋律。”

他们把头埋在彼此的怀里，避免对世界，甚至是对对方更完整的现实做出回应。

以下是冯内古特关于离婚的智慧，非常直言不讳：

“我要爱我的邻居？这怎么做得到呢，今天我跟我的妻子和孩子们都没说话！前几天，我们因为室内装修的事大吵了一架，我妻子吉尔对我说：‘我不爱你了。’我对她说：‘还有别的什么新鲜事儿吗？’她那时真的不爱我了，这完全正常。她改天就会爱我的——我想，我希望。这是有可能的。

“要是她真想结束这段婚姻，到一个没有回头路的地步，她就不得不说：‘我不敬重你了。’这样说才是终点。

“目前正在美国发生的许多毫无必要的重大灾难之一……

就是所有那些因为不再爱对方而离婚的人。这好比是在烟灰缸还满着的时候卖车。而当你不再敬重你的伴侣时——那就好比是在变速箱中弹，发动机缸体出现裂纹时卖车。

……

"'你们应该彼此敬重。'现在，几乎任何心理健康的人都可以日复一日，年复一年地做这件事情，来吧，都来吧，这对每个人都有明显的好处。"

但尽管他们离婚了，他和简从未失去对彼此的敬重。

我的继女在她39岁第一次生育的几周后，极其轻描淡写地说道："这给全职工作赋予了全新的意义。"

《蓝胡子》里的角色们讨论艺术和家庭生活。

"'我一直想成为一名艺术家。'我说。

"'你从来没跟我说过。'她说。

"'我以前认为我不可能做到的，'我说，'现在我认为可以。'

"'太迟了——对一个有家室的男人来说太冒险了。醒醒吧你！'她说，'为什么你就不能满足于有个好家庭呢？别人都这样啊。'"

冯内古特在《圣枝主日》中说：

“我其实很想让《57届毕业生》（一首火遍全国的关于普通人梦想和生活的歌曲）成为我们的国歌，一小会儿就好……。”

“很多人说我们（我这一代人）已经有了一首国歌，那就是我朋友艾伦·金斯堡的《嚎叫》……我非常喜欢《嚎叫》。谁不喜欢呢。只是，它跟我以及我朋友们的遭遇没有太大关系。

“此外，我无意冒犯，我和许多像我一样的人经历的最有意义、最痛心的冒险都与养小孩有关。而《嚎叫》并不涉及这种冒险。”

“有意义的”“痛心的”。育儿是改变人生的事。是世上要求最高的事。艺术家和作家往往是出了名的烂家长。如果你决定为人父母，一定要睁大眼睛。育儿也是一门艺术。

“我的母亲和父亲，”马克·冯内古特写道，“35岁的高龄，在经济上苦苦挣扎（《五号屠场》问世前10年）的时候，又领养了4个孩子，还有2条狗和1只兔子。不管我父母的余生做了或没做什么好事或坏事，这件事绝对做对了。”

正如冯内古特借《泰坦星的海妖》中的角色之口所说：

“人类生命的一个目的……就在于爱身边任何可以爱的人。”

做正确的事情是有代价的。

一大堆因素混杂在一起，导致库尔特和简25年多的婚姻破裂。然而，其中一个原因可能是这么多年来要爱这么多孩子的压力。

库尔特·冯内古特是一个怎样的父亲？1982年，他的大女儿伊迪回忆起了一段往事，从中可以管窥一斑：

“我16岁的时候，在很多事情上都随心所欲，我决定开始管我的父亲叫‘小冯（Junior）’。就‘小冯’。”‘呃，你可以开车送我去海恩尼斯吗，小冯？’“我从来没有因为这种越界行为受到惩罚，事实上，他甚至从来没有评论。他只是对这个名字做出回应，好像它没有什么不同。我不认为这种新的亲切感会让他激动。对一位父亲来说，这不是一个合适的名字，尤其是一位这么高的父亲。小冯有点儿小称的意味。不过，他从未反对过。我觉得这个称呼很好玩，而且我这么叫是饱含感情的。这会莫名让他变得和我一样大了。我想我之所以觉得可以随意这样把他的辈分缩小，是因为我12岁时发生了一件事。我记得，当时我对生活和上帝以及所有的一切都很困惑，我问他是怎么回事，我以为他会知道，毕竟他比我年纪大，还是我父亲，而他说的话成了我人生中的第一个重大启示。他说，从宏观的角度来看，我们并不比对方老多少。从我们的角度，我们的年龄看似差异悬殊，但从更宏大的角度来看，他可能只比我早了半秒钟，如果……而且我们都是在同一时间首次经历同样的事情。就好比，我们的狗死了，这对我俩来说都是第一次。他对事情的掌握并不比我好。我还是头一次听到这种说法。我本来认为，他迟早会把他所知道的都告诉我，这只是时间问题罢了。从那时起，我就把他看作同辈和伙伴、一个像我一样试图在黑暗中理清头绪的平凡的普通人。我很感激，也很钦佩他没有扮演一个'明智'的角色。这让我首先把他看作一个人，然后才是一位父亲。这也让我在很小的时候就知道，我必须独自一人去解决问题。我认为这就是全部的真理，并为此心怀感激……因此，小冯……从那以后，他正式把小（Junior）从他的名字中去掉了，这么做的背后有很多道理。我想知道他是不是厌倦了一直被女儿叫作小冯。我不再管他叫小冯了。我叫他爸爸。尽管内心深处，我很想叫他小冯，或者Scooter，或者Butch，或者一些非常讨喜、好玩、亲切的名字，比如Fuzzy或者Ducky。"

第三十七章

还是在一起或者加入社群吧

谁比作家更关心写作？你的伴侣、家人和朋友可能会关心你，但如果他们不热爱写作的话，你就不能指望他们像其他作家一样关心写作本身或你的写作。

库尔特去了趟加拉帕戈斯，为他的同名小说做研究。他跟吉尔回来后不久，我与他俩共进午餐。我问他们这次旅行怎么样。库尔特兴高采烈地回应了，而吉尔的兴致就没那么高。库尔特说有吉尔陪着他真好，因为这本不是她喜欢做的事。

指望朋友或伴侣永远喜欢你喜欢的东西是不公平的，更别说做你的编辑或教练之类的左膀右臂了。因此，你的作家社群，无论它多么松散，都可能是鼓舞你写作精神和实践的最有价值的工具。

在《此心不移》中，冯内古特写道：

“社群是非常抚慰人心的。

“通常人类有一个永久的亲戚社群，直到最近事情才有所变化，你懂的。人类有好些家可以回。因此，当一对已婚夫妇吵架时，一方或另一方可以去三户以外的房子，和一个近亲待在一起，直到对方心软。或者，如果一个孩子受够了……他可以去叔叔家待一段时间……但这已经不再可能了。每个家庭都被锁在自己的小房子里。

“不同类型的艺术家构成了某种大家庭……艺术家们通常可以很好地理解对方，无需任何人多作解释。”

小时候，库尔特·冯内古特在印第安纳州北部的一个湖边度过了夏日，他的父亲和他父亲的兄妹在那里共同拥有一间小屋。他就是这样领悟了群体大家庭的价值。

“在印第安纳波利斯的电话簿里有很多叫冯内古特的人……在马克辛卡其湖也是……我身边全都是亲戚。你知道的，表亲、叔叔和姑姑。那是个天堂。

“湖岸的闭环路肯定会带我回家，不仅可以回到我家那立在悬崖上俯瞰湖面的、没有暖气的小木房子，还可以回到四个邻近的小屋，里面全是我的近亲。此外，附近这些家庭的一家之主——也就是我父亲那一代——也曾在马克辛卡其湖度过童年的夏日时光……”

那间小屋是他刚从部队退伍以后带着他的新娘去度蜜月的地方。那时，它已经被卖给了一个陌生人。

如今，由于一位“热爱本土历史”的男子刚好召集了一群志同道合的投资者，从2012年开发商的拆迁中拯救了这座小屋。而根据租赁网站的说法，人们认为这座小屋“是对冯内古特乐在其中的小屋文化的精神复原”。现在你自己也可以去享受这种文化。当然，那些亲戚已经不在了。

冯内古特的人类学研究进一步影响了他有关社区的观点，而这些观点在他1970年去饱受战乱的比夫拉时得到证实。他说：

“为什么比夫拉人能够长时间忍受这么多东西却又不心生怨怼，我想，奥朱克武将军给了我们一个线索：他们都有着一个庞大的家庭所能给予的情感和精神力量。将军的家族有三千个成员。他知道每一个成员的模样、姓名和名声。

“一个更典型的比夫拉家族可能由几百人组成。

“家人们彼此照顾……扎根于土地……经常见面，男人和女人都一样会就家庭事务投票。”

冯内古特暗示道，这样一种生存机制，尽管是比夫拉人在绝境中不得已而为之，但我们也应该尽可能地采用它，单单是为了得到幸福这一目的。

拥有归属的好处和缺少归属的不幸贯穿了冯内古特的所有作品。那些次要人物常常表现出对亲属关系的渴望，抑或展现出就连脆弱的临时社群也不失为一件幸事。例如，在《冠军早餐》中，基尔戈·特劳特和一名卡车司机一起兜风。

“司机……说他很难维系有意义的友谊，因为他大部分时间都在路上……

“他建议特劳特说，由于特劳特从事复合铝防风窗屏业务，他在工作中有跟很多人建立持久友谊的机会。‘我的意思是，’他说，‘人们要是日复一日地在一起工作，去装窗户什么的，他们就会非常了解彼此。’

“‘我独自一人干活。’特劳特说……

“‘也一样啊，’他坚持说，‘你有下班后能见到的哥儿们。喝几杯啤酒。打打牌。笑一笑。’

“特劳特耸了耸肩。

“‘你每天都走在同一条街上，’司机告诉他，‘你认识很多人，他们也认识你，因为对你来说，日复一日，都是同样的街道。你会说“你好”，他们也回“你好”。你会叫出他们的名字。他们也叫出你的名字。如果你真的遇上麻烦了，他们就会帮你，因为你是他们中的一员。你有归属。他们每天都见到你。’”

《囚鸟》的叙述者刚出狱后的第一个清晨就往一家咖啡店走去，他感觉自己又老又丑，害怕每个人都会被他恶心到。

“但不管怎样，我还是鼓起了进去的勇气——想象一下我有多惊喜吧！仿佛我已经死了，去了天堂！一个女服务员对我说：‘亲爱的，你快坐下，我马上给你拿咖啡来。’我什么也没对她说。

“所以我便坐了下来，无论我往哪儿看，我看到的形形色色的顾客都受到了爱意满满的接待。每个人都管那个女服务员叫‘甜心’‘宝贝’‘亲爱的’。就像在一场大灾难后的急诊室里，受害者属于哪个种族或阶级并不重要。他们都被给予了同一种神药——咖啡。当然，此处的灾难就是，太阳又升起来了……”

“我们的国家有没有什么办法来鼓励大家庭的增长？”《花

花公子》的一位采访者问冯内古特。

“可以靠法律。我现在正在写一篇基尔戈·特劳特的故事，就是讲的这个话题……总统碰巧访问了尼日利亚，那里的大家庭自开天辟地起就是这种风格……所以总统会让社会保障局的电脑为每个人分配成千上万的亲戚。”

这种分配亲戚的奇想从特劳特的故事里生发，而后发展成冯内古特的长篇小说《闹剧，或者不再寂寞》的主要框架。其中，总统候选人在这个平台上竞选：

“我谈到了美国人的孤独。我只要谈这个话题就可以获胜，这很幸运。我只能讲这个话题。

“我说，很遗憾，在美国历史早期，我没有提出简单可行的抗孤独计划。我说过，美国人过去一切破坏性的过火行为都是由孤独驱使的，而不是由于人们喜欢罪恶。

“后来一个老人蹒跚着走到我面前，跟我说他以前怎么买人寿保险、共同基金以及家用电器和汽车之类的东西，并不是因为喜欢或者需要，而是因为业务员似乎答应要做他的亲戚之类的。

“‘我没有亲戚，我需要亲戚。’他说。

“‘大家都一样。’我说。

“他告诉我，他曾经当了一阵子的酒鬼，试图把酒吧里的人变成亲戚。‘你知道的，酒保也可以算得上是个父亲——’他说，‘然后突然就到打烊的时间了。’

“‘我懂的。’我说。我跟他说了一件关于我自己的半真半假的事，这个说法后来在竞选之旅中很受欢迎。‘我曾经很孤独，’我说，‘唯一能和我分享内心想法的人是一匹叫“百威”的马。’”

· · ·

“‘假如你当选了……如果我有一个我绝对不能忍受的假亲戚怎么办?’

“‘一个人有个无法忍受的亲戚，这有什么新奇的?’我问他……

“这么多年，我从来没有当众对美国人民说过一句不体面的话。

“所以当我终于粗鄙地说话时，效果非常好……

“‘格拉索先生，’我说，‘如果在我当选后，你没有对你讨厌的假亲戚们说“兄弟、姐妹或堂兄”——称谓视具体情况而定——你他妈怎么不骑个甜甜圈滚得远远的?你他妈怎么不滚出地球呢?要是你没有这么说的话，我会非常失望的。’”

在《囚鸟》中，克利夫兰·劳斯这个角色因为三K党家破人亡，后来他跟哈佛大学的一位中国同学成了朋友，这位同学“说服了他在战争结束后来到中国，而不是回到他位于佐治亚州的家”。

“我说过，他在黄海当过两年的甲板水手。他说他有好几次有了爱的人，但是没有人会爱上他。

“‘所以这就是你回来的原因吗？’我问。

“他说，最重要的原因是教堂音乐。‘那里没有人可以跟我一起唱赞歌，’他说，‘还有食物的原因。’他补充道。

“‘那里的食物一点也不好吗？’我说。

“‘哦，其实很好，’他说，‘只不过不是我喜欢谈论的那种食物罢了。’

“‘嗯。’我说。

“‘你不能只是吃食物，’他说，‘你也得聊吃的。而且你必须和懂那种食物的人聊。’”

无论出于职业、个人历史而有意为之，抑或其他原因，冯内古特指出了我们将自己分组的无数个方式，打个比方，我们和“懂那种食物的人”是一类的。

“在美国，人为的大家庭并不是什么新鲜事。医生觉得自己和其他医生是亲人，律师们亲如一家，作家们亲如一家，运动员们亲如一家，政治家们亲如一家，等等。

“奇怪的是，我最渴望听到的消息，是关于那些在纽约斯克内克塔迪通用电气公司新闻总办的同事们——从1948年到1951年，我从26岁在那儿跟他们共事到29岁……

“我也听过其他人说，他们也一样不理智地喜欢上了那些刚开始工作时就和他们在一起的人。这是人之常情。”

有一年，他到夏洛茨维尔的弗吉尼亚大学做演讲，收到了他之前住印第安纳波利斯时的隔壁邻居的便条。

“但那次到访最精彩的部分是，了解到我的一个童年玩伴后来发生了什么……我们刷新了对于家附近的、我们认识的狗狗的记忆，这些狗也认识我们。”

当你感到孤独无依时，不妨列出你有意或无意身处其中的群体，从你的血亲、邻居和朋友，到跟你一起去上瑜伽课的人，或跟你在同一时间在当地星巴克喝咖啡的人，等等。而且别忘了你认识的宠物。

“美国人是如何战胜大萧条的？我们团结在一起。那时候，工会成员互称‘兄弟’和‘姐妹’，而且他们是真心实意的。”

唐纳德·特朗普举行就职典礼后，从1月31日到2月2日的3天里，公民们打给国会大厦总机的电话数量超过了美国历史上任何一次，甚至导致占线。47万人参加了华盛顿特区的妇女游行，每100个美国人中就有一个在美国各地的城镇游行，而类似的游行也发生在世界各地。他的当选动员了人们加入保护公民自由、环境、妇女生育权利、移民权利和许多其他权利的组织。出席市民大会的人数、参加公民团体的人数、请愿以及向国会致电的数量激增。

在危机中，人们为了共同的事业团结起来。无论出于个人目的，抑或政治企图。

“但我肯定非常崇拜匿名戒酒戒毒会、匿名可卡因狂、购物狂、暴食者互助会等等……因为他们给了美国人一件和维生素C一样对健康至关重要的东西，而且是我们很多人在这个文明中缺失的东西：一个大家庭。

“这些团体非常接近于一种兄弟血缘关系，因为每个人都忍受过同样的灾难……其中一个迷人之处在于……许多人加入的时候并不是酒鬼（或者不管是对什么上瘾的人）……而是因为其中有这么大的社会和精神裨益。”

作家们也同样有相似的催人泪下的故事、抱负、灵感、窍门和鸡汤可以分享给彼此。他们会分享自己正在进行的工作的情况，以获得同行的反馈和帮助。他们也会社交。他们像国际笔会一样组织起来，捍卫言论和出版自由，帮助世界各地遭受威胁的作家。

军队——一个由背井离乡者组成，以危机为导向的，有目的的组织——利用了人类对联结的需求。小库尔特·冯内古特和伯纳德·奥黑尔就是这样成为朋友的：

“陆军已经构建了所谓的‘伙伴系统’。每个二等兵或一等兵都得到了嘱咐，既然没人愿意去了解和关心别人，他们必须要在队伍中挑选一个人去了解和关心。当然，这种关心必须是相互的，任何人都不能落单……所以这么说吧，奥黑尔和我配成了一对。”

效果不错。他和奥黑尔被选为军营情报侦察员。奥黑尔受过训练，知道如何溜到战线前方去侦查敌人。冯内古特则没有受过这种训练。

“除了奥黑尔以外，我从未告诉过任何人我缺乏步兵训练，因为有人可能会决定，我最好还是得有这种训练……另外，我不想离开奥黑尔。”

他们一起经历了战斗、被俘和德累斯顿大轰炸。他们后来一辈子都保持着联络。

冯内古特既称赞社群是提供支持的堡垒，也同样批评其弊端。他警告说，人类想要融入群体的倾向可能会带来伤害。

在《冠军早餐》中，冯内古特写道：

“而根据特劳特的说法，人类不会因观点本身不好就对其加以否决的原因在于：‘在地球上，观点是友谊或敌意的标识。其内容无关紧要。朋友间彼此附和，以示友好。敌人间互相反对，以表敌意。’

“……人们不断赞同彼此，不是为了常识、体面或自我保护，而是为了友好。

“地球人在本应该思考的时候不断保持友好……所以他们注定在劫难逃。”

根据定义，社群是有排他性的。某个人或某类人属于其中，而其他人则不属于。冯内古特借他《冠军早餐》中的虚构叙述者之口说，一旦发展到极端，这可能是致命的。

“当然，越南战争本来不可能持续这么长的时间，都怪人性使然，人们会把自己不认识也不愿意认识的人视作无关紧要，即使这些人处于极度痛苦之中。少数人反抗过这种最自然的倾向，对不幸的陌生人表示了同情。但是，正如历史所示，也如历史所唤：

‘这样的人从来都不多！’”

冯内古特的人类学教授们指出了他们研究的紧密型社会的负面因素。

“首先，一个乡土社会本来是孤立的，所处的位置是它认为有机地属于自己的一片领域。它是从那片土地上生长出来的，而非其他……对于生命的真谛以及在各种情况下应该如何行动，人们有着非常广泛的共识，几乎没有什么值得商榷的。

“雷德菲尔德博士抨击了乡土社会中对生活的伤感，他说，对于任何有着生动的想象力、永不餍足的好奇心以及需要进行实验发明的人，或者对于任何会无法抑制地产生荒谬感的人来说，乡土社会就是地狱。”

比如像库尔特·冯内古特这样的人。

“缺乏维生素或矿物质总是有不良影响。‘乡土社会缺乏症’经常发生。当一个患有‘乡土社会缺乏症’的人为了融入一个碰巧很疯狂的人造大家庭而停止思考时，麻烦就来了。查尔斯·曼森的杀人‘家族’此时跃然脑海，抑或……吉姆·琼斯牧师的邪教……”

尽管冯内古特心里知道乡土社会的罪责，但他也承认：

“但我仍然不自已地做白日梦，梦见一群与世隔绝、志同道合的人，在湖边林间的空地上，气候温暖宜人……”

他一生都在追寻社群。

“每当我独自一人住在大城市的汽车旅馆时，我都会在电话簿上查冯内古特和利伯这两个姓。”

在一张兄弟会的肖像照中，当时还在康奈尔大学的年轻心切的小库尔特·冯内古特在第一排正中间，坐在地板上，挨着他未来的妻子。

他和简搬到爱荷华市后加入了当地的乡间俱乐部，力图融入社群。有一年，我在那个乡间俱乐部当服务生。我无法想象成为那里的一员会让他们感到充实。实际上也的确行不通。他后来告诉我，那里的人不太欢迎他们，所以他们放弃了。他们日后会在作家工作坊的教职工和学生中找到一个更丰富、更兼容的社群。

冯内古特喜欢剧院，是因为剧院有一种群体活力。在科德角，他积极参与当地剧院和“图书馆的活动，然后不时钻研剧本写作。在他的一则短篇小说《这回我是谁?》中，一名导演邀请一个陌生人试演一个四处差旅、教员工如何使用新计费器的漂亮女人，她‘……看起来有点麻木，她自己几乎就是一台机器……’”

“她看上去很惊讶，然后稍微兴奋了一点。‘你知道吗，’她说，‘这是第一次有人邀请我参加社群活动。’

“‘嗯……’我说，‘要认识很多不错的人，最快的法子就是跟他们一起玩。’”

也许，在将我们对志同道合群体的倾向具体化时，冯内古特最复杂的目标就是《猫的摇篮》中的这个混合物：

“卡拉斯是‘人类为了完成上帝旨意而组织的众多团队之一（但人们从未搞清楚自己在做什么）’。”

缺少属于这样一个团队的意识是“卡拉斯”的成员区别于其他所有群体的成员的地方。为了强调这一重要区别，冯内古特还构思了另一个词：

“黑兹尔对于世界各地的印第安纳人的痴迷是一个教科书式的虚假卡拉斯的范例，就上帝完成事情的方法而言，这个似是而非的团队毫无意义，这就是博克侬口中的‘格兰法龙’的一个教科书式的范例。格兰法龙的例子还包括美国革命女儿会、通用电气公司、国际奇人会，以及任何国家、任何时间、任何地点。”

就“上帝完成事情”的方式而言，这些“格兰法龙”可能毫无意义，但正如冯内古特所示，无论它们多么的嘻嘻哈哈不正经，它们对成员的幸福感都是很有意义的。冯内古特这些听上去荒诞不经的概念呈现了社群的种种利弊。

读者往往会误用“卡拉斯”这个词，我在教《猫的摇篮》时注意到了这一点，于是人性使然，我执拗地把它反转成一个可识别的、志同道合的群体：“你在我的卡拉斯里！”有人可能会喊出这句话，这意味着他是冯内古特的狂热粉丝。

谷歌一下“卡拉斯”，你就会发现几个新的定义。有些人倾向于同路人的概念，另一些人则换个说法重申了冯内古特的初始定义。有些人指出，这个词源于一些发音相似的词语（唉，再看下第二十一章吧）。这一切都是可以理解的，讨人喜欢的。甚至有人说库尔特也误用了它！我们都很想理解这个世界，很想融入社群。

但是识别哪些人在你的卡拉斯里的这种做法与定义相矛盾。卡拉斯的队友们彼此都不认识。他们正在执行上帝神秘莫测的旨意，不是他们自己的意志。

以下是虚构的大师——卡拉斯的创造者博克侬的说法：

“‘倘若你发现你的生活与他人的生活无缘无故地纠缠在一起，’博克侬写道，‘那个人可能是你的卡拉斯里的一员。’

“‘人类创造了棋盘，而上帝创造了卡拉斯……卡拉斯无视国籍、制度、职业、家庭和阶级的界限。’

“它如同变形虫一样自由。”

“……因为我们出生时就被赋予的各种思想——尽管它们杂乱无章——我的兄弟伯纳德和我归属于人造的大家庭，因而我们在世界各地都能认亲。”

伯纳德属于人为的科学家大家庭。库尔特属于人为的作家大家庭。

如果你是作家，你也不例外。冯内古特有什么建议？充分利用这个大家庭。

冯内古特刚出道时参加了一些科幻作家大会。

他搬到纽约后成了国际作家组织PEN的一名非常活跃的成员。1970年，他在PEN的一场研讨会上认识了西德尼·奥菲特，后来成为密友。

“我认为（每个作家）都应该加入这个团体。我不在乎这个人是法西斯还是三K党成员——如果这个人是作家，他就属于PEN。”

但鉴于这个组织的使命是“PEN立足于文学和人权的交汇点，保护美国和世界范围内的公开表达”，很难说法西斯或三K党成员是否愿意加入。

今天在我的收件箱里出现了这样的标题：“亲爱的作家，你并不孤单”，是《诗人与作家杂志》发的。

在21世纪，作家产生联结的方式比比皆是——课堂、杂志、网站、博客、脸书、会议、住所、工作室、读书会、组织和同行写作小组。

1951年，冯内古特独自苦思冥想，给他的朋友米勒·哈里斯写道：

“亲爱的米勒：

我有个模糊的念头，想写进最近给你的信里……在一位名叫斯洛特金的聪明而神经质的（芝加哥大学人类学系）教师的煽动下，我对流派的概念产生了兴趣……

斯洛特金是这样说的：没有一个人可以独自耕耘艺术便取得伟大成就，他一定是一群志同道合者中的佼佼者。这个理论很适用于立体派，斯洛特金也有充分的证据证明它适用于歌德、梭罗、海明威，以及你愿意提到的任何人。

就算它不是100%真实的，它的真实度也足够有趣了——也许还有所帮助。

斯洛特金说，流派给人以发展文化的巨大勇气，给人以士气、团队精神、许多聪明头脑的智谋，以及——也许最重要的是——给人以笃定的片面性……

……这不是一个寻找弥赛亚的问题，而是一个团体创造弥赛亚的问题——这是一项艰苦的工作，要花时间。

斯洛特金还说，一个搞艺术的人会情不自禁地归属于某个流派——无论好坏。我不知道你属于哪个流派。我的流派目前由利特尔、威尔金森（我的经纪人）和伯格组成，没有其他成员……

如果这种事情正在某个地方发生（田纳西·威廉姆斯说，在巴黎以外的地方），那我很愿意参与……”

冯内古特多年后跟《时尚先生》描述杰克逊·波洛克[1]时指出：

1 杰克逊·波洛克（1912—1956）：美国抽象表现主义代表画家。——译注

“在重要艺术运动的创始人中，他是独一无二的，因为他的同事和追随者没有像他那样抨击绘画。

“被波洛克搞活跃的流派并不是一帮话痨。他是里面唯一一个话痨。

“联结波洛克这个大家庭的东西，并不是关于一幅画通常应该是什么样子的一致意见。然而，这个家庭的成员们在灵感的来源这个问题上众口一词：源于潜意识——大脑中的活跃部分，与其他东西没有相似之处，没有道德或政治，也没有枯燥的旧故事要再讲一遍。”

音乐家布赖恩·伊诺创造了“场才”（scenius）这个词来描述库尔特在给哈里斯的信中谈论的东西：“场才代表整个文化场景的智慧和直觉。是天才这个概念的集体形式。”换言之，场才“……是群体、场所或‘场景’偶尔能产生的极端创造力。场才就像天才，只不过它嵌入的是场景而非基因”。

无论你是否有幸跻身某个稀有流派，比如超现实主义、包豪斯或垮掉的一代，你都会不能自已地成为一个艺术家或作家群体的一员，正如冯内古特的教授所说，你们由相似的敏感性划定——比如魔幻现实主义者、黑人幽默作家或生态寓言家，或者广泛地按照文体、种族、性别、地区、国籍等归为一个群体。因此，不妨考虑跟随年轻的冯内古特的倾向吧：拥抱你的职业群体，跟那些让你感到亲切的人保持亲密，从而赋予自己力量。

“凡是写完了一本书的人——不管出版了没有，不管写得好不好——都是我们的同行。”

“你已经完成了一部你引以为豪的小说，而且你已尽了最大努力，这件事让你我亲如一家，好比我跟我的兄弟伯纳德。”冯内古特如此回应一位刚完成长篇小说处女作后感谢冯内古特给予了灵感的作家。

库尔特对其他作家很慷慨。他会拥护和鼓励。他就像一位对你很好的亲戚。

你也要往前走，也成为那样的人。

而且要感谢那些支持你的人。致谢是充满力量的。

库尔特有一次在课堂上告诉了我们一个他在某个地方听过的令他着迷的定义，是关于天堂和地狱的：

地狱里，每个人都被拴在一张堆满食物的餐桌上，每个人都想吃，却又吃不到。天堂里是一模一样的场景。但是在天堂，人们互相喂食。

我邀请你加入库尔特·冯内古特了不起的集会：

崇　拜

我不了解你，
但我奉行一个无组织的宗教。
我属于一种不洁的混乱。
我们自称，
“永恒惊奇的夫人”。
你也许见过我们
为了爱祈祷，
在不错的餐厅
外面的行道上，
不论晴雨。
给我们一个飞吻吧，
在你到来或离去之际。
我们将会达到顶点，
不约而同。
这也许是一派胜景，
最好有那大雨滂沱，
淅淅沥沥。

可以考虑举行《猫的摇篮》里那神圣的、完全虚构的博克依教的博卡玛鲁仪式，两两成行，一一相对，为彼此唱诵祷文，如下：

“‘哥特马特穆特，’冯·柯尼斯瓦德博士低吟道。

“‘多特米特马特，’蒙扎诺‘老爹’附和道。

“他们用各自的方言说：‘上帝创造了泥巴’。下面我不再继续使用方言。

“‘上帝寂寞了，’冯·柯尼斯瓦德说。

“‘上帝寂寞了。’

“于是上帝对一些泥巴说：‘坐起来！’

“于是上帝对一些泥巴说：‘坐起来！’

“‘看看我创造的一切，’上帝说，‘山、海、天空、群星。’

“‘看看我创造的一切，’上帝说，‘山、海、天空、群星。’

“‘我是一团坐起来环顾四周的泥巴。’

“‘我是一团坐起来环顾四周的泥巴。’

“‘我真幸运啊，幸运的泥巴。’

“‘我真幸运啊，幸运的泥巴。’”